C·H·Beck

PAPERBACK

Seit 15 000 Jahren leben Menschen in der Gebirgslandschaft, die wir Südtirol nennen. Von 59 v. Chr. bis zur Völkerwanderungszeit gehörte diese Transitregion zum Imperium Romanum, ab dem 6. Jahrhundert wurde sie von Bajuwaren besiedelt. 1363 fiel die Grafschaft Tirol an die Habsburger – für über ein halbes Jahrtausend.

1919 wurde der Süden Tirols vom nördlichen und östlichen Landesteil abgetrennt: Das damit entstandene Südtirolproblem – Italianisierung durch die Faschisten, Hitler-Mussolini-Abkommen, Option und Umsiedlung, dann nach dem Gruber-DeGasperi-Abkommen 1946 lediglich eine Scheinautonomie – wurde erst in den 1990er Jahren gelöst. Diese Autonomie hat für viele Modellcharakter.

Brigitte Mazohl war von 1993 bis 2015 Professorin für österreichische Geschichte an der Universität Innsbruck. In den Jahren 2013 bis 2017 stand sie der philosophisch-historischen Klasse der Österreichischen Akademie der Wissenschaften als Präsidentin vor.

Rolf Steininger lehrte als Professor für Zeitgeschichte an zahlreichen Universitäten, unter anderem in Queensland, Bozen, Tel Aviv und New Orleans. Von 1984 bis 2010 war er Leiter des von ihm gegründeten Instituts für Zeitgeschichte an der Universität Innsbruck. Mehr zu Rolf Steiniger unter www.rolfsteininger.at.

BRIGITTE MAZOHL UND ROLF STEININGER

Geschichte Südtirols

C.H.Beck

Kapitel 1 bis 12: Brigitte Mazohl
(in Zusammenarbeit mit Alexander Piff)
Kapitel 13 bis 15: Rolf Steininger

Mit 6 Karten (Peter Palm, Berlin)

1. Auflage. 2020

2. Auflage. 2024

www.chbeck.de
Umschlaggestaltung: Konstanze Berner, München
Umschlagabbildung: Bozen, Ansicht mit Rosengarten, Imagno
Satz: C.H.Beck.Media.Solutions, Nördlingen
Druck und Bindung: Druckerei C.H.Beck, Nördlingen
Printed in Germany
ISBN 978 3 406 82587 3

verantwortungsbewusst produziert
www.chbeck.de/nachhaltig

Inhalt

Einleitung

Südtirol, so wie wir es heute kennen, gibt es erst seit dem Vertrag von Saint Germain-en-Laye vom 10. September 1919. Das war der Tag, an dem die österreichische Delegation nach der Niederlage des Ersten Weltkriegs den von den Siegermächten ausgearbeiteten Friedensvertrag unterzeichnete. Die Entstehung der heutigen italienischen Provinz Südtirol-Alto Adige (inzwischen verbreitet sich im Italienischen auch die Bezeichnung «Sudtirolo») im Rahmen der Region Trentino-Alto Adige konnte daher im Jahr 2019 ihr hundertjähriges Jubiläum «feiern», ein Ausdruck, der die Stimmung der deutschsprachigen Bevölkerung im Land aber wohl bis heute nicht zutreffend wiedergibt.

Die Bezeichnung «Südtirol» gab es freilich schon länger; dieser Begriff hat sich im Laufe des 19. Jahrhunderts eingebürgert, um die südlichen, d.h. die italienischsprachigen Teile des Kronlandes Tirol zu benennen. Er wurde synonym für «Welschtirol» oder, wie der Name von italienischer Seite lautete, für das Trentino verwendet. In den Jahrhunderten zuvor gab es weder den Begriff «Südtirol» noch eine geopolitische Einheit, die damit gemeint sein konnte, was freilich nicht heißt, dass es die Gebiete an Etsch, Eisack und Rienz nicht schon seit Urzeiten gegeben hat.

Diese kurze begriffsgeschichtliche Klärung muss einer «Geschichte Südtirols» vorausgeschickt werden. Denn zunächst muss klargestellt sein, dass es sich dabei im Großen und Ganzen – bis 1919 – lediglich um jenen Raum handelt, der heute Südtirol genannt wird. Dieser Raum aber ist über viele Jahrhunderte hinweg nicht zu trennen von jener größeren Einheit, die sich seit dem hohen Mittelalter, also im 12. und 13. Jahrhundert, zu einem Land, zur Grafschaft

Tirol, herausgebildet hatte. Das Land Tirol, das ursprünglich eine eigenständige politische Einheit darstellte, wurde im Jahr 1363 erstmals mit dem Hause Habsburg und auf diese Weise mit dem künftigen Schicksal des Hauses und Staates Österreich verbunden. Die Geschichte Südtirols war somit vom Hochmittelalter bis zum Ersten Weltkrieg immer auch mit der Geschichte Tirols und Österreichs eng verwoben.

In den Jahrhunderten zuvor war auch von Tirol noch keine Rede gewesen; dieser Name tauchte erst im Hochmittelalter, im 12. und 13. Jahrhundert, in Verbindung mit den Grafen von Tirol auf, die als Vögte der Bischöfe von Trient und Brixen allmählich die Macht im Lande an sich rissen. Ihr Kernland, dem bald auch der Name des Grafengeschlechts als «dominium Tyrolis» übertragen wurde, war der Raum rund um Meran, das Etschtal, das Burggrafenamt und der Vinschgau.

Diesen Entwicklungen waren im 11. Jahrhundert jene wichtigen politischen Entscheidungen vorausgegangen, die in unserem Raum erstmals den Grundstein für die spätere Landwerdung legten: Damals übertrugen nämlich mächtige Kaiser des Heiligen Römischen Reichs die Grafschaftsrechte an ihre Gefolgsleute, die Bischöfe von Trient und Brixen, wodurch der Bischof von Trient die weltliche Gewalt über Trient, Bozen und den Vinschgau, der Bischof von Brixen die Herrschaft über das Eisack- und Inntal sowie über das Pustertal erhielt. Mit der Übertragung dieser weltlichen Machtbefugnisse wurden die Bischöfe zu wichtigen politischen Akteuren, denen später auch Sitz und Stimme an den Reichstagen zukam. Da die militärische Verteidigung ihrer Gebiete nicht von den Fürstbischöfen selbst übernommen werden konnte, übertrugen sie diese Aufgabe an ihre Vögte. Damit wurde der Grundstein für die länger andauernden Konflikte zwischen den geistlichen Oberhirten und ihren weltlichen «Verwaltern» gelegt.

Wenn wir noch weiter zurückblicken, so sehen wir im Frühmittelalter den politisch noch kaum strukturierten Raum als Austragungsort von Konflikten und Begegnungen zwischen der hier seit der Römerzeit romanisierten Bevölkerung, eingewanderten Bajuwaren, Langobarden, Alemannen und im Osten auch Slawen; bis er sich im 8. Jahrhundert als Teil des Herzogtums Bayern und – wenig später – des Fränkischen Reichs wiederfand, der Vorgängerinstitution des Heiligen Römischen Reichs, dessen Kaiser die Bischöfe hierzulande, wie erwähnt, mit den Grafschaftsrechten ausgestattet hatten.

Die Zeit der römischen Besiedlung reicht in unserem Raum von der vorchristlichen Zeit bis etwa in die Zeit um 600 n. Chr., nachdem Drusus mit seinem berühmten Feldzug im Jahr 15. v. Chr. den Alpenraum erobert hatte. Wo genau die «Grenze» zwischen dem Imperium Romanum und den zuvor hier siedelnden Ethnien verlaufen sein könnte, ist in der Forschung bis heute umstritten. Die Frage hat im 19. Jahrhundert, als es darum ging, nachzuweisen, dass «Südtirol» immer schon «deutsch» bzw. «italienisch» gewesen sei, viel Gelehrtenstreit hervorgebracht. Einer befriedigenden Antwort auf diese aus wissenschaftlicher Sicht ohnehin problematische Frage steht schon allein die heutige moderne Vorstellung einer Grenz-«Linie» im Wege. Dazu waren die Gebiete, die in der damals üblichen Praxis allenfalls durch Grenzsteine markiert wurden, zu sehr ineinandergreifend. Tatsache bleibt auf Grund der wenigen schriftlichen Zeugnisse und vor allem der archäologischen Funde, dass der römische Einfluss bis in den Raum der Breonen, d. h. in das heutige Inn- und Wipptal reichte. Das Imperium selbst endete allerdings bereits nördlich von Trient und «grenzte» dort an die römischen Provinzen Noricum im Osten und Rätien im Westen, die nicht unmittelbar zum Imperium gehörten.

Für die Jahrtausende vor der Römerzeit geben lediglich archäologische Funde Aufschluss über eine in der Jungsteinzeit allmählich sesshaft werdende Bevölkerung. Neue Einsichten und neue Impulse erhielt die Wissenschaft durch den im Jahr 1991 erfolgten Fund des «Mannes im Eis», weshalb auch die breite Öffentlichkeit heute sehr viel besser über die Lebensbedingungen des 3. Jahrtausends v. Chr. informiert ist. Am Beispiel des heute liebevoll, aber nicht wirklich präzise, «Ötzi» genannten «Mannes im Eis» zeigt sich einmal mehr die Problematik eines mutmaßlichen Grenzraumes: Es folgte ein jahrelanges Tauziehen um die politische Zuordnung der Gletschermumie, also um die Frage, ob er Österreich oder Italien überlassen werden solle. Die Zugehörigkeit konnte lange nicht geklärt werden. Der Grenzraum zu «Ötzis» Zeiten und darüber hinaus umfasste allerdings lediglich das Hochgebirge zwischen Ötz- und Schnalstal. Dieses aber war mehr Brücke als Barriere.

Abschließend ist es uns ein Bedürfnis, verschiedenen Personen unseren herzlichsten Dank auszusprechen. Zunächst ist Herrn Stefan von der Lahr dafür zu danken, dass er mit der Idee eines solchen Bandes an uns herangetreten ist. Ihm und Frau Teresa Löwe danken wir sehr für das gründliche Lektorat. Weiters danken wir allen Autoren, welche die vier Bände des Handbuchs zur «Geschichte des Landes Tirol» verfasst haben, nämlich Josef Fontana, Peter Haider, Walter Leitner, Georg Mühlberger, Rudolf Palme, Othmar Parteli und Josef Riedmann, für ihre beeindruckende Pionierarbeit, mit der sie einen Grundstock für unsere Kenntnisse von der Geschichte Tirols und Südtirols gelegt haben. Ganz besonders habe ich, Brigitte Mazohl, Günter Kaufmann und Josef Riedmann für die kritische Lektüre der von mir geschriebenen Texte zu danken, Günter Kaufmann für die Zeit der Ur- und Frühgeschichte sowie des Imperium Romanum, Josef Riedmann zunächst für das Früh- und Hochmittelalter, in der letzten Phase dann für alle Kapitel. Heinz Noflatscher verdanke ich nützliche Hinweise für die Frühe Neuzeit. Ein besonderer Dank gilt last but not least Alexander Piff für die Erstellung des Registers und seine hilfreiche Unterstützung bei der Beschaffung von Literatur und Kartenmaterial sowie für die gründliche Lektüre der ersten zwölf Kapitel dieses Buches. Dem Beck-Verlag ist für die Aufnahme in Beck Paperback zu danken.

Brigitte Mazohl und Rolf Steininger
Oktober 2019

1. KAPITEL

Grenzenloser Alpenraum

Die frühesten von Menschen hinterlassenen Spuren im heutigen Südtirol reichen in die späte Altsteinzeit (Spätpaläolithikum) zurück, als der Zentralalpenraum nach dem Rückzug der würmzeitlichen Gletscher (16000–13000 v. Chr.) allmählich für Menschen zugänglich wurde und Besiedlung erlaubte. Aus den südlichen und nördlichen Voralpenregionen drangen Jäger und Sammler in die höher gelegenen Alpentäler vor und hinterließen dort (spärliche) Zeugnisse ihrer Überlebenskunst: Steinwerkzeuge, zumeist aus Silex (Feuerstein) und Bergkristall gefertigt, sowie Siedlungsreste unter Felsdächern und Felsüberhängen, die ihnen als Zuflucht und Rastplätze dienten.

Aus der mittleren Steinzeit (Mesolithikum), d. h. aus den Jahrtausenden zwischen etwa 9000 und 5500 v. Chr. finden sich – wiederum unter schützenden Felsüberhängen – vermehrt Spuren von Jägerrastplätzen. Doch entstanden damals in Tälern auch bereits Niederlassungen, die länger von Menschen bewohnt wurden, wofür sich offenbar der Raum um Trient besonders anbot.

Obwohl auf Grund der spärlichen Zeugnisse dieser frühesten Zeit wenig Genaues über die Lebensformen der damaligen Menschen ausgesagt werden kann, lässt sich aus den Überresten ihrer Gerätschaften (ergänzende Materialien wie Holz oder Knochen haben sich naturgemäß nicht erhalten) auf die Bearbeitung ihrer erlegten Beute, vermutlich vor allem Gämsen und Steinböcke, schließen. Auch lassen sich – dem topografischen Verlauf der Fundorte entsprechend – die Routen erkennen, auf denen die jagenden und sammelnden Wanderer unterwegs waren und wo sie während der Wintermonate, wenn das Hochgebirge unzugänglich war, ihre Niederlassungen anlegten.

Erst an der Schwelle von der Mittelsteinzeit zur Jungsteinzeit (Neolithikum) vollzog sich auch im Alpenraum der allmähliche Übergang von den Jäger- und Sammlergesellschaften zur produzierenden bäuerlichen Wirtschaftsform und damit zu Sesshaftigkeit. Seit der zweiten Hälfte des 6. Jahrtausends v. Chr. lassen sich dank Überresten aus geschliffenem und poliertem Stein und von Tonscherben Spuren bäuerlicher Siedlungskulturen nachweisen: Die ersten Zeugnisse frühneolithischer Keramik im heutigen Südtirol wurden Ende der 1970er Jahre unterhalb der Kirche von Völser Aicha aufgefunden. Ob diese «neolithische Revolution» in Südtirol durch Einwanderung oder Kulturübertragung ausgelöst wurde, ist nicht geklärt. Die neuen Wirtschaftsformen verbreiteten sich jedenfalls langsam, aber stetig und brachten vollkommen veränderte Lebensweisen mit sich.

So verweisen Knochenfunde erstmals auf die Haltung von Nutztieren. Damit genügten Felsüberhänge, Höhlen und Zelte als temporäre Wohnstätten nicht mehr, denn das Vieh musste in Ställen untergebracht, Waldgebiete für Felder gerodet und bewirtschaftet werden. Angebaut wurde neben Weizen auch Gerste, darauf lassen verkohlte Samenkörner schließen. Die Jagd auf Hirsche und Rehe verlor demgegenüber an Bedeutung und diente nun wohl hauptsächlich dazu, Rohmaterial (Horn) zur Geräteherstellung zu gewinnen. Steinwerkzeuge wurden in verfeinerter Weise bearbeitet, Pfeilspitzen weisen sogar schon einen annährend dreieckigen Grundriss auf. Keramikfunde wiederum belegen einen vorherrschenden oberitalienischen Kultureinfluss.

Der «Mann im Eis»

Dieses bis dahin nur in Spezialistenkreisen verbreitete Wissen erfuhr in den neunziger Jahren des 20. Jahrhunderts durch einen Zufallsfund einen unerwarteten Zuwachs – und das Thema «Steinzeit» eine kaum vorstellbare Popularisierung. Damit einher ging ein enormer, in bestimmten Bereichen sogar grundlegender Fortschritt der wissenschaftlichen Prähistorie: Am 19. September 1991 war die später als «Mann im Eis» bezeichnete Gletschermumie aus der Kupfersteinzeit (4. Jahrtausend v. Chr.) von einem deutschen Ehepaar in den Ötztaler Alpen entdeckt und von Archäologen rasch als urgeschichtlicher Sensationsfund klassifiziert worden. Nie zuvor stand aus dieser frühen Zeit derart gut erhaltenes «Fundmaterial» zur Verfügung; präsentierte sich doch der «Mann im Eis», der zwischen 3350 und 3100 v. Chr. gelebt hatte, nicht einfach als Skelett, sondern war körperlich intakt im Gletschereis mumifiziert worden. Sogar seine Kleidung und die von ihm mitgeführten Werkzeuge hatten sich über die Jahrtausende hinweg außergewöhnlich gut erhalten. Selbst sein Mageninhalt und der Abnutzungsgrad seiner Zähne konnten später noch medizinisch analysiert werden.

Die Rekonstruktion von Bekleidung und Ausrüstung dieses «einzigartigen» Fundes (Konrad Spindler) vermittelte erstmals ein sehr genaues Bild eines vorgeschichtlichen Menschen und seiner Umwelt. Gras (für die Überbekleidung), Schafs- und Ziegenfell (für das knielange Obergewand und die Beinkleider), Kalbsleder (für den Gürtel), Schafsleder (für den Lendenschurz) dienten als Grundmaterialien seiner Ausstattung, tierische Sehnenfasern und Gräser als Nähfäden. Von besonderem Interesse waren auch die Schuhe, die übrigens weltweit als ältester Fund von Schuhen überhaupt gelten: Ihre Untersohle bestand aus dem Fellstück eines Braunbären, das Oberleder aus Hirschfell, ein aus Lindenbast geflochtenes Netz umschloss das zum Schutz gegen die Kälte in die Schuhe gestopfte Heu. Die Mütze der Gletschermumie war ebenfalls aus Bärenfell gefertigt und wurde am Kopf mit Lederbändern fixiert.

Auch die Werkzeuge und Waffen, die der «Mann im Eis» mit sich trug, vermittelten im Gegensatz zu früheren, meist nur rudimentären Fundüberresten ein sehr kohärentes und anschauliches Bild von der Lebenswelt eines prähistorischen Menschen. Vor allem das vollständig erhaltene Kupferbeil mit Holm aus Eibenholz ermöglichte die genaue zeitliche Datierung in die Kupfersteinzeit, als neben die bis dahin üblichen Steinwerkzeuge (und -waffen) regelmäßig auch Metallobjekte traten (daher die Epochenbezeichnung: Chalkolithikum). Das Kupferbeil diente wohl vorwiegend zum Fällen von Bäumen, war jedoch auf Grund seiner Seltenheit sicher auch ein Distinktionsmerkmal für den hohen sozialen Rang seines Trägers. Der Dolch aus Silex mit einem Griff aus Eschenholz diente vor allem zur Herstellung des Bogens, während der überaus seltene Retuscheur aus Lindenholz seinerseits für die Bearbeitung von Silexgeräten gebraucht wurde. Über diese Gerätschaften hinaus fand man im Umfeld der Gletschermumie einen Bogenstab aus Eibenholz, einen Köcher aus Rehfell, darin zwei schussbereite Pfeile (und zwölf Rohschäfte), zudem Gefäße aus Birkenrinde, in denen u. a. Glut zum Feuermachen transportiert wurde. Auch eine Rückentrage, aus Haselstock und Lärchenholz gefertigt, konnte rekonstruiert werden. Nahrungsreste verwiesen darauf, dass sich «Ötzi», wie er von dem Wiener Journalisten Karl Wendl erstmals genannt wurde, mit Reiseproviant aus geräuchertem oder getrocknetem Steinbockfleisch für seine hochalpine Wanderung ausgestattet hatte.

Die Holz- und Pollenanalysen des Fundes verweisen darauf, dass die Heimat des Gletschermannes wohl im Vinschgau lag und er von dort zu seinem letzten Gang über das Hochgebirge ins Ötztal aufgebrochen war.

Bald nach dem wissenschaftlichen Sensationsfund erregte freilich die Frage die Gemüter, ob der Fundort auf italienischem oder österreichischem Staatsgebiet zu verorten sei. Die im Friedensvertrag von Saint Germain im Jahr 1919 festgelegte Grenze verlief zwar entlang der Wasserscheide zwischen dem Inntal im Norden und dem Etschtal im Süden. Diese konnte aber auf Grund der Gletscherüberdeckung zunächst nicht klar definiert werden und erst genaue Vermessungen durch Expertenteams aus beiden betroffenen Staaten führten zum heute anerkannten Befund, dass die Mumie knapp hundert Meter jenseits der offiziellen Grenze auf dem Gebiet Südtirols gefunden wurde. Die ursprüngliche Zuordnung des «Mannes im Eis» zum Hauslabjoch wurde damals zugunsten des nun präziser bestimmten Tisenjochs korrigiert. Seine museale

Heimstätte fand «Ötzi» daher auch in einem eigens dafür neu errichteten Archäologischen Museum in Bozen.

«Ötzi» stand und steht in seiner Einzigartigkeit im Zentrum der Zusammenarbeit von Humangenetikern, Anatomen, Anthropologen und Archäologen. Aus diesem interdisziplinären Forschungsverbund sind eine Fülle von Publikationen hervorgegangen, die das bis dahin gültige Bild der Kupferzeit im Alpenraum (3500/3300–2200 v. Chr.) beträchtlich erweitert und differenziert und für das vorgeschichtliche Leben im heutigen Südtirol eine unerwartet hohe Stufe der Kulturentwicklung ergeben haben.

So lassen der Darminhalt und die aufgefundenen Getreidekörner, Spelzenreste und ein Ährenstängelstück erkennen, dass der «Mann im Eis» mit Sicherheit einer Gesellschaft angehörte, die bereits Getreide anbaute. Die Forschung geht seither davon aus, dass es in den Tallandschaften der Alpentäler, so auch im Vinschgau, seit der Jungsteinzeit eine hochentwickelte Ackerbaukultur gab. Die Analyse des tierischen Materials ergab, dass Bär, Reh, Steinbock, Hirsch und Vögel gejagt wurden, während die Verwendung von Ziegenfell und Kalbsleder zudem auf eine bereits entwickelte Viehzucht schließen ließ.

Kupfer- und Bronzezeit

Die Siedlungsdichte im Raum des heutigen Südtirol nahm – gemäß den einschlägigen archäologischen Funden – in der Kupferzeit zu. Neben Ackerbau und Viehzucht, Jagd und Fischfang wurde für die wachsende Bevölkerung die Verhüttung von Kupfererzen immer wichtiger. Hügelkuppen waren bevorzugte Siedlungsplätze; Grabfunde lassen auf einen entwickelten Totenkult und religiöse Riten schließen; wir wissen von der Verehrung von Naturheiligtümern und Erdgottheiten und dem Aufkommen von Tier- und Brandopfern. Keramikfunde aus dieser Zeit sind auf dem Gebiet des heutigen Südtirol indes nur selten anzutreffen.

Ein noch stärkeres Bevölkerungswachstum vollzog sich in der Bronzezeit (2200–1000 v. Chr.). Die wirtschaftlichen Verbindungen verdichteten sich, ein intensiver Handel mit den Rohstoffen Kupfer und Zinn entstand. Die Herstellung des neuen Metalls förderte die Spezialisierung von Berufsgruppen, die der Gewinnung, Aufbereitung und Verhüttung von Erzen, aber auch der Weiterverarbeitung der Metalle nachgingen.

Neben den Haupttälern wurden damals auch die Seitentäler besiedelt und es kam zu einer bis dahin nicht gekannten Siedlungskontinuität, aus der sich im Verlauf der Bronzezeit «Stammesterritorien» (Günther Kaufmann) entwickelten. An die Stelle kleinerer Hügelsiedlungen traten größere Hang- und Talsiedlungen. Damit verbunden waren erhebliche Eingriffe in die Natur: Wälder wurden abgeholzt, Flüsse reguliert, größere Ackerflächen mit Pflug und Sichel bearbeitet. Auch die Bestattungsart änderte sich: Vereinzelte Urnengräber (u. a. in Welsberg und Sigmundskron) verweisen auf den Übergang von der Körper- zur Brandbestattung. Parallel zur Bestattungsart vollzog sich ein Wandel des religiösen Weltbildes: Ältere, irdischen Gottheiten geweihte und an der Unterwelt orientierte Kultstätten verloren an Bedeutung, während Bergspitzen und freistehende Kuppen mit ihrem Bezug nach «oben» (zum Himmel) als Kultplätze immer wichtiger wurden.

Trotz der Handelsverbindungen zwischen dem Süden und Norden des späteren Landes Tirol bleiben auch in der Bronzezeit die jeweils prägenden Kultureinflüsse aus den nördlichen bzw. südlichen Voralpen-Ebenen unterscheidbar. So ist die Kultur der Urnengräberfelder, beeinflusst vom süddeutsch-bayerischen Bestattungsritus, nördlich des Alpenhauptkamms häufiger anzutreffen als im Süden, während sich hier – im Raum des heutigen Trentino-Südtirol – die Protolaugen- und später die Laugen-Melaun-Kultur entwickelte, die den Norden kaum erreichte.

Laugen-Melaun-Kultur und Fritzens-Sanzeno-Gruppe

Ab etwa 1250/1200 v. Chr. lässt sich südlich des Alpenhauptkamms diese auch vom Gardaseeraum her beeinflusste Kultur erschließen, die nach den zwei wichtigsten Fundorten bei Brixen Laugen-Melaun-Kultur genannt wird. Sie zeichnet sich durch eine reichhaltige Keramik von besonderer Qualität aus, darunter auch kunstvoll verzierte Krüge, von denen sich nur wenige Exemplare auch im Norden Tirols finden, während Spuren dieser Kultur im Westen bis nach Graubünden sowie im Osten bis nach Osttirol und Kärnten nachweisbar sind. Worauf diese Kulturentwicklung zurückzuführen ist, lässt sich nicht mit Sicherheit sagen: Die Wissenschaft geht von größeren Bevölkerungsbewegungen aus, die möglicherweise zu Einwanderungen aus dem Süden geführt haben; diese Bevölkerungsgruppen brachten wohl neue kulturelle Impulse mit.

So können die letzten Jahrhunderte des 2. Jahrtausends als kulturelle Blütezeit des vorgeschichtlichen Südtirol gelten, die vor allem der intensiven Ausbeutung der Kupfervorkommen und der Kontrolle von wichtigen Handelswegen zu danken war.

Der Übergang zur letzten urgeschichtlichen Periode, der Eisenzeit (1000 v. Chr. bis zur Zeitenwende), vollzog sich im südlichen Alpenraum ohne große Brüche und Veränderungen. Die Laugen-Melaun-Kultur entwickelte sich kontinuierlich weiter und erst allmählich, ab etwa 800 v. Chr., setzte sich das Eisen als neuer Werkstoff durch.

Zu einer bemerkenswerten kulturellen Einheit im Tiroler Raum kam es im späten 6. Jahrhundert v. Chr., in der mittleren Eisenzeit. Unter etruskischem Einfluss bildete sich eine neue Kulturgruppe heraus, die, nach den bedeutendsten Fundorten (Fritzens in Nordtirol und Sanzeno im Trentino) Fritzens-Sanzeno-Gruppe genannt wird. Zum ersten Mal lässt sich damit auch eine den Alpenhauptbogen überspannende Bevölkerungsgruppe fassen, die in den schriftlichen Quellen der Römerzeit als Raeti bezeichnet werden.

Von ihrer eindrucksvollen Kultur zeugen die Fundstücke des im Jahr 2003 errichteten *Museo Retico* im trentinischen Sanzeno und das Räter-Museum im nordtirolischen Birgitz, in dessen Umgebung intensive archäologische Ausgrabungen stattfinden. Charakteristisch für diese Kultur sind die hochspezialisierten Keramikformen, die Bauweise von Häusern sowie erstmals auch der Nachweis von Schriftzeugnissen auf Bronze-, Keramik- und Knochenobjekten. Eines der bekanntesten Beispiele aus dem Südtiroler Raum ist eine rätische Weiheinschrift auf einem in Siebeneich bei Bozen gefundenen Schöpflöffel. Die im sogenannten Alphabet von Bozen verfassten Inschriften gehören einer nicht-indogermanischen, dem Etruskischen verwandten Sprache an.

Die Siedlungen dieser Kulturstufe befinden sich nach wie vor auf Hügelkuppen oder Hangterrassen, werden seit der mittleren Eisenzeit jedoch immer weiter ausgebaut. Es gab Einzelhöfe und kleine Weiler; die Hausform, casa retica genannt, bestand aus einem zweigeschossigen Holz-Bau, der je nach Gelände in Schotter oder Fels eingetieft wurde, an den Türen finden sich bereits Schubriegelschlösser.

Ob diese gesamttirolische Kultur auch eine «politische» Einheit darstellte, lässt sich trotz der zahlreichen Funde hingegen kaum sagen. Die Römer berichten von unterschiedlichen *gentes* (in der älteren Historiografie mit «Stämmen» übersetzt) innerhalb der Räter, die freilich in kultureller und sprachlicher Hinsicht kaum unterscheidbar waren. Trotz nachweisbarer intensiver Beziehungen zu der sie umgebenden keltischen Welt (Hallstatt-Kultur, Latènekultur) kann die Fritzens-Sanzeno-Kultur jedenfalls als eigenständig und autark gelten. Erst der Alpenfeldzug der Römer im Jahr 15 v. Chr. sollte dem ein Ende bereiten.

2. KAPITEL

An der Peripherie des Imperium Romanum

Die ersten nachweisbaren «politischen» Kontakte zwischen dem römischen Imperium und den Bewohnern des südlichen Alpenraums haben sich – nach heutigem Forschungsstand – im 2. Jahrhundert v. Chr. ergeben. Der römische Geschichtsschreiber Titus Livius berichtet von einem Gast- und Freundschaftsabkommen (*hospitium publicum*) zwischen dem römischen Senat und dem norisch-keltischen Königreich aus dem Jahr 170 v. Chr., zu dem das heutige Osttirol und vermutlich auch das Pustertal und das Drautal gehörten.

Auch für die weiter östlich siedelnden *Tridentini* im Trentiner Raum sind für diese Zeit auf Grund zahlreicher Münzfunde wirtschaftliche Kontakte mit den Römern nachgewiesen. Römische Denare aus der Zeit der Republik fanden sich u. a. in einer prähistorischen Siedlung auf dem Piperbühel bei Klobenstein, ein Indiz für die Nutzung römischer Handelswege durch das Etschtal und über den Ritten bei Bozen. Von der Existenz größerer stadtartiger und befestigter Siedlungen (*oppida*) berichtet ebenfalls die römische Überlieferung, der neben den archäologischen Funden die wichtigsten Kenntnisse über diese frühen Jahrhunderte zu danken sind: Neben einem *oppidum* am Dos Trento (Trient) und einem weiteren in *Aguntum* (bei Lienz in Osttirol) war den Römern in unserem Raum auch ein *oppidum Saevatum* (benannt nach der keltisch-norischen *gens* der Saevater) bei St. Lorenzen am Eingang des Pustertals bekannt.

Wie weit der Einfluss der Römischen Republik damals auch politisch schon reichte, lässt sich kaum mit Sicherheit sagen. Eine römische Militäraktion gegen die von Norden kommenden Kimbern und Teutonen im Jahr 113 v. Chr. hat die Forschung lange im Etschtal und an der Veroneser Klause verortet. Heute geht man hingegen davon aus, dass die von der römischen Historiografie überlieferten Abwehrmaßnahmen an den *Tridentina iuga* nicht den Südtiroler Raum betrafen, sondern im südlicheren Flachland entlang der Etsch stattfanden. Demnach dürften der Trientiner Raum, das Etschtal oder gar Gebiete des heutigen Südtirol wie das Eisacktal damals noch nicht unter römischer Herrschaft gestanden haben.

Für die neunziger Jahre hören wir dann von Militärmaßnahmen gegen Völker des südlichen Alpenhauptkamms, und die Räter sollen kurz darauf die römische Siedlung *Comum* zerstört haben (94 bzw. 92/90 v. Chr.). Oberitalien wurde im 1. Jahrhundert v. Chr. Schritt für Schritt ins römische Reich eingegliedert, bis alle Gebiete nördlich des Po in den fünfziger Jahren durch Julius Caesar das römische Bürgerrecht erhielten. Das *Tridentini oppidum Raeticum* erlangte dabei wohl den Status eines römischen Munizipiums, während die anderen alpinen Völkerschaften nördlich des römischen Einflussbereichs als *peregrini* (Fremde) betrachtet wurden, deren politische Unabhängigkeit Rom respektierte.

Feldzüge der Römer

Systematisch durch die Römer erschlossen und erobert wurden Gebiete des späteren Südtirol erst im Jahr 15 v. Chr. In Rom war zu dieser Zeit Caesars Adoptivsohn Gaius Octavian aus Jahrzehnten des Bürgerkriegs als Alleinherrscher hervorgegangen und unter dem Namen Augustus zum Kaiser (*princeps*) ausgerufen worden, was faktisch das Ende der Republik bedeutete. Durch Grenzraumsicherungen und Eroberungen wollte Augustus die Macht des Reiches nach außen hin ausbauen und zugleich sein persönliches Prestige im Inneren mehren. In diesem Zusammenhang sind auch die sogenannten Alpenfeldzüge zu sehen. Bereits 25 v. Chr. führte

Augustus Krieg gegen die keltischen Salasser, um die wichtigen Pässe Großer bzw. Kleiner Sankt Bernhard und damit das westliche Alpengebiet unter römische Kontrolle zu bringen. Wenige Jahre später, 16 v. Chr., wurde im Osten das bis dahin noch weitgehend selbständige Königreich Norikum, mit dem es das erwähnte Freundschaftsabkommen gegeben hatte, dem Imperium Romanum angegliedert.

Für unseren Raum ist dann der Feldzug des Jahres 15 v. Chr. von entscheidender Bedeutung. Eine neue römische Legion, in der transpadanischen (norditalienischen) Militärprovinz stationiert, sollte vom Süden her gegen die Räter aus den tridentinischen Alpen vorrücken, deren *gentes* angeblich in gallisches und italisches Gebiet eingefallen waren. Den Oberbefehl hatte zunächst Augustus' Stiefsohn Nero Claudius Drusus inne.

Drusus rückte mit seinen Truppen im Frühjahr des Jahres 15 v. Chr. über Trient etschaufwärts bis zur Salurner Klause und ins Siedlungsgebiet der Isarken vor, deren Widerstand niedergeschlagen wurde. Im Sommer kam es dann zu einem konzentrierten Angriff von mehreren Seiten. Augustus beauftragte seinen zweiten Stiefsohn Tiberius Claudius Nero, der bereits in Gallien stationiert war, mit der Westarmee gegen den Bodenseeraum und die dort siedelnden keltischen Vindeliker vorzustoßen. Drusus marschierte währenddessen mit seiner Armee weiter etschaufwärts gegen die Venosten, während Publius Silius Nerva im Westen nach der Eroberung des Tessins über den Julier- und Splügenpass ins Rheintal vorrückte und eine weitere Heeressäule durchs Engadin den Inn abwärts zog. Gleichzeitig drang – gemäß der römischen Überlieferung – im Zentrum ein Truppenteil unter Lucius Calpurnius Piso von dem nach Drusus benannten Brückenkopf am Eisack bei Bozen (*pons Drusi*) nach Norden über den Brenner gegen die Breunen vor. Für den 1. August wird von einer für die Römer erfolgreichen Entscheidungsschlacht durch Drusus und Tiberius gegen die Vindeliker, eine der am weitesten entwickelten keltischen *gentes*, berichtet. Es ist davon auszugehen, dass die Römer bei all diesen Eroberungszügen auf den dank älterer Handelsverbindungen bereits vorhandenen und bekannten Wegen vorrücken konnten. Dass sie dabei vor allem Pässe und Höhenwege überquerten, lag daran, dass die Täler vielfach noch versumpft und unzugänglich waren wie beispielsweise die enge Eisacktalschlucht bei Bozen. Die Siedlungen der ansässigen Bevölkerung wurden im Zuge dieser militärischen Operationen geplündert, in Brand gesetzt und weitgehend zerstört, wovon archäologische Funde ein beredtes Zeugnis ablegen.

Als Folge der militärischen Eroberung durch die Römer wurde der zentrale Alpenraum nun in mehrere Verwaltungseinheiten aufgeteilt, wodurch die späteisenzeitliche «rätische» Fritzens-Sanzeno-Kulturgruppe endgültig zerfiel. Wo genau die Grenzen in der nach-augusteischen Zeit verliefen, darüber ist sich die Forschung bis heute nicht einig, wobei die unterschiedlichen Vereinnahmungen durch die in modernen nationalen Kategorien denkende Wissenschaft des 19. Jahrhunderts, die den Raum wahlweise als «römisch» oder als «germanisch» gedeutet wissen wollte, zu dieser Unklarheit sogar selbst beigetragen hat.

Weite Teile des heutigen Südtirol (das Etschtal bis Meran, das Sarntal und das südliche Eisacktal) wurden jedenfalls gemeinsam mit den nordöstlichen Gebieten Norditaliens als *Regio X* (*Venetia et Histria*) direkt dem römischen Reich eingegliedert; Trient war, wie bereits erwähnt, schon einige Jahrzehnte zuvor zum römischen Munizipium (mit Stadtrecht) erhoben worden. Wahrscheinlich ist außerdem, dass der Vinschgau und das obere Eisacktal mit dem Inntal zum Militärdistrikt *Raetia* et *Vindelicia* kamen. Daran schloss sich weiter östlich, wobei die Grenze etwa bei Kufstein verlief, *Noricum* an, das vormalige norisch-keltische Königreich, zu dem das Pustertal und das Drautal gehörten. Sowohl *Raetia* als auch *Noricum* wurden schließlich unter Claudius (41–54 n. Chr.) zu römischen Provinzen umgewandelt.

Diese Dreiteilung, die erstmals nord-südliche, aber auch west-östliche Grenzbereiche in unserem Raum schuf, bewirkte in der Folge unterschiedliche kulturelle Entwicklungen innerhalb der betroffenen Bevölkerung. Die Romanisierung, d. h. die Übernahme römischen Lebensstils, vollzog sich in den direkt dem Imperium Romanum zugehörenden Gebieten rascher als an den Rändern der unterworfenen Provinzen (*Raetia* und *Noricum*), wo die Bevölkerung noch sehr viel länger an ihren Traditionen festhielt, was sich besonders an der Kleidung nachweisen lässt (römische Toga versus mit Fibeln zusammengehaltenen Gewändern). Die Verleihung des römischen Bürgerrechts an das Munizipium von Trient, aber auch an einige Trient benachbarte südliche *gentes* durch Kaiser Claudius im Jahre 46 n. Chr. brachte für den südlichen Alpenraum eine günstigere Ausgangsposition mit sich, als dies für die Provinzen Rätien und Norikum der Fall war. Doch galten nunmehr im gesamten Alpenraum römisches Recht, römische Sprache und Schrift, römische Namensgebung und Zeitrechnung. Aus der sprachlichen Mischung von indigenen Dialekten und dem Lateinischen ging das Alpenromanische hervor, das im Ladinischen bis heute fortlebt.

Vorrangiges Ziel der römischen Verwaltung – und auch ihre bedeutendste Hinterlassenschaft – waren die Verbindungsstraßen, die die Römer zwischen den verschiedenen Militärstützpunkten errichteten. Die *Via Claudia Augusta* als wichtigste Nord-Südverbindung durchzog das Etschtal über den Reschen und führte über den Fernpass nach Augsburg. Die bereits in vorrömischer Zeit bestehende Route über den Ritten, den Brenner und Scharnitz wurde im 1. Jahrhundert ebenfalls weiter ausgebaut, indem man eine Straße durch das Eisacktal anlegte, worauf Ausgrabungen bei Waidbruck schließen lassen. Und durch das (norische) Pustertal gab es eine Verbindung nach *Aguntum*, beim heutigen Lienz.

Die Eroberung der Alpenvölker bedeutete für die dort ansässige Bevölkerung zunächst vor allem, dass die waffenfähigen Männer zum Kriegsdienst in römischen Hilfstruppen eingezogen wurden – und dass man nun Steuern nach römischem Zensus zu zahlen hatte. Aus den wenigen archäologischen Funden und den überlieferten Ortsnamen lässt sich ansonsten schließen, dass die römische Eroberung keine einschneidenden Veränderungen des Territoriums – abgesehen von den neuen «Grenzverläufen» – hinterlassen hat:

Bestehende eisenzeitliche Siedlungen wurden erweitert und ausgebaut, in bislang schon bewohnten Zonen wurden neue Siedlungen errichtet. Insgesamt dürfte es im Südtiroler Raum zahlreiche römische Garnisonen an leicht zugänglichen Hügeln und Hängen gegeben haben (u. a. im Bozner Raum und jenseits der Etsch im Meraner Becken). *Vici* (Vororte), u. a. bei Nals, Partschins und Stufels bei Brixen lokalisiert, und *mansiones* (Rastplätze) entlang der Verbindungsstraßen kennzeichnen das römische Verwaltungssystem; die landwirtschaftlichen Flächen wurden in der römischen Zeit intensiver bebaut, es entstand eine Vielzahl an Landgütern (*praedia*).

Von den kriegerischen Auseinandersetzungen der ersten beiden nachchristlichen Jahrhunderte war der südliche Alpenraum und damit auch die Region des heutigen Südtirol nur am Rande betroffen. Den im 3. Jahrhundert zunehmenden Vorstößen westgermanischer Völkerschaften, insbesondere der Alamannen und Juthungen, versuchte Rom durch militärische Reformen in den Grenzregionen zu begegnen. Kaiser Gallienus (260–268 n. Chr.) verstärkte in beiden Provinzen die Legionsreiterei und ließ selbständige Kavallerieverbände im Hinterland stationieren, die Verwaltung der Provinzen wurde administrativ aufgewerteten Statthaltern aus dem Ritterstand übertragen.

Trotz dieser Sicherheitsmaßnahmen gelang es den Alamannen in den Jahren 268–270 n. Chr. erstmals, auch in den südlichen Alpenraum vorzustoßen, erst am Südufer des Gardasees wurden sie durch römische Elitetruppen aufgehalten. Und auch die Jugurthen drangen im Sommer 270 n. Chr. in Rätien und Norikum ein. Münzfunde aus dieser Zeit zeigen, dass die damaligen Bewohner von Etsch- und Inntal ihr «Vermögen» offenbar vergruben, ohne es später wieder ausgraben zu können. Auch Brand- und Zerstörungsschichten in Innichen, bei St. Lorenzen, bei Brixen und in Trient zeugen von den damaligen Verwüstungen. Noch konnten sich die römischen Provinzen gegenüber den «Barbaren» zwar behaupten und die verschiedenen germanischen *gentes* über den Limes zurückwerfen, doch wiederkehrende innerrömische Krisen und anderweitige militärische Konflikte, die das Imperium auszutragen hatte, ermöglichten diesen immer wieder, über Rätien und Norikum hinaus auch nach Süden vorzustoßen.

Römische Einflüsse auf die Alpenregion

Wenn wir den Blick auf die wirtschaftliche Seite des jahrhundertelangen Kulturkontakts zwischen römischen Eroberern und einheimischer Bevölkerung werfen, so können wir dank der Funde römischer Keramik, von Amphoren und Lampen, die im heutigen Südtirol zu Tage kamen, auch die friedliche Nutzung dieser Region deutlich erkennen. Abgesehen von Trient und *Aguntum* gab es zwar keine größere Stadt in unserem Gebiet, wohl aber dichter besiedelte *vici,* u.a. in Mals, Nals, Bozen, Neumarkt, Cles, Partschins und Stufels. Durch Amphoren-Aufschriften ist beispielsweise der Handel mit grünen und weißen Oliven bezeugt, und auch aus schriftlichen Quellen ist ein gewisser Wohlstand in der romanisierten bzw. römischen Bürgerschicht erkennbar. Bürgerrechtsverleihungen und Veteranenansiedlungen ließen die Nachfrage nach Importgütern ansteigen, eine größere wirtschaftliche Krise trat erst im letzten Drittel des 3. Jahrhunderts n. Chr. ein, als sich infolge der zahlreichen Kriege der Steuerdruck verstärkte, die wirtschaftliche Produktion abnahm und der Rückgang des Silbergehalts eine massive Geldentwertung zur Folge hatte.

Auch für die Landwirtschaft brachte die römische Zeit deutliche Verbesserungen mit sich. Die Produktion aus Ackerbau und Viehzucht nahm durch den Ausbau von Ackerland stetig zu, zudem wurde bereits intensive Almwirtschaft betrieben, wie die zahlreichen römischen Ortsnamen erkennen lassen. Die Jagd spielte kaum noch eine Rolle, in der intensivierten Haustierhaltung kam dem Geflügel immer größere Bedeutung zu. Nicht nur das heutige Trentino, auch das Bozner Unter- und Oberland, der Vinschgau und das Meraner Becken wurden in der römischen Zeit intensiv landwirtschaftlich genutzt. Neben Weizen, Roggen, Gerste und

Hirse bauten die Landwirte auch bereits Äpfel, Birnen, Kirschen und Gemüse, südlich des Brenners sogar Wildreben an – der von den Römern geschätzte «rätische» Wein sollte sich immer mehr zu einem bedeutenden Wirtschaftszweig entwickeln. Noch heute sind die Reste römischer Quadratfluren erkennbar, römische Gutshöfe lassen sich etwa in Marling, Eppan und Kaltern (Reitwiesen) lokalisieren.

Mit der Ansiedlung von römischen Beamten und Militärs fand nicht zuletzt der römische Kult Eingang im Raum des heutigen Südtirol: Den römischen Göttern wurden in den größeren Orten Tempel errichtet, was Inschriften und Torsi (u. a. der Kopf einer Venus-Statue in Mals) bezeugen. Zeitgleich waren aber auch Mysterienkulte verbreitet. Weiheinschriften lassen auf Mithrasgemeinden in Trient und Sanzeno, in Erl und in Mauls schließen, wo ein Kultbild mit der Darstellung eines Stieropfers die Existenz einer Mithrasgemeinde im 3. Jahrhundert belegt. Nach wie vor kam dem Totenkult große Bedeutung zu, vielfältige Grabbeigaben (Schmuck, Werkzeuge, Gefäße) bezeugen einen lebhaften Jenseitsglauben.

Zwei Ereignisse aus der Zeit um 300 müssen an dieser Stelle hervorgehoben werden, da sie die zukünftige Entwicklung über die römische Periode hinaus wesentlich beeinflussten. Das ist zum einen die große Verwaltungsreform der Jahre 293–297 n. Chr. durch Kaiser Diokletian (284–305 n. Chr.), die unter anderem eine neue politische Einteilung des Reiches in vier kaiserliche Präfekturen und zwölf ihnen untergeordnete Diözesen hervorbrachte. Infolge dieser Reform fiel Rätien nun gemeinsam mit der bisherigen *Regio X* zur Diözese und Präfektur *Italia,* Norikum hingegen zur Diözese *Pannonia* und Präfektur Illyrien. Damit entstand eine neue wichtige Reichsgrenze zwischen dem Eisacktal und dem Pustertal, da die beiden Präfekturen unterschiedlichen Herrschern unterstanden. Sowohl Rätien als auch Norikum wurden zudem zweigeteilt.

Auch die militärischen Verteidigungsanlagen ließ Diokletian weiter ausbauen: An den wichtigen Straßenknotenpunkten wurden Etappenstationen erneuert, die in Stufels bei Brixen, im Pustertal bei St. Lorenzen und Innichen nachweisbar sind, die Garnison Trient wurde im 4. Jahrhundert zu einem bedeutenden Stützpunkt zur Versorgung der Truppen.

Das zweite wichtige Ereignis ist die sogenannte Mailänder Vereinbarung (verkürzt oft als Toleranzedikt bezeichnet) von 313 n. Chr. zwischen den Herrschern im Osten und Westen des Römischen Imperiums, Licinius (308–324 n. Chr.) und Konstantin (306–337 n. Chr.). Darin wurde allen Untertanen des Reiches Religionsfreiheit gewährt – auch den Christen, die zuvor wiederholt verfolgt worden waren. Unter Theodosius I. (379–394 n. Chr.) wurde das Christentum 380 n. Chr. schließlich sogar Staatsreligion, alle anderen Kulte wurden verboten. So beschleunigte sich im ganzen Reich seit dem 4. Jahrhundert die Christianisierung. Im heutigen Südtirol nahm sie ihren Ausgang von Trient, wo für das Jahr 381 n. Chr. ein Bischof Abundantius als Teilnehmer einer Kirchenversammlung in Aquileia bezeugt ist. Sein Nachfolger Vigilius setzte sich besonders aktiv für die Missionierung seines Gebiets ein und wurde später deshalb als Heiliger verehrt. Nach ihm sind noch heute zahlreiche Orte und Kirchen in Südtirol benannt. Die ersten christlichen Gemeinden und Kultstätten entstanden im späten 4. und dann vermehrt im 5. Jahrhundert – von großer Bedeutung war neben der Diözese Trient auch die für das 6. Jahrhundert belegte Diözese Säben. Beide unterstanden dem Metropolitanverband von Aquileia.

Das Ende des weströmischen Imperiums

Ansonsten ist über die weitere Entwicklung der Region im 4. und 5. Jahrhundert wenig bekannt. Grabungsfunde, die den Wiederaufbau von zerstörten Gebäuden, die Errichtung neuer Landvillen (u. a. in Marling, Eppan) und verbesserte Instandhaltungen an der *Via Claudia Augusta* belegen, lassen auf einen neuerlichen wirtschaftlichen Aufschwung bis in die Mitte des 4. Jahrhunderts hinein schließen. Danach gerieten allerdings auch die südlichen Alpentäler in die Turbulenzen rund um die neuerlichen Einfälle germanischer *gentes,* die eng mit Machtkämpfen an der Spitze des Reiches zusammenhingen.

Unter dem Druck der westgermanischen Franken, die ihrerseits Richtung Süden drängten, brachen in der zweiten Hälfte des 4. Jahrhunderts wiederholt Alamannen und Jugurthen in die rätischen Gebiete ein. Zu Beginn des 5. Jahrhunderts zogen westgotische *gentes* unter ihrem König Alarich durch Norikum, um schließlich 410 n. Chr. Rom zu erobern; *Aguntum* wurde durch den Einmarsch der Ostgoten zerstört, den Hunnen fiel 452 n. Chr. Aquileia zum Opfer.

Immer häufiger mussten sich die Römer zur Verteidigung des Reiches angeworbener «barbarischer» Heerführer bedienen bzw. mit einzelnen *gentes* Verträge abschließen, wodurch diese zu *foederati* (Verbündeten) wurden. Ein Heerführer solcher Art war es schließlich auch, der den letzten (west)römischen Kaiser Augustus Romulus absetzte und sich selbst an die Macht brachte. Der Skirenfürst Odoaker sandte im Zuge dieser Absetzung im Jahr 476 n. Chr. den kaiserlichen Ornat nach Konstantinopel, was ihm die Anerkennung durch den (ost)römischen Kaiser Zeno (474–476 n. Chr.) einbrachte, und rief sich selbst – von seinen germanischen Gefolgsleuten unterstützt – zum *Rex Italiae* aus. Mit diesem Akt wird traditionellerweise das Ende des weströmischen Reiches verbunden, auch wenn neuere Forschungen nachdrücklich auf das Weiterleben römischer Traditionen auch für die Zeit der bald darauf erfolgenden ostgotischen Machtergreifung verweisen.

3. KAPITEL

Unter wechselnden Herrschaften: Wem «gehört» der südliche Alpenraum?

Die Jahrhunderte bis zur damals so gedeuteten «Erneuerung» des Römischen Reichs durch die Kaiserkrönung Karls des Großen im Jahr 800 waren im südlichen Alpenraum von Eroberungen, Neubesiedlungen und vielfältigen Herrschaftswechseln gekennzeichnet. Die innerhalb Europas einsetzenden Wanderbewegungen führten zur Ausbildung neuer Bevölkerungsgruppen bzw. Ethnien. Da das von «Volk» abgeleitete Begriffspaar «Völkerwanderung» hinsichtlich der Größenverhältnisse missverständliche Assoziationen weckt, der Begriff «Volk» zudem auf Grund seiner missbräuchlichen Verwendung im Nationalsozialismus seine Unschuld verloren hat, bezeichnet die moderne Forschung die Folgen dieser Wanderungsprozesse als Ethnogenese, als einen Vorgang also, der seinerseits zur Entstehung neuer Ethnien beitrug. Es handelte sich bei diesen Wanderbewegungen in der Übergangszeit von der Spätantike zum Frühmittelalter um kleinere Gruppen militärisch organisierter Verbände mit einzelnen Heerführern und nicht um ganze Völkerschaften. Einige dieser wandernden *gentes* erreichten auch die Alpentäler und schufen dort neue ethnisch-politische Konfigurationen, die allmählich die römische Herrschaft ablösten.

Ein entscheidendes Charakteristikum der frühmittelalterlichen Jahrhunderte lag in der voranschreitenden Christianisierung der Bevölkerung. Diese führte zur Ausbildung christlicher Gemeinden und kirchlicher Verwaltungsstrukturen, aber auch zu Klostergründungen, zum Bau von ersten Kirchen und zum wachsenden Einfluss von Bischöfen, Äbten und anderen kirchlichen Würdenträgern. Christliche Gemeinden und ihre Kirchen sind in unserem

Raum durch Ausgrabungen frühchristlicher Kirchenbauten, u. a. in Bozen, St. Lorenzen, Siebeneich, Säben und Gratsch überliefert.

Die spätantike Verwaltungsstruktur wirkte weit in die nachrömischen Jahrhunderte hinein. Im Zuge der unterschiedlichen frühmittelalterlichen Besiedlungen wuchs die romanisierte und bereits weitgehend christianisierte Bevölkerung der Alpentäler allmählich mit den verschiedenen zugewanderten *gentes*, die sich in diesem Gebiet niederließen, zusammen. Trotz einer überaus dürftigen Quellenlage kommt den nachrömischen Jahrhunderten für die allmähliche Ausbildung der geopolitischen Grundlagen des späteren Tirol, wie noch zu zeigen sein wird, große Bedeutung zu. Neben den immer wichtiger werdenden Bischöfen, die zunächst direkt von der Bevölkerung gewählt wurden, gab es aber auch weltliche Herrschaftsträger, Herzöge und Grafen, die von den Heerführern bzw. Königen zur jeweiligen Kontrolle des Raumes eingesetzt wurden.

Der Ostgotenkönig Theoderich

Wie sah nun die weitere politische Entwicklung nach der Absetzung des letzten weströmischen Kaisers aus? In Oberitalien hielt sich die Herrschaft des germanischen Heerführers Odoaker nicht lange. Der König der Ostgoten, Theoderich, drang im Hochsommer des Jahres 489 über die südlichen Ausläufer der Julischen Alpen in die römische Präfektur *Italia* ein. Er besiegte Odoaker in mehreren Schlachten und zog – ob als eigenständiger weströmischer Herrscher oder als Stellvertreter des oströmischen Kaisers, blieb rechtlich ungeklärt – schließlich in Ravenna ein.

Die Jahre von Theoderichs Herrschaft (493–526) zeichneten sich durch die friedliche Koexistenz von Goten und Römern aus. Ob die in den schriftlichen Quellen zu dieser Epoche belegte, damals errichtete Befestigung Verruca auf dem Dos Trento oder aber in Sigmundskron bei Bozen lag, ist in der Forschung umstritten. Sie lässt neuerlich die Frage nach greifbaren «Grenzen» zwischen «Italien» und den Provinzen Rätien und Norikum aufkommen.

Da Theoderichs Nichte Amalaberga zur Eheschließung mit einem thüringischen König auf ihrem Weg nach Augsburg durch unser Gebiet (vermutlich über den Reschen) reiste, ist wohl davon auszugehen, dass das Etsch- und das Eisacktal unter ostgotischer/italischer Kontrolle standen.

Neben Ravenna spielte während Theoderichs Herrschaft auch Verona (das in den Deutschen Heldensagen zu Bern wurde und Theoderich folglich als Dietrich von Bern figuriert) als Residenz eine wichtige Rolle. Der bedeutendste Verwaltungssitz Norikums (zu dem noch immer das Pustertal gehörte) lag in *Tiburnia,* im westlichen Kärnten (heute etwa bei Spital a. d. Drau). Die Zentren der ebenfalls ostgotisch verwalteten beiden Rätien lagen zum einen in Chur, zum anderen – mittlerweile weiter ostwärts gelegen – in der Gegend des heutigen Zirl in Nordtirol. Im Raum zwischen Lech und Enns bildete sich unter dem Schutz des thüringisch-ostgotischen Bündnisses eine neue *gens*, die Bajuwaren, heraus, über deren genaue Entstehungsgeschichte die Wissenschaft bis heute nichts Verbindliches aussagen kann.

Fränkische und oströmische Herrschaft

Die friedlichen Jahrzehnte unter ostgotischer Herrschaft gingen bald nach Theoderichs Tod (526) zu Ende: Einerseits erhoben vom Nordwesten her die mächtig gewordenen, bereits christianisierten Franken unter ihrem merowingischen König Theudebert (533–548) Anspruch auf rätisches Gebiet; andererseits strebte der oströmische Kaiser Justinian (527–565) die Wiederherstellung eines einheitlichen römischen Reiches an und rückte in mehreren Feldzügen seinerseits gegen die Ostgoten vor.

Oströmischen Truppen gelang es, Ravenna zurückzuerobern. Auch der Vorstoß der Franken in beide Rätien war zunächst erfolgreich, wobei der Vinschgau und weite Teile der zu Trient gehörenden Gebiete im oberen Etschtal unter fränkische Gewalt kamen. Wie weit in Richtung Südosten der fränkische Einflussbereich damals reichte, ist in der Forschung nicht genau geklärt. Für die *Raetia II*, also etwa für den heutigen Nordtiroler Raum, ist in den folgenden Jahrzehnten aber bereits von einer allmählichen Landnahme durch die Bajuwaren auszugehen. Dagegen konnte im Süden nach langwierigen kriegerischen Auseinandersetzungen die oströmische Herrschaft vorübergehend wiederhergestellt werden. Die oströmische Verwaltung reichte Mitte des 6. Jahrhunderts im Rahmen der römischen Region *Histria et Venetia* wieder weit in den südlichen Alpenraum, vermutlich bis ins Bozner Becken und die Eisacktalschlucht hinein. Diese neuerliche römische Epoche währte allerdings nicht lange, da bereits im Jahr 569 das Gebiet durch den Ansturm anderer germanischer *gentes* unter eine neue Oberhoheit geriet.

Langobarden und Bajuwaren

Diesmal waren es die ursprünglich im Norden Europas beheimateten Langobarden, die von Pannonien, d. h. von Nordosten aus, unter ihrem König Alboin (etwa 560–573) gemeinsam mit anderen germanischen *gentes* (u. a. mit den Sueben, Thüringern und Sachsen) im Jahr 568 über die Ostalpen nach Italien vorrückten. In kurzer Zeit eroberten sie die wichtigsten oberitalienischen Städte: Zunächst fielen Aquileia, Verona und Brescia in ihre Hände, im September 569 schließlich auch Mailand und das Etschtal bis etwa zur Salurner Klause.

Mit diesen germanischen *gentes* kamen neue Bevölkerungsgruppen in die südlichen Alpentäler, die im Gegensatz zur ostgotischen Herrschaft keinen Ausgleich mit der «einheimischen» Bevölkerung bzw. keine Kooperation mit Ostrom suchten, sondern auf Beute und Land aus waren. Aus dem Nordwesten drangen Bajuwaren und Alamannen, aus dem Osten Slawen in unseren Raum vor.

Mit dem Prozess der germanischen Besiedelung, die archäologisch durch die Funde von Waffengräbern und Reihengräberfeldern nachgewiesen werden kann, waren nun auch «politische» Veränderungen verbunden, in deren Folge ein allmählicher Wandel der ethnischen Zusammensetzung der Bevölkerung einsetzte. Die ursprüngliche Dreiteilung des späteren Südtiroler Raumes ging nun in eine Vierteilung über: Der Süden, mit Trient als Sitz eines langobardischen Herzogs, dessen Herrschaftsgebiet auch den Nonsberg, das Überetsch und das Tisener Hochplateau umfasste, gehörte zum Königreich der Langobarden; der Vinschgau wurde von den Franken kontrolliert; im Osten beherrschten vom heutigen Kärnten aus die Slawen vormals norische Territorien; schließlich drangen die Bajuwaren vom heutigen Schwaben aus immer weiter in rätische Gebiete im Inntal vor.

Ortsnamenendungen auf -ing, die auf bajuwarische Siedlungen schließen lassen, finden sich noch heute zwischen dem Inntal, dem Ötztal bis ins obere Eisacktal und ins Pustertal hinein (Haiming, Mieming, Hötting, Assling). Bajuwarische Herzognamen (Theudo-Dietenheim, Isso-Issing, Tassilo-Tesselberg) bezeugen eine intensive Siedlungstätigkeit auch im Brunecker Becken, durch welche bajuwarisches «Staatsland» an landlose Freie übertragen wurde.

Trotz der verschiedenen Landnahmen von Süden, Norden und Osten her ist davon auszugehen, dass die Mehrheit der Bevölkerung weiterhin nach römischer Tradition und römischem Recht lebte. Im südlichsten Teil unseres Raumes war mit der Langobardenherrschaft zunächst allerdings auch der Übergang zu germanischem Recht und germanischen militärischen und politischen Organisationsstrukturen verbunden gewesen. Der jeweilige König wurde aus dem Kreis der mächtigsten militärischen Anführer, der *duces* (Herzöge) gewählt. Die einzelnen Herzöge verfügten über großen persönlichen Handlungsspielraum, was häufig zur Zersplitterung der Macht beitrug und benachbarten *gentes* immer wieder Möglichkeiten zu militärischen Übergriffen bot. Im Vergleich zum relativ dichten imperialen Herrschaftsnetz der römischen Zeit war bei den Germanen die «staatliche» Infrastruktur insgesamt sehr viel schwächer ausgeprägt. Im Laufe des 7. Jahrhunderts zeigen sich aber auch bei den Langobarden erste Anzeichen der Angleichung bzw. Übernahme römisch-rechtlicher Traditionen. Mit dem Edikt des Königs Rothari (636–652) aus dem Jahr 643 wurde beispielsweise die Sippenfehde abgeschafft und durch Geldstrafen (Wergeld) ersetzt. Es handelte sich dabei um ein in lateinischer Sprache abgefasstes Gesetzeswerk, das freilich nur für die Langobarden, nicht aber für die römische Bevölkerung galt. Durch ein Dekret König Ariperts I. (653–661) aus dem Jahr 653 erfolgte schließlich auch der Übergang vom arianischen zum römisch-katholischen Bekenntnis.

Die Hauptaufgabe des langobardischen Herzogs bestand darin, die Grenze des Königreichs im Nordwesten zu verteidigen. Mehrmals rückten die mit Ostrom verbündeten Franken unter König Childebert II. (577–595) Ende des 6. Jahrhunderts über den Vinschgau nach Süden vor. So kamen bei einem besonders blutigen Feldzug im Jahr 590, der die Eroberung Mailands und Veronas zum Ziel hatte, zahlreiche Befestigungsanlagen im Etschtal (u. a. Tisens, Mölten, Sirmian, Eppan, Castelfeder) unter fränkische Herrschaft. Die Bevölkerung wurde gefangen genommen, Siedlungen zerstört. Doch letztlich gingen die Franken ebenfalls geschwächt aus diesem Ringen hervor. Die Langobarden hatten sich angesichts der Gefahr den Bajuwaren angenähert, die ihrerseits Unterstützung gegen die Slawen im Osten suchten. Childebert sah sich 591 zum Abschluss eines Friedens gezwungen, der den Besitzstand vor dem Krieg bestätigte: Der Herrschaftsbereich der Langobarden erstreckte sich weiterhin von Trient aus im Etschtal bis in den Raum Meran hinein. Im Eisacktal reichte er bis etwa nach Klausen, wo in dieser Zeit mit Ingenuin der erste namentlich bekannte Bischof von Säben bezeugt ist. Sowohl er als auch der Bischof von Trient, Agnellus, hatten sich im Kampf gegen die Franken dafür eingesetzt, dass die Bewohner der Festung Verruca (am Dos Trento oder aber bei Sigmundskron gelegen) gegen die Bezahlung eines Lösegelds der Gefangennahme entgingen.

Die ungewöhnlich genauen Kenntnisse dieser kriegerischen Ereignisse verdankt die Geschichtswissenschaft einem langobardischen Mönch, Paulus Diaconus (etwa 730–799). Seine «Geschichte der Langobarden» ist nicht nur eine wertvolle historische Quelle, die sich u. a. auf die Aufzeichnungen des Secundus von Trient, eines langobardischen Abtes aus dem späten 6. Jahrhundert, stützt. Sie ist auch ein Beispiel dafür, wie die römisch-historiografische Tradition von christlichen Gelehrten fortgeführt und weiterentwickelt wurde.

Die langobardisch-bajuwarische Bündnispolitik vermochte den Frieden in den südlichen Alpentälern indessen nicht nachhaltig zu sichern. Denn seit dem 6. Jahrhundert war mit dem bereits christianisierten Geschlecht der Agilolfinger eine mächtige bajuwarische Herzogsdynastie herangewachsen, die sich immer stärker gegenüber dem Frankenreich zu behaupten wusste. Im Laufe des 7. und 8. Jahrhunderts versuchten nun auch die Bajuwaren ihren Machtbereich Richtung Süden auszudehnen. Und dies durchaus mit Erfolg: Für das Jahr 710 ist die Kontrolle des Bajuwarenherzogs Theudo (680–717) über Bozen, das Etschtal bis zum *Castrum Maiense* (Zenoburg) bei Meran sowie den östlichen Vinschgau bezeugt.

Das Ringen zwischen Langobarden und Bajuwaren (Bayern) setzte sich bis in die zweite Hälfte des 8. Jahrhunderts hinein fort, wobei auch innerbajuwarische Machtkämpfe eine stabile Herrschaftssicherung vor allem außerhalb des engeren bajuwarischen Raumes erschwerten.

Karl der Große

Karl der Große war es schließlich, der zwei Jahrhunderten langobardisch-bajuwarischer Vorherrschaft ein Ende bereitete. 771 drang der Frankenkönig (768–814) über bajuwarisches Gebiet in das Langobardenreich ein und verstieß seine erst ein Jahr zuvor geehelichte langobardische Ehefrau, eine namentlich nicht bekannte Tochter des Langobardenkönigs Desiderius (757–774). Dabei profitierte er nicht zuletzt von einer Allianz mit dem Papst, die sein Vater Pippin 754 durch die Einrichtung eines päpstlichen Territoriums, des nachmaligen Kirchenstaats, erreicht hatte («Pippinische Schenkung»). 774 gelang es Karl schließlich, das Langobardenreich vollständig unter seine Gewalt zu bringen. König Desiderius musste sich geschlagen geben und wurde in das Frankenreich deportiert, wo er noch einige Jahre in einem Kloster lebte. Sein Sohn Adelchi konnte nach Ostrom flüchten. Der italienische Dichter Alessandro Manzoni hat später – im national aufgeheizten Klima des frühen 19. Jahrhunderts – diese Geschehnisse in seinem Drama «Adelchi» mit feinem Gespür für die hinter den politischen Entscheidungen verborgenen menschlichen Tragödien aller Beteiligten kongenial literarisch verarbeitet.

Trotz eines zuvor vereinbarten Bündnisses mit dem Langobardenkönig hatte sich der Bayernherzog Tassilo III. (748–788), der seinerseits eine langobardische Prinzessin, Luitpirc, geehelicht hatte, im langobardisch-fränkischen Krieg nicht an die Seite seines Schwiegervaters gestellt. Nachdem Desiderius' Unterlegenheit deutlich geworden war und Papst Hadrian I. ebenfalls die fränkische Politik unterstützte, hatte er sich vielmehr gezwungen gesehen, Karl als neuen Herrscher zu akzeptieren und ihm den Vasalleneid zu leisten. Dieser gab sich jedoch damit nicht zufrieden. Im Jahr 784 kam es zu ersten gewaltsamen Konflikten, als einer von Karls Gefolgsleuten, Hrotpert, von Trient aus gegen bajuwarisches Gebiet im Etschtal vorstieß und in einer Schlacht bei Bozen sein Leben verlor. Wenige Jahre später rückten fränkische Einheiten erneut gegen bajuwarisches (bayerisches) Territorium vor und erzwangen im Jahr 788 Tassilos Kapitulation. Wie Desiderius wurde nun auch Tassilo von Karl entmachtet und wie sein Schwiegervater verbrachte auch er seine letzten Lebensjahre in einem Kloster. Das Geschlecht der Agilolfinger starb mit diesem letzten bajuwarischen (bayerischen) Herzog aus. Für unseren Raum ist Tassilo III. auch deshalb von Bedeutung, weil er im Jahr 769 auf seinem Rückweg aus Oberitalien die Stiftungsurkunde für das dem Heiligen Candidus geweihte Benediktinerkloster in Innichen – das älteste Kloster im heutigen Südtirol – als Stützpunkt für die Missionierung der «heidnischen» Slawen ausstellte.

Nach dem Ende der fränkisch-langobardisch-bajuwarischen Auseinandersetzungen stand das spätere Land Tirol um 800 erstmals wieder geschlossen unter der Herrschaft einer einzigen übergeordneten politischen Einheit, dem mächtigen Frankenreich der Karolinger. Traditionelle geopolitische Strukturen wirkten allerdings weiterhin nach: Im südlichen, ehemals zum italischen Teilreich gehörenden Bereich sind seit karolingischer Zeit keine Herzöge mehr bezeugt, doch blieben römische und langobardische Strukturen lebendig. Als kontinuierliche Autorität profilierten sich hier mehr und mehr die Bischöfe von Trient. Der größte Teil des späteren Tirol, das Inn-, das Eisack- und das Pustertal, zählte nunmehr zum fränkisch kontrollierten bayerischen Herzogtum. Die fränkische Oberhoheit galt auch für das heutige Osttirol. Es gehörte mittlerweile zum Herzogtum Karantanien, das aus dem vormaligen Norikum hervorgegangen war. Der Vinschgau wiederum unterstand als Teil der von Karl neu begründeten Grafschaft Churrätien unmittelbar dem Frankenreich. Die zentrale Bedeutung des Etschtals als wichtigster Verbindungslinie zwischen dem *Regnum Teutonicum* und dem *Regnum Italicum* begann sich nun deutlich abzuzeichnen: Über diese Einfallspforte machten die späten Karolinger und dann die Ottonen mehrfach ihre Interessen im Süden geltend.

Mit der Errichtung von Grafschaften, insbesondere innerhalb des bajuwarischen (bayerischen) Herrschaftsbereichs, war der Aufstieg bedeutender Adelsgeschlechter verbunden. Die Wissenschaft verfügt allerdings über wenige Kenntnisse hinsichtlich der genauen Ausdehnung dieser frühen Grafschaften und hinsichtlich der Herkunft der Grafengeschlechter. Wichtig für das Verständnis der frühmittelalterlichen Herrschaftsorganisation ist, dass eine Reihe von kirchlichen Einrichtungen aus dem bayerischen Kernland im Raum des späteren Tirol Besitzungen erwarb, wie beispielsweise die Kirchen von Freising, Salzburg und Regensburg. Auch königlich-fränkische Schenkungen an weltliche Große in unserem Raum (u. a. im Zillertal und bei Völs am Schlern) sind nachweisbar.

Romanische Bevölkerung und germanische Führungsschicht

In sozialgeschichtlicher Hinsicht lassen sich während dieser frühmittelalterlichen Jahrhunderte in den verschiedenen politischen Einheiten unseres Raumes entsprechend unterschiedliche Entwicklungen erkennen. Im Rahmen des Langobardenreichs, für das sich allerdings im Raum des späteren Südtirol wenig Spuren finden, wurde zunächst die einheimische romanische Bevölkerung durch die germanischen Führungsschichten in die Unfreiheit gedrängt. Langobardische Herren setzten sich in größeren Siedlungen fest, ließen den Boden von der romanischen «Unterschicht» bewirtschaften und hoben dafür ein Drittel des Ertrags ein. Während alle freien Langobarden Waffenträger waren, blieb den Romanen zunächst der Zugang zum Heeresdienst verwehrt. Erst das in lateinischer Sprache abgefasste, bereits erwähnte Gesetz von König Rothari, das langobardisches Gewohnheitsrecht mit römisch-rechtlichen Regelungen zu verbinden suchte, setzte der bisherigen langobardischen Vorherrschaft ein Ende. Nun waren auch Eheschließungen zwischen freien Langobarden und römischen Sklavinnen möglich. Obwohl das Gesetz nur für die langobardische Bevölkerung galt, wirkte es sich auch positiv auf die Besserstellung der romanischen Bevölkerung aus. Allmählich stand den Romanen auch der Zugang zu öffentlichen Ämtern und der Eintritt ins Heer offen.

Im Laufe des 7. und 8. Jahrhunderts, insbesondere nach der Annahme des katholischen Glaubens durch die bislang arianischen Langobarden (Dekret König Ariperts 653) verringerten sich die sozialen Schranken zur romanischen Bevölkerung noch mehr, zumal auch die langobardische Oberschicht selbst sich stärker durchmischte. Manche Grundbesitzer verarmten infolge von Bevölkerungszunahme, Erbteilungen und Schenkungen an die Kirche; über Heeresdienst und Grundbesitz hinaus drangen Langobarden und Romanen in neue Berufe ein (Handwerker, Händler, Priester, Notare). Es gab auch bereits ein relativ engmaschiges Verwaltungsnetz:

Dem Herzog von Trient unterstanden *Sculdahes* (Schultheiße) in den befestigten Wehrdörfern (u.a. in Tisens, Mölten, Eppan), diesen wiederum waren *decanii* (Dekane) in den kleineren ländlichen Bezirken untergeordnet. Der Herzog hatte vor allem für das Heeresaufgebot zu sorgen. Die materielle Basis für die Herrschaft vor Ort bot das sogenannte Königsgut, eine Art staatlicher Besitz über Grund und Boden und dessen Verwertung (u.a. auch die Nutzung von Marmorsteinbrüchen). Auch dieses wurde von eigenen Beamten verwaltet. Die Angleichung zwischen Langobarden und Romanen zeigt sich am deutlichsten in der Sprache – das Vulgärlatein wurde allmählich auch von der langobardischen Minderheit übernommen.

Im Herrschaftsbereich der bajuwarischen (bayerischen) Herzöge konnte sich die romanische Bevölkerung hingegen von vornherein weitgehend unbehelligt behaupten. Bajuwarische Siedlungen (u.a. im Brunecker Raum) lassen sich als agilolfingische Neugründungen erkennen. Diese stellten zwar ebenfalls das Ergebnis einer gezielten Besiedlungspolitik dar, basierten jedoch nicht auf einer gewaltsamen Landnahme. Für die romanische Bevölkerung wurde u.a. die Bezeichnung *natio Noricorum* gebraucht. Es ist deshalb anzunehmen, dass es sich bei diesen «Einheimischen», insbesondere im Pustertal, um Abgewanderte aus dem ehemaligen Norikum handelte, die vor der slawischen Expansion geflohen waren. Römische Grundbesitzer sind innerhalb des bajuwarischen (bayerischen) Herrschaftsraums ebenso nachweisbar wie bayerische, die erst relativ spät, ab der Mitte des 8. Jahrhunderts zunehmend Fuß fassen konnten. Die allmähliche Angleichung von romanischen und bajuwarischen Traditionen zeigt sich auch hier in den Rechtsaufzeichnungen. Die älteste Handschrift der *Lex Baiuvariorum* stammt aus der Zeit um 800. Diese Sammlung bajuwarischer «Volksrechte» war bereits im 7. und 8. Jahrhundert niedergeschrieben worden und ist in lateinischer Sprache in Verbindung mit bajuwarischen *termini technici* verfasst. Ähnlich wie im langobardischen Recht lässt sich auch aus diesem Gesetzeswerk eine klare hierarchische Gliederung der Bevölkerung erkennen. Es gab Freie, Freigelassene und Unfreie

(Knechte). Den zur regionalen Kontrolle eingesetzten Grafen (*comites*) kamen auch richterliche Funktionen zu, so zum Beispiel in *Bauzanum*/Bozen. Bemerkenswert an der *Lex Baiuvariorum* ist ihre rechtliche Bindung an das fränkische Königtum. Die entsprechenden Passagen dürften im Zuge der Niederlage der Agilolfinger gegen die Franken hinzugekommen sein; sie heben die Legitimität des Gesetzeswerks durch eine angebliche Bestätigung des fränkischen Königs Dagobert I. (623–639) hervor. Herzogsmacht gegen Königsgewalt, jenes Strukturproblem weltlicher Herrschaft, das bis in die Neuzeit hinein prägend bleiben sollte, verdeutlicht sich in diesem Beispiel bereits sehr deutlich.

Am wenigsten beeinträchtigt durch äußere Einflüsse konnte sich die romanische Bevölkerung innerhalb Churrätiens im Vinschgau entwickeln. Hier erhielten sich die churrätischen Bischöfe eine gewisse Selbständigkeit gegenüber der fränkischen Oberhoheit. So sind in diesem Gebiet vor der Zeit der Karolinger auch keine germanischen Grundherren nachzuweisen. Eine wichtige Ausnahme bildet allerdings der Raum um Naturns mit der dort befindlichen Prokulus-Kirche. Diese Kirche könnte auf einer germanisch-bajuwarischen Stiftung basieren, wie es die archäologischen Funde (u. a. der Fund eines germanischen Schwertes) nahelegen. Die Kirche, die in den Jahren 630–650 auf dem Boden eines vorher bestandenen, möglicherweise römischen Wohnhauses errichtet wurde, enthält kunsthistorisch einzigartige vorromanische Fresken. Über deren genaue Datierung ist sich die Wissenschaft bis heute nicht einig.

Die Alamannen, von denen in den römischen Jahrhunderten immer wieder die Rede gewesen ist, spielten in der nachantiken Zeit für unseren Raum hingegen keine Rolle mehr. Sie siedelten künftig jenseits des Arlbergs (aus Tiroler Sicht), im Außerfern sowie im süddeutschen Raum.

4. KAPITEL

Zwischen Kaisern und Päpsten: Die Bischöfe als weltliche Herrschaftsträger

Das Jahr 800 markiert in der europäischen Geschichte einen bedeutsamen Wendepunkt. Der Frankenkönig Karl (768–814), dem bereits von den Zeitgenossen der Beiname «der Große» zugeschrieben wurde, strebte nach der Erneuerung des weströmischen Reiches und ließ sich am Weihnachtsabend des Jahres 800 von Papst Leo III. zum Kaiser krönen. Infolge von Karls expansiven Eroberungszügen im Osten erstreckte sich das Frankenreich zu Beginn des 9. Jahrhunderts bis in die westlichen Gebiete des heutigen Ungarn hinein. Im Süden hatte Karl, wie im vorigen Kapitel gezeigt wurde, durch die Eroberung des Langobardenreichs seinen Herrschaftsbereich bis weit nach Italien ausgedehnt.

Das Herzogtum Bayern stand seit dem Sturz Tassilos III. im Jahr 788 ebenfalls unter fränkischer Oberhoheit. Es lag daher nahe, imperiale Herrschaftsansprüche in der Tradition des Imperium Romanum – nun allerdings unter betont christlichem Vorzeichen – mit Hilfe des Papsttums neu zu beleben. Die *Translatio Imperii*, die Übertragung der weströmischen Kaiserwürde an den Frankenkönig, lag daher im Interesse beider. Mit dem oströmischen Kaisertum kam es im Jahr 812 zur wechselseitigen Anerkennung. Von da ab zeichnete sich trotz weiter bestehender Kulturkontakte die Scheidung zwischen dem weströmischen und dem oströmischen/byzantinischen Reich ab.

Die Herrschaft der Karolinger

Auch für unseren Raum ist die Kaiserkrönung Karls des Großen ein wichtiger historischer Meilenstein. Da die Verbindungswege zwischen dem mächtigen Frankenreich und der Apenninenhalbinsel mit Rom als imperialem Zentrum über die Alpenpässe führten, wurde deren Brückenfunktion entsprechend aufgewertet. Karl und seine Nachfolger bevorzugten zunächst die Übergänge der West- und Zentralalpen (*Via Francigena*), doch im 10. und 11. Jahrhundert erlangten die Verkehrswege weiter im Osten entlang von Inn, Etsch und Eisack immer größere Bedeutung. Auch eine kirchenpolitische Entscheidung Karls des Großen stellte für die künftige Entwicklung im heutigen Südtirol neue Weichen. Das zuvor dem Patriarchat von Aquileia unterstellte Bistum Säben wurde dank der Neuordnung der kirchlichen Metropolitanverfassung der neugeschaffenen Kirchenprovinz Salzburg zugeordnet. Damit war eine verstärkte Hinordnung zum Norden, zu Bayern, eingeleitet. Die Oberhirten von Trient hingegen gehörten nach wie vor dem Metropolitanverband von Aquileia an. Doch auch diese sollten sich in den kommenden Jahrhunderten im Gefolge der kaiserlichen Italienpolitik politisch vermehrt nach Norden hin orientieren.

An dieser Stelle sei kurz auf die parallele Entwicklung von kirchlichen und weltlichen «Verwaltungsstrukturen» hingewiesen. Bereits in der Spätantike hatten sich im Zuge der Christianisierung Bischofssitze entwickelt, die in den ursprünglichen römischen Munizipien entstanden. Wie im Fall von Trient gut dokumentiert, übernahmen deren Inhaber neben der Missionierung der ländlichen Bevölkerung bald auch weltliche Aufgaben. Auch das Säbener Bistum ging möglicherweise aus einer ursprünglich römischen Siedlung hervor. Es galt bis in die Mitte des 8. Jahrhunderts hinein als «romanisches» Bistum, was aus der schriftlichen Hinterlassenschaft des fränkischen Missionars Bonifatius zu erschließen ist. Mit Heinrich I. (ca. 806–828) ist erstmals ein Bischof mit deutschem

Namen auf dem Säbener Bischofsstuhl nachgewiesen. Er spielte eine wichtige Rolle als Teilnehmer an verschiedenen in Bayern abgehaltenen Synoden.

Weltliche und geistliche Herrschaftsbefugnisse und Einflussbereiche waren also oft eng miteinander verwoben. Im Laufe des frühen Mittelalters kamen auch Klostergemeinschaften oder weltliche Stiftungen (wie Innichen) als Träger missionarischer Kulturtätigkeit hinzu. Es bildete sich auf diese Weise allmählich ein Netz kirchlicher «Verwaltungseinheiten» (Diözesen) heraus. Diese konnten sich mit den späteren weltlichen Herrschaftssprengeln (Herzogtümern und Grafschaften) überschneiden oder auch nicht. In der Regel waren die kirchlichen Strukturen älterer Herkunft als die weltlichen.

Mangels entsprechender Quellen lassen sich über eine genauere lokale Herrschaftsverteilung kaum verlässliche Aussagen treffen. Etwa seit dem 5. Jahrhundert standen Grafen als weltliche Stellvertreter des Herrschers mächtigen Bischöfen gegenüber. Die älteste Urkunde, die über ihr wechselseitiges Verhältnis etwas aussagt, stammt aus dem Jahr 845 (oder 848?) und wurde von Karls Nachfolger Ludwig dem Deutschen (843–876) ausgestellt. Das Schriftstück verlieh dem Bischof von Säben, Lantfried (845–868), und den Besitzungen seiner Kirche Immunität, d. h. es schützte vor dem Zugriff weltlicher Herrschaftsträger. Wie groß die Reichweite dieser Besitzungen und Rechte war, lässt sich mangels konkreter Angaben nicht genau bestimmen. Die Urkunde legt jedoch nahe, dass es immer wieder zu Rivalitäten zwischen geistlichen und weltlichen Würdenträgern gekommen ist.

Die Bedeutung des *Regnum Italicum*

Die verschiedenen Reichsteilungen im Rahmen der «großen Politik» (Verdun 843, Meerssen 870) sowie die Machtkämpfe unter Karls Nachfolgern sind für unseren Raum nur insofern von Belang, als mit der Königsherrschaft im fränkischen Reich stets auch der

Anspruch auf das *Regnum Italicum* verbunden war. Der Süden des heutigen Südtirol mit Trient (samt den unter seiner Kontrolle stehenden Sprengeln, nämlich Bozen und dem Überetsch sowie dem westlichen Burggrafenamt) zählte zu diesem Bereich. Der nördliche Teil hingegen gehörte nach wie vor zum Herzogtum Bayern und mit diesem ebenfalls zum Frankenreich.

Unmittelbar eingebunden in die größeren politischen Zusammenhänge war unser Gebiet erst durch das Auftreten von Herzog Arnulf von Kärnten (887–899), einem illegitimen Enkel Ludwigs des Deutschen. Er erlangte nach dem Tod des Karolingers Karl III. (881–888) die Herrschaft über die Herzogtümer Bayern und Karantanien. Nach verschiedenen erfolgreichen Kämpfen (u. a. gegen die Normannen) gelang es ihm, bald auch die Oberhoheit über Italien zu gewinnen und die Kaiserwürde für sich in Anspruch zu nehmen. Dass in dieser Zeit für die Legitimierung von königlicher Herrschaft auch bereits Huldigungen, d. h. die Anerkennung durch die anderen Mächtigen in den einzelnen Territorien nötig waren, lässt sich jetzt bereits durch die Quellen nachweisen.

Im Rahmen seiner mehrfachen Züge nach Italien, u. a. um sich im Jahr 896 in Rom von Papst Formosus krönen zu lassen, reiste Arnulf, wie man aus seinem Itinerar weiß, durch das Eisack- und das Etschtal Richtung Süden. Aus einer dieser Reisen ging die erste überlieferte Schenkungsurkunde an die Kirche von Säben hervor, die Arnulf im Jahr 893 in Regensburg ausstellte. Er übertrug darin dem damaligen Bischof Zacharias (890–907) in einem zu Säben gehörenden Forstgebiet das Jagdrecht. Josef Riedmann, einer der besten Kenner der mittelalterlichen Geschichte Tirols, sieht in dieser Schenkung schon eine gewisse territoriale Basis für das spätere Bistum Brixen begründet, auch wenn deren genaue Ausdehnung aus der Urkunde nicht zu erschließen ist. Noch wichtiger für die künftige Entwicklung Brixens war eine weitere Schenkung durch Arnulfs Sohn und Nachfolger, Ludwig IV. (genannt das Kind, 900–911). Der aus königlichem Besitz stammende Meierhof *Prichsna* wurde damit im Jahr 901 dem Bischof von Säben überantwortet, was die spätere Übersiedlung der Bischöfe von Säben in die Talebene von Brixen möglich machte. Rund um den Bischofssitz entstand im 11. Jahrhundert schließlich auch eine größere Siedlung.

Die «große Politik» berührte jedoch die südlichen Alpentäler nach wie vor nur am Rande. So war Bischof Zacharias von Säben im Rahmen des bayerischen Aufgebots an den Kämpfen gegen die Ungarn zu Beginn des 10. Jahrhunderts beteiligt, er fand in der entscheidenden Schlacht bei Pressburg im Jahr 907 den Tod. Und auch der Bischof von Trient, Manasse (934–948), späterer Bischof von Mailand, zählte damals bereits zu den wichtigsten politischen Akteuren, etwa in den Auseinandersetzungen zwischen König Hugo I. (von der Provence) und Berengar II., dem Markgrafen von Ivrea, um die Oberhoheit in Italien. Als Inhaber der wichtigen Befestigung am Grenzstützpunkt von Formigar (Sigmundskron bei Bozen) nahm Bischof Manasse, der Berengar den Durchbruch nach Italien ermöglichte, in diesem Kampf eine Schlüsselstellung ein.

Die Machtstreitigkeiten in Oberitalien boten dem deutschen König und späteren römischen Kaiser Otto I. (936–973) eine willkommene Gelegenheit, seinerseits mit einem bedeutenden Heer Richtung Süden zu ziehen. Der Anspruch auf die Herrschaft im *Regnum Italicum*, der die Politik der römisch-deutschen Kaiser bis weit in die Neuzeit hinein bestimmen sollte, wurde damit neuerlich festgeschrieben.

Die Zeit der Ottonen

Der Herrschaftswechsel von den Karolingern zu den Ottonen hatte sich nach dem Tod des letzten Karolingers (Ludwig IV.) im Jahr 911 vollzogen. In der Folge konnte sich über einen längeren Zeitraum hinweg keine Königsdynastie bleibend behaupten, und die Macht der Herzöge gegenüber den Königen nahm weiter zu, nicht zuletzt auch deshalb, weil das Recht auf die Königswahl in ihren Händen lag. Denn mittlerweile handelte es sich bei den Herzögen nicht mehr um ursprüngliche «Stammesherzöge», sondern um vom König eingesetzte Herrschaftsträger. In Bayern ist dieser Übergang nach dem Sturz Tassilos III. eingetreten, mit dem die Herrschaft der Agilolfinger zu Ende gegangen war.

Erst nach der Wahl des sächsischen Herzogs Heinrich I. (919–936) zum fränkischen König verstärkte sich neuerlich die Tendenz zur Erblichkeit der Königswürde. Heinrichs geschickter Ausgleichspolitik im Kräftespiel mit den Herzögen, aber auch seinen militärischen Erfolgen gegen die Ungarn im Osten war es zu danken, dass seine nun weitgehend konsolidierte Herrschaft im Reich unmittelbar an seinen Sohn Otto I. (936–973) übertragen wurde.

Spätestens mit der Kaiserkrönung Ottos I. in Rom (962) kann die Phase des Übergangs vom Fränkischen zum späteren Römisch-Deutschen Reich als abgeschlossen betrachtet werden: Auch für unseren Raum galt seither das seit dem 13. Jahrhundert so bezeichnete *Sacrum Romanum Imperium* mit seinen römisch-deutschen Kaisern als entscheidende übergeordnete politische Struktur.

Doch zurück zu den Ereignissen im Süden des späteren Landes Tirol. Der deutsche König und spätere Kaiser Otto sah es, wie erwähnt, als seine Aufgabe an, angesichts der Auseinandersetzungen in Oberitalien politisch und militärisch einzugreifen. Von den Gegenspielern Berengars zu Hilfe gerufen, rückte Otto im Jahr 951 mit einem bedeutenden Heer über den Brenner nach Italien vor. Er zog kampflos in Pavia ein, ehelichte die Königswitwe Adelheid, nannte sich fortan König der Langobarden (Italiens) und zwang Berengar damit seine Oberhoheit auf. Im Jahr 952 übertrug Otto überdies die (langobardischen) Grenzmarken Friaul und Verona an seinen Bruder Heinrich, den er wenige Jahre zuvor auch in Bayern als Herzog inthronisiert hatte: Damit war unser Raum erneut einer einzigen Hoheitsgewalt unterstellt, zumal auch das Gebiet um Trient damals für kurze Zeit dem bayerischen Herzog überantwortet worden war. Erst zu Beginn des 11. Jahrhunderts, mit der Übertragung der weltlichen Grafschaftsrechte an die Kirche von Trient, unterstand der Trientiner Oberhirte dann wieder direkt dem König/Kaiser.

Der erfolgreiche Kampf gegen die Ungarn, sein Sieg in der Schlacht auf dem Lechfeld im Jahr 955, stärkte Ottos Position sowohl innerhalb des Reiches als auch in Oberitalien. Im Sommer

961 brach er – die Tradition seiner karolingischen Vorgänger wieder aufgreifend – ein zweites Mal Richtung Süden auf, um sich in Rom von Papst Johannes XII. zum Kaiser krönen zu lassen, was am 2. Februar 962 auch tatsächlich geschah. Für den «Kaiserweg» über den Brenner wurde von nun an die Loyalität der Bischöfe von Säben und Trient immer wichtiger. So sind auch unter Ottos Nachfolger Otto II. (973–983) enge Kontakte und Schenkungen an die jeweiligen Bischöfe von Säben überliefert. Bischof Albuin (975–1006), dem Otto II. u. a. den Hof Villach in Kärnten übertrug, wird in den Quellen nun auch erstmals mit Brixen in Verbindung gebracht. Spätestens mit seinem Nachfolger Adalbero (1006–1017) dürfte die Übersiedlung des Bischofssitzes nach Brixen endgültig vollzogen worden sein.

Entscheidend für die wachsende Bedeutung der Bischöfe auch in unserem Raum war die Italienpolitik Heinrichs II. (1002–1024). Heinrich, ein Vetter des jung verstorbenen Kaisers Otto III. (983–1002), brach im Jahr 1004 nach Italien auf, um seinen Anspruch auf die Herrschaft über Italien geltend zu machen und in Rom die Kaiserwürde zu erlangen. Ihm stellte sich nun jedoch Markgraf Arduin von Ivrea entgegen, der 1002, nach dem Tode Ottos III., die Würde eines italischen Königs erlangt hatte. Heinrich saß vorübergehend in Trient fest, was ihm die Bedeutung mächtiger Verbündeter in diesem Raum vor Augen führte und ihn veranlasste, die Bischöfe von Säben/Brixen und Trient mit Schenkungen und Zugeständnissen noch weiter an sich zu binden. Bischof Adalbero von Brixen wurde so im Jahr 1004 das Gut Veldes (heute Bled) in Krain zugewiesen und der Kirche von Trient die Grafschaft Trient, soweit sich diese mit dem Bistum deckte, übertragen.

Grafschaftsrechte bedeuteten damals weitreichende weltliche Herrschaftsrechte: Der Bischof konnte als unmittelbarer Gefolgsmann des Königs/Kaisers, unbehelligt von anderen übergeordneten «staatlichen» Machthabern, selbst Recht sprechen, Abgaben und Leistungen von seinen Untertanen einheben, Strafen verhängen sowie militärische Kontingente aufbieten.

Der weitere Vormarsch Heinrichs II. verlief erfolgreich, er erlangte 1004 in Pavia die italische Königswürde, wurde jedoch erst zehn Jahre später durch Papst Benedikt VIII. nach einem weiteren Italienzug in Rom zum Kaiser gekrönt.

Salische Herrschaft

Auf die Ottonen folgte das Geschlecht der Salier. Konrad II. (1024–1039), der erste Salierkaiser, erneuerte auf der Rückkehr von seinem Italienzug, der auch ihm die römische Kaiserwürde eingebracht hatte, im Jahr 1027 die Übertragung der Grafschaftsrechte an den Bischof von Trient (Udalrich II.). Dabei kamen nun auch die Grafschaften Vinschgau und Bozen (samt dem «Forst am Ritten») hinzu. Hinsichtlich der kirchlichen Zugehörigkeit verblieb der Vinschgau jedoch beim Bistum Chur. Durch Konrad II. erlangte im selben Jahr auch der Bischof von Brixen Grafschaftsrechte. Bischof Hartwig wurde von Konrad mit der Grafschaft Norital belehnt, was den Herrschaftsbereich Brixens vom Eisacktal (die Grenze gegenüber Trient kann etwa bei Klausen angenommen werden) mit Einschluss der ladinischen Gebiete über den Brenner bis ins untere Inntal ausdehnte. Einige Jahrzehnte später (1091) kam infolge der Belehnung von Bischof Altwin durch Kaiser Heinrich IV. auch die Grafschaft Pustertal hinzu. Damit reichte der Einflussbereich der Brixner Bischöfe im Osten nun bis an die Hofmark Innichen heran, die dem Bischof von Freising unterstand.

Die entscheidenden Herrschaftsbefugnisse in unserem Raum lagen nun nicht mehr in der Hand von Grafen bzw. Herzögen, sondern waren geistlichen Würdenträgern anvertraut. Diese konnten – so das politische Kalkül der jeweiligen Könige und Kaiser – aus naheliegenden Gründen keinerlei erblichen Ansprüche stellen. Das Lehen fiel daher nach dem Tod eines Bischofs an das Reichsoberhaupt zurück und konnte neu vergeben werden – nach Kriterien, die diesem vor allem die Loyalität des neu zu Belehnenden garantierten. Auf diese Weise bildeten sich infolge der neu entstandenen «reichsunmittelbaren» Herrschaften an Eisack und Etsch im 11. Jahrhundert die politisch-territorialen Grundlagen für die spätere Landwerdung Tirols heraus. Die bisherigen politischen Rahmenbedingungen für unser Gebiet (Herzogtum Bayern, Königreich Italien) verloren an Bedeutung.

Die von den Saliern betriebene Reichskirchenpolitik brachte noch weitere Folgen mit sich: Zum einen übten die Bischöfe die ihnen übertragenen Rechte, insbesondere das Recht der Rechtsprechung und der militärischen Aufgebote, nicht selbst aus. Sie beauftragten damit Angehörige von anderen Adelsgeschlechtern, denen auf diese Weise die Vogtei (Schutzherrschaft) über die Kirche zufiel. Dies schuf die Voraussetzungen für den Aufstieg mächtiger weltlicher Geschlechter – und führte bald zu Gegensätzen zwischen den allzu mächtigen Vögten und ihren Auftraggebern, was langfristig die Schwächung der bischöflichen Macht zur Folge hatte. Zum anderen begann sich ein Konflikt abzuzeichnen, der insgesamt für die europäische Geschichte, aber auch für den Raum der späteren Grafschaft Tirol von nicht zu unterschätzender Bedeutung war.

Der Investiturstreit

Die Position der römischen Kirche hatte sich infolge der großen inneren Reformen nach der Jahrtausendwende gefestigt; die Päpste waren in der Folge nicht mehr bereit, die Einsetzung der bischöflichen Würdenträger durch das jeweilige Reichsoberhaupt einfach nur hinzunehmen. Umgekehrt war die Stellung der Könige/Kaiser auf Grund der vielfältigen Aufgaben in einem so ausgedehnten Reich oft geschwächt, so dass sie sich ihre Herrschaft nur mit Zugeständnissen an die anderen Mächtigen sichern konnten. Beide, Papst und König/Kaiser, waren in ihrem Ringen um die höchste Autorität auf die Unterstützung von Parteigängern angewiesen. Dies bedeutete aber auch, dass die jeweiligen Amtsinhaber gezwungen waren, sich auf die eine oder andere Seite zu schlagen, wodurch der Konflikt immer weitere Kreise zog. Auf diese Weise entwickelte sich ein Jahrzehnte währender Streit, der als Investiturstreit (1076–1122) in die Geschichte eingegangen ist. Er leitete die für ganz Europa zukunftsweisende Trennung zwischen geistlicher und weltlicher Sphäre ein.

Die Bischöfe von Trient und Brixen waren an vorderster Front in diese Auseinandersetzungen einbezogen, wobei sie in einer ersten Phase – als Parteigänger der Könige/Kaiser – ihre territorialen und rechtlichen Machtansprüche sogar erweitern konnten. Es ist hier vor allem Bischof Poppo von Brixen (1039–1048) zu erwähnen, den ein besonderes Vertrauensverhältnis mit Heinrich III. (1039–1056), Sohn und Nachfolger Konrads II., verband. Poppo, der den König auf seinem Romzug der Jahre 1046/47 zur Kaiserkrönung begleitete, saß dank dieses Naheverhältnisses für 23 Tage als Damasus II. sogar auf dem Stuhl Petri. Zuvor hatte Heinrich drei miteinander konkurrierende Päpste abgesetzt und Poppo als Papst inthronisiert. Dem Bistum kam dies insofern zugute, als Poppo weitere Schenkungen und Rechte vom Kaiser übertragen erhielt.

Der eigentliche Höhepunkt des Investiturstreits setzte in der Amtszeit von Bischof Altwin (1049–1097) ein. Er spielte als Anhänger von Heinrich III. und dessen Sohn und Nachfolger Heinrich IV. (1056–1105) bei den in den siebziger Jahren des 11. Jahrhunderts eskalierenden Auseinandersetzungen um die Bischofsinvestitur eine wichtige Rolle. Der kämpferische Papst Gregor VII. (1073–1085) hatte unter Androhung des Kirchenbanns Heinrich IV. zum Verzicht auf die Investitur von geistlichen Würdenträgern aufgefordert. Daraufhin betrieb Heinrich die Absetzung des Papstes. Er stützte sich dabei auf einen auch von Bischof Altwin mitgetragenen Richterspruch. Der päpstliche Bann gegen den König und seinen Brixner Getreuen Altwin war die unmittelbare Folge.

Nur vorübergehend entschärfte der berühmte Canossagang Heinrichs IV. (1077) die Situation. Ein nochmaliger päpstlicher Bann gegenüber dem König zwang diesen im Jahr 1080 erneut zu Gegenmaßnahmen, zumal sich wichtige bayerische Bischöfe unter dem Einfluss des Salzburger Erzbischofs Gebhard auf die Seite des Papstes geschlagen hatten. Wiederum fiel dabei Brixen eine wichtige Rolle zu, da die Bischofstadt am Eisack nun unter Bischof Altwin zum Austragungsort einer großen Kirchenversammlung gewählt wurde. Dort setzte Heinrich IV. den «verbrecherischen» Papst ab und ließ den bisherigen Erzbischof von Ravenna, Wibert, als Clemens III. zum Papst ausrufen. Dieser krönte Heinrich im Jahr 1084 dann auch zum Kaiser, während Papst Gregor VII. aus Rom vertrieben wurde.

Für das Bistum Brixen brachte diese Gefolgschaftstreue seines Oberhirten beträchtliche Vorteile mit sich: Bischof Altwin erhielt in der Zeit dieser Wirren das Gut Schlanders im Vinschgau und, wie bereits erwähnt, Grafschaftsrechte im Pustertal. Erst infolge der Kompromissregelungen des späteren Wormser Konkordats (1122) wirkte sich die kaisertreue Haltung des damaligen Brixner Bischofs Hugo (circa 1100–1125) auch negativ aus. Als Gefolgsmann Heinrichs V. (1106–1125) bestätigte ihm der Kaiser zunächst alle Privilegien seiner Vorgänger. Da Hugo aber seinerzeit von einem «Gegenpapst» (Gregor VIII.) eingesetzt worden war, wurde er auf Betreiben des Salzburger Erzbischofs seiner Ämter enthoben und im Jahr 1125 durch den papsttreuen Bischof Reginbert ersetzt.

Auch die Bischöfe von Trient positionierten sich, wenn auch weniger exponiert, in den Wirren des Investiturstreits als kaisertreue Gefolgsleute, und auch ihnen kam diese Haltung zunächst zugute. So wurde etwa Bischof Heinrich (1068–1080) für seine Loyalität von Heinrich IV. mit einer zusätzlichen Investitur, dem Hof Castellaro bei Mantua, belohnt. Eine bedeutende politische Rolle kam eine Generation später auch Bischof Gebhard (1106–1120?) zu, der zu den engsten Vertrauten Heinrichs V. zählte und der vorübergehend sogar die Funktion eines Erzkanzlers der ital(ien)ischen Kanzlei des Kaisers innehatte.

Der Investiturstreit wurde 1122 mit dem Wormser Konkordat durch Kaiser Heinrich V. (1106–1125) und Papst Calixt II. (1119–1124) beendet. Die Kompromisslösung beruhte darauf, dass die *Temporalia* von den *Spiritualia* getrennt wurden; für die Investitur der Bischöfe mit Ring und Stab waren künftig die Päpste, für die Verleihung der weltlichen Befugnisse die Kaiser zuständig, wobei die Reihenfolge in den beiden Reichen unterschiedlich gehandhabt wurde: Im *Regnum Italicum* erhielt der durch das Domkapitel Gewählte zuerst die kirchliche Weihe und dann erst erfolgte die Investitur durch den Herrscher. Im *Regnum Teutonicum* war es umgekehrt – sogleich nach der Wahl erfolgte die Investitur mit den weltlichen Herrschaftsrechten. Für unseren Raum ist es bemerkenswert, dass ab Mitte des 12. Jahrhunderts auch in Trient nach den Regeln des Deutschen Reiches vorgegangen wurde, zu dem Trient offenbar im Bewusstsein der Zeitgenossen gehörte.

Mit diesen Vereinbarungen war allerdings – trotz des scheinbaren Friedens – im Grunde erst die Basis für unausweichliche künftige Konflikte geschaffen worden. Die Kaiser hatten sich zwar ein gewichtiges Mitspracherecht bei der Einsetzung geistlicher Würdenträger gesichert. Und auch die Päpste konnten sich in ihrer Entscheidungsgewalt zunächst bestätigt sehen. Langfristig gingen jedoch beide «universalen» Mächte des Mittelalters geschwächt aus diesem Ringen hervor, da sich beide immer stärker von der Gunst anderer geistlicher und weltlicher Parteigänger abhängig machten. Das trieb den Aufstieg mächtiger Adelsgeschlechter voran, die entweder die eine oder die andere Seite unterstützten und dies zur Stärkung ihrer eigenen Stellung nutzten.

Das Leben der einfachen Leute

Über das Leben der sogenannten einfachen Menschen in dieser politisch so turbulenten Zeit geben die ohnehin bescheidenen schriftlichen Zeugnisse wenig Auskunft. Sichtbare Spuren haben sie in der weiter voranschreitenden Rodung zur Bebauung von Ackerflächen in der Landschaft hinterlassen – der Wald wurde allmählich bis in die Höhen hinauf zurückgedrängt. Die Flussebenen waren noch über weite Strecken versumpft. Spätantike Gutshöfe dienten, wie archäologische Funde bezeugen, als Grundlage für die frühmittelalterlichen Meierhöfe der bayerischen Zeit. Aus den Flurnamen lässt sich parallel zum Eindringen bajuwarischer Siedlungsformen aber auch der Fortbestand romanischer Traditionen in weiten Gebieten des heutigen Südtirol erschließen. Die Grundherrschaft mit bäuerlicher Bewirtschaftung (Landwirtschaft, Viehzucht, Weinbau) bildete sich als vorherrschende Organisationsform heraus. Auf Gutshöfen mit ihren angrenzenden Huben wurde von leibeigenen, unfreien, aber auch freien Bauern der Boden bearbeitet. Handwerke wie Schmied, Müller, Gerber waren mit der Landwirtschaft aufs Engste verbunden. Die Wohnhäuser wurden nicht (mehr) aus Stein, sondern aus Holz gebaut, es finden sich von ihnen daher kaum noch archäologische Reste. Größere Siedlungen entstanden entlang der wichtigsten Durchzugsstraßen, wobei Trient im Früh- und Hochmittelalter als Herzogs- bzw. Bischofssitz sicherlich die bedeutendste war. Handel wurde vor allem mit Wein getrieben, es ist aber auch bereits der Export von Marmor aus dem Vinschgau nachgewiesen. Die hierarchische Gliederung der Gesellschaft, insbesondere zwischen Freien und Unfreien, setzte sich auch in die mittelalterlichen Jahrhunderte hinein fort – ebenso wie die später ständisch genannte gesellschaftliche Dreigliederung in Adel (Wehrstand), Klerus (Lehrstand) und Bauern (Nährstand). Das Verhältnis zwischen den Geschlechtern war in der romanischen ebenso wie in der germanischen Tradition von der Unterordnung der Frau unter den Mann geprägt. Insgesamt kann man bei unserem Raum bereits im nun einsetzenden Hochmittelalter von einer weitgehend zivilisierten landwirtschaftlichen Region ausgehen, verglichen mit den «tödlichen Urwäldern», die damals noch weite Gebiete Mittel- und Osteuropas kennzeichneten.

5. KAPITEL

Eines Fürsten Traum: Die Landwerdung Tirols

Erst im hohen Mittelalter, im 12. und 13. Jahrhundert, setzte in unserem Raum jene Entwicklung ein, die zur Ausbildung einer allmählich klar umrissenen politisch-historischen Einheit «Tirol» (*dominium Tyrolis*) führte; eine Unterscheidung zwischen Süd- und Nordtirol gab es nicht. Als neuer Machtfaktor traten um jene Zeit die durch den Machtkampf zwischen Papst- und Kaisertum erstarkten weltlichen Fürsten in Erscheinung, die zügig in ihren Herrschaftsgebieten die Territorialbildung vorantrieben und so zur Entstehung neuer politischer Einheiten beitrugen. Dieser Prozess wurde in der Forschung treffend mit dem Begriff «Landwerdung» charakterisiert. Für das spätere Land Tirol lässt sich diese Entwicklung, der Aufstieg eines machtbewussten Grafengeschlechts, sehr anschaulich nachzeichnen. Es geschah dies hauptsächlich auf Kosten der bisherigen geistlichen Würdenträger, aber auch anderer Adelsgeschlechter. Die damals grundgelegten Strukturen erhielten sich bis weit ins 20. Jahrhundert hinein und haben bis heute wesentlich zur Identitätsstiftung der tirolischen Bevölkerung beigetragen.

Die geistlichen Herrschaften

Im Zuge der Erneuerung kirchlichen und monastischen Lebens, die in der Folge des Wormser Konkordats überall einsetzte, taten sich auch an Etsch und Eisack eine Reihe von bischöflichen Würdenträgern hervor, deren Memoria in der tirolisch-trentinischen Erinnerungskultur zum Teil bis heute lebendig geblieben ist. Besonders zu erwähnen ist hier Bischof Hartmann von Brixen (1140–1164), ein enger Vertrauter und spiritueller Begleiter von Kaiser Friedrich Barbarossa (1152–1190). Von diesem Naheverhältnis spricht nicht nur die um 1200 verfasste Biografie des damals bereits als selig verehrten Bischofs. Davon zeugen neben zahlreichen Weihungen von Kirchen (u.a. St. Jakob in Grissian) die vielen kaiserlichen Besitzbestätigungen, etwa für die Gründung von Kloster Neustift als Chorherrenniederlassung, aber auch die Präsenz Hartmanns bei wichtigen Hoftagen. Hartmann war auch an jenem für die österreichische Geschichte wichtigen Hoftag in Regensburg zugegen, als die bisherige Markgrafschaft Österreich im Jahr 1156 von Friedrich Barbarossa zum Herzogtum erhoben wurde. Die später so bedeutsamen Beziehungen zwischen Brixen und Österreich haben damals ihren Anfang genommen. Mitte des 12. Jahrhunderts erfolgte auch die Verlegung der Benediktinerabtei Marienberg an ihren noch heute bestehenden Standort oberhalb von Burgeis im Vinschgau. Ursprünglich hatte es sich dabei um eine im Engadin angesiedelte Stiftung der edelfreien churrätischen Herren von Tarasp gehandelt.

Als bedeutender Repräsentant der kirchlichen Erneuerungsbewegung tat sich auch Bischof Altmann von Trient (1124–1149) hervor, auf dessen Initiative die Gründung des Chorherrenstifts St. Michael an der Etsch und des Benediktinerstifts von San Lorenzo nahe Trient erfolgte.

Getragen von der kaiserlichen Unterstützung konnten die geistlichen Herrschaftsträger bis Anfang des 13. Jahrhunderts ihre Rechte zunächst noch weiter ausbauen. Auf diese Weise errichteten sie bereits eine Art Landeshoheit in unmittelbarer Gefolgschaft des Reichsoberhaupts – ohne Unterordnung unter eine herzogliche Zwischengewalt. Vielfach war diese kaiserliche Unterstützung auch von ökonomischen Begünstigungen begleitet. So verzichtete Kaiser Friedrich Barbarossa auf die königlichen Rechte an der Ausbeute der damals einsetzenden Silbergewinnung am Monte Calisio bei Trient, die künftig dem Bischof allein zustand. Der Trienter Oberhirte konnte auch nicht unerhebliche Summen infolge des wachsenden Handelsverkehrs durch entsprechende finanzielle Beteiligung an den Schiffsladungen im Rahmen der Etsch-Schifffahrt einnehmen. Wie eng Brixen und Trient auch in dieser Hinsicht zusammenarbeiteten, zeigt ein Abkommen zwischen den beiden Oberhirten aus dem Jahr 1202. Es räumte den jeweiligen Untertanen Vergünstigungen bei der Entrichtung der den Bischöfen zustehenden Zölle ein. In diesem Dokument werden auch erstmals die jährlichen Bozner Märkte erwähnt.

Das Machtstreben der weltlichen Fürsten

Weder die bayerischen noch die in der nordöstlichen Nachbarschaft erstarkten babenbergisch/österreichischen Herzöge machten den politisch und ökonomisch potenten Bischöfen von Trient und Brixen ihren Rang streitig. Die wachsende Konkurrenz und Gegnerschaft erwuchs ihnen vielmehr von innen: Die weltlichen Herren an Etsch und Eisack, von denen manche nicht zuletzt dank der ihnen übertragenen Vogteirechte zunehmend an Macht und Einfluss gewonnen hatten, strebten nun ihrerseits vermehrt nach der Erweiterung ihrer Herrschaftsbefugnisse.

Bereits um die Mitte des 12. Jahrhunderts finden wir im Raum des späteren Tirol eine Reihe von bedeutenden Grafengeschlechtern, die von ihren Burgen aus das ihnen zugehörende Land kontrollierten. Sie beschäftigten selbst ebenfalls Gefolgsleute und Dienstmannen und wuchsen auf diese Weise neben den geistlichen Würdenträgern zu entscheidenden politischen Akteuren heran. Zu den wichtigsten Adelsgeschlechtern zählten die Grafen von Eppan. Ihre Grafschaft, die ihnen von den Trienter Bischöfen verliehen worden war, erstreckte sich vom westlichen Etschtal (Kaltern) bis in die Gegend von Meran, mit Einschluss des Ultentals. Als eine der wichtigsten Wehrbauten Südtirols bezeugt die Burg Hocheppan bis heute die damalige Bedeutung der Eppaner Grafen. Weiter östlich beherrschten die Grafen von Morit-Greifenstein bis zu ihrem Aussterben im Jahr 1170 die Grafschaft Bozen. Auch sie hatten dieses Gebiet als Trienter Lehen inne. Von ihrer einstigen Macht ist heute lediglich die Ruine Greifenstein oberhalb von Siebeneich nahe Bozen, im Volksmund besser bekannt als «Sauschloss», erhalten geblieben. Im Pustertal und im Raum um Lienz konnten sich die Grafen von Görz als Inhaber der Vogteirechte des Patriarchats von Aquileia behaupten. Die Grafen von Andechs hingegen besaßen im Wipptal und im mittleren Inntal ihre Grafschaften als Lehen der Brixner Kirche.

Im südlichen Vinschgau und bei Meran saßen als Lehensnehmer der Trienter Bischöfe die seit der ersten Hälfte des 12. Jahrhunderts nachweisbaren Grafen von Tirol. Ihre Stammburg, das gut erhaltene und mehrfach restaurierte Schloss Tirol oberhalb von Meran, war für das spätere Land namensgebend. Daneben gab es freilich auch immer noch herzoglich-bayerische Besitzrechte sowie die «Einsprengsel» anderer weltlicher und kirchlicher Herrschaftsträger (Augsburg, Regensburg, Freising), von denen bereits die Rede war. Hierbei sind auch die sogenannten edelfreien Geschlechter nicht zu vergessen, die keinem Lehensherrn verpflichtet waren. Beispiele dafür sind die bereits erwähnten Herren von Tarasp, aber auch die Herren von Matsch im Vinschgau, die Herren von Taufers im Pustertal, im Raum um Bozen neben den Herren von Burgeis-Wangen die Herren von Enn und im Süden die Geschlechter der Arco und Castelbarco.

Deutscher Thronstreit

Ende des 12. Jahrhunderts – nach dem Tod Heinrichs VI. im Jahr 1197 – war es wiederum die «große Politik», die auch im werdenden Tirol für neuerliche Turbulenzen sorgte. An zwei Beispielen kann der enge Zusammenhang zwischen den überregionalen politischen Entwicklungen und den Ereignissen vor Ort im Inn-, Etsch- und Eisacktal anschaulich nachgezeichnet werden.

Infolge des Konflikts zwischen den bisherigen Inhabern der kaiserlichen Würde, den Staufern, und dem bayerischen Herzogsgeschlecht der Welfen war es im Jahr 1198 zur Doppelwahl eines römisch-deutschen Königs gekommen. Als Aspiranten auf das höchste Amt im Reich war den Welfen durch den Gewinn der Herzogswürde über Braunschweig-Lüneburg noch zusätzlich Macht und Ansehen zugewachsen. Jeder der beiden sich «rechtmäßig» gewählt fühlenden Könige, Philipp von Schwaben (1198–1208) und Otto von Braunschweig (1198–1218), musste daher Gefolgsleute für sich gewinnen und darüber hinaus auch die päpstliche Anerkennung für die spätere Kaiserkrönung erhalten – noch immer waren auch die Päpste wichtige Akteure für die Inthronisierung eines römisch-deutschen Kaisers. Dass sich der von den aufstrebenden italienischen Städten unterstützte Papst Innozenz III. (1198–1216) als Gegner der Staufer positionierte, war für die Anhänger der Staufer, zu denen sowohl der Bischof von Trient als auch der Oberhirte von Brixen zählten, eine schwere Hypothek.

Bischof Konrad von Beseno (1189–1205) in Trient, der für seine Loyalität vom staufischen Kaiser Heinrich VI. auf Kosten der Trienter Bürgerschaft und des Trienter Adels zahlreiche Vergünstigungen erhalten hatte, geriet zudem durch eine Art Adelsrevolte in Bedrängnis. Er musste sogar vorübergehend auf seine bischöfliche Würde verzichten. Sein Versuch, sich von einem der beiden Könige, Philipp von Schwaben, seine Rechte erneut bestätigen zu lassen, scheiterte am Widerstand seiner Gegner. Besonders Graf Albert III. von Tirol, seit 1202 Vogt der Trienter Kirche, nahm hier bereits eine prominente Rolle ein. Konrad wäre für diese Bestätigung sogar bereit gewesen, die Stadt Bozen an das Reichsoberhaupt zu verpfänden.

Dank der mangelnden Präsenz eines allgemein anerkannten Bischofs konnte sich der Tiroler Graf damals in Trient eine wichtige Position aufbauen, vorübergehend fungierte er sogar als *Podestà*, als weltliches Oberhaupt der Stadt. Erst ein den Staufern nahestehender Kompromisskandidat, Friedrich von Wangen (1207–1218), nicht zufällig ein Onkel des Tirolers, entschärfte die Lage. Er verhinderte die Verpfändung Bozens und erreichte die volle Wiederherstellung der bischöflichen Rechte durch Philipps Gegenkönig und Nachfolger Otto IV., der nach der Ermordung Philipps 1208 an die Macht gekommen war.

In Brixen stellte sich die Lage etwas anders dar. Hier kam es zwar zu keinem Aufstand gegen den Bischof, Konrad von Rodank (1200–1216), wohl aber verlor dessen Vogt, der Andechser Markgraf Heinrich von Istrien, nach dem Tod Philipps all seine Vogteirechte. Heinrich galt als Mitwisser des Anschlags auf den staufischen König und verfiel daher der Reichsacht. Das bot dem schon in Trient sehr umtriebigen Grafen von Tirol nun auch in Brixen die Möglichkeit, seine Position weiter auszubauen. Zwei Jahre später, im Jahr 1210, wurde Albert von Tirol auch die Vogtei von Brixen übertragen. So konnte sich der weltliche Herrschaftsträger auf Kosten der schwächer werdenden Bischofsmacht in unserem Raum mehr und mehr behaupten.

Unter der Herrschaft Friedrichs II.

Noch freilich blieb das Machtverhältnis zwischen den Bischöfen und ihrem Vogt einigermaßen ausgewogen, wozu gerade auch das Naheverhältnis der Bischöfe zum staufischen Herrscherhaus wesentlich beitrug. Infolge der Wahl Friedrichs II. (1212–1250), des Sohnes Heinrichs VI., zum römisch-deutschen König hatten sich im Reich trotz zahlreicher innerer und äußerer Widerstände wiederum die Staufer durchsetzen können.

Insbesondere der Trienter Oberhirte Friedrich von Wangen, der den Staufer auf seinem Siegeszug von Süditalien ins Reich durch das Etschtal und den Vinschgau bis ins Rheintal begleitete, konnte sich der Gunst des Königs und späteren Kaisers erfreuen. Der Wangener, der in Trient den Neubau der bischöflichen Residenz und des Doms veranlasste, wurde von Friedrich II. sogar zum Hofvikar und Legaten für Italien ernannt. Er starb allerdings bereits wenige Jahre später auf einem Kreuzzug vor Damiette nördlich von Kairo im Jahr 1218. Friedrich von Wangen, an den heute noch der Wanga-Turm in Trient erinnert, sind auch die Sammlung und

Abschriften der verschiedenen Rechte des Trienter Hochstifts im *Codex Wangianus* zu danken, eine der wichtigsten Quellen für die mittelalterliche bischöfliche Herrschaftspraxis.

Während also in Trient für eine Machterweiterung des Vogts zur Zeit des Wangener Bischofs wenig Chancen bestanden, standen diese gegenüber den Brixner Oberhirten und gegenüber den anderen mächtigen Adelsgeschlechtern umso günstiger. Und auch der Churer Bischof, dem im Vinschgau nach wie vor Rechte zustanden, sah sich immer wieder Übergriffen seitens des Tiroler Grafen ausgesetzt. Da jedoch auch Graf Albert in der Gunst des staufischen Herrscherhauses stand, ging er aus den verschiedenen Konflikten zumeist unbehelligt, wenn nicht gestärkt hervor. So hatte er bereits Anfang der dreißiger Jahre des 13. Jahrhunderts Friedrich II. in seinem Kampf gegen die aufständischen lombardischen Städte unterstützt, was ihm die besondere Dankbarkeit der Staufer einbrachte.

Vorübergehend schien sich allerdings Mitte der dreißiger Jahre das Blatt zu Ungunsten des Tiroler Grafen zu wenden. Kaiser Friedrich II., der die Bedeutung des Etschtals als Verkehrsverbindung zwischen dem Reich und Italien gerade auch auf Grund seiner Auseinandersetzungen mit dem Papst klar erkannte, entzog im Jahr 1236 den Oberhirten von Brixen und Trient ihre weltlichen Herrschaftsbefugnisse, um sie vom Kaiser direkt ernannten Funktionären anzuvertrauen. Damit verlor natürlich auch deren Vogt, Albert von Tirol, vorübergehend seine Legitimation.

Gründe für diese Maßnahme des Kaisers waren einerseits die Auseinandersetzungen mit dem Papsttum in Rom: Friedrich II. wurde vom Pontifex mehrfach gebannt. Auf der anderen Seite war es auch mit den anderen mächtigen Fürsten im Reich zu Problemen gekommen – u. a. hatte sich sogar sein Sohn und Mitkönig im Reich, Heinrich (VII.), auf die Seite seiner Gegner geschlagen. All diese Probleme veranlassten den Staufer zu weitreichenden Zugeständnissen den verschiedenen weltlichen und geistlichen Gefolgsleuten gegenüber. Doch in unserem für die Herrschaftsstabilisierung besonders sensiblen Raum wählte der Kaiser zunächst eine andere Strategie: Er setzte kurzfristig eigene kaiserliche Beauftragte ein, die in seinem Namen Verwaltung und Rechtsprechung übernahmen.

Albert von Tirol und der Aufstieg seiner Nachkommen

In Brixen währte dieses Intermezzo nicht lange. Bischof Egno von Eppan (1240–1250), der letzte Angehörige des Eppaner Grafengeschlechts, erlangte trotz seiner kurzfristigen Entmachtung bald wieder die Investitur durch den Kaiser. Damit waren auch die Rechte seines Vogts wieder bestätigt worden. In Trient hingegen hielt sich der kaiserliche Beauftragte, ein aus Süditalien stammender Gefolgsmann Friedrichs II., Sodeger de Tito, über den Tod des Kaisers hinaus länger an der Macht. Hier konnte sich Albert von Tirol lediglich für die zum Hochstift Trient gehörende Grafschaft Bozen ein Mitspracherecht sichern. Dennoch gelang es ihm, auch für Trient die Weichen so zu stellen, dass seine Nachfolger auf die Vogtei legitime Ansprüche geltend machen konnten. Als nämlich Egno von Eppan zusätzlich zu seinem Brixner Bischofsamt vom Papst auch auf den Bischofsstuhl von Trient berufen wurde und Sodeger de Tito ihm den Zutritt zur Residenzstadt verwehrte, unterstützte Graf Albert Bischof Egnos Ansprüche – um den Preis beträchtlicher Zugeständnisse sowohl in rechtlicher als auch in finanzieller Hinsicht an den künftigen Vogt. Nach dem Ende der Ära Sodegers, im Jahr 1256, als Bischof Egno von Eppan sich auch in Trient wieder durchsetzen konnte, kamen diese Absprachen Alberts Enkel und Nachfolger, Meinhard von Tirol-Görz, zugute.

Nicht minder entscheidend für den Aufstieg seiner Nachkommen als Grafen von Tirol und damit auch für die Landwerdung Tirols war Alberts Heiratspolitik trotz oder gerade mangels männlicher Nachkommenschaft. Er vermählte seine beiden Töchter Elisabeth und Adelheid mit den damals mächtigsten Geschlechtern in unmittelbarer Nachbarschaft im Norden und Osten: Elisabeth ehelichte Herzog Otto II. von Andechs-Meranien, ein Geschlecht, das sich im Inntal und rund um Innsbruck eine gefestigte Machtposition erworben hatte, Adelheid hingegen wurde mit Meinhard III. von Görz vermählt, dem Vertreter eines bedeutenden Grafengeschlechts, das dank der Vogteirechte über die Kirche von Aquileia zu Macht und Ansehen gekommen war. Dessen Herrschaftszentrum lag nicht nur im Friulanischen und im Raum um Görz, sondern reichte auch in die unmittelbare Nachbarschaft des Tirolers nach Oberkärnten, Osttirol und ins Pustertal hinein.

Der frühe Tod seines Schwiegersohns Otto im Jahr 1248, der seinerseits ohne männlichen Erben starb, brachte Albert einen unerwarteten Zugewinn an Rechten. Über die Brixner Vogtei hinaus fiel ihm das andechsische Erbe in Eisack-, Puster- und Inntal zu. Damit befanden sich der Süden und der Norden «Tirols» erstmals in einer Hand. Und auch Alberts zweiter Schwiegersohn, Meinhard III. von Görz, brachte dem Tiroler große Vorteile ein: Als Mitbesitzer der wichtigsten Görzer Lehen in Friaul und Oberkärnten verfügte Albert III. am Ende seines Lebens über ein weitgespanntes Netz an Herrschaftsrechten zwischen Inn, Etsch, Eisack und Rienz bis hin zum Isonzo. Es war lediglich eine Frage der Zeit, bis auch die – mit Bischof Egno von Eppan ausgehandelten – Ansprüche auf Trient wieder hinzukommen würden.

Zunächst jedoch wurde nach Graf Alberts Tod im Jahr 1253 das Erbe geteilt: Elisabeth und ihrem zweiten Ehemann, Gebhard von Hirschberg, fielen die nördlichen Gebiete im Eisacktal, etwa ab Oberau-Franzensfeste und im Inntal, einschließlich Innsbruck, zu; an Adelheid und Meinhard III. von Görz gelangte das im Süden und Südosten liegende, nun auch bereits *dominium Tyrolis* genannte Gebiet – einschließlich der vertraglich ausgehandelten Ansprüche auch auf die Trienter Vogteiherrschaft. Graf Albert, dem letzten männlichen Vertreter des Tiroler Grafengeschlechts, kommt daher das Verdienst zu, die entscheidenden Grundlagen für den späteren Ausbau des Landes gelegt zu haben, den sein Enkel Meinhard II. von Görz-Tirol (als Görzer Graf Meinhard IV.) zwei Generationen später vollendete.

Meinhard II., der Begründer Tirols

Meinhard II. von Görz-Tirol (ca. 1238–1295), der Sohn von Alberts Tochter Adelheid und Graf Meinhard III. von Görz, ist spätestens seit der grenzübergreifenden Landesausstellung «Eines Fürsten Traum. Meinhard II. – das Werden Tirols» im Jahr 1995 als der eigentliche Begründer des Landes Tirol im kollektiven Gedächtnis diesseits und jenseits des Brenners präsent. Der junge Meinhard hatte – als Folge langjähriger Auseinandersetzungen zwischen seinem Großvater Albert III. und dem Salzburger Oberhirten – gemeinsam mit seinem Bruder Albert sechs Jahre in der Geiselhaft des Salzburger Erzbischofs Philipp von Sponheim auf dessen Burg Hohenwerfen verbracht. Daraus mag sich seine später immer wieder bewiesene Gegnerschaft zur papsttreuen Kirche, ja überhaupt zur Ausübung weltlicher Rechte durch kirchliche Würdenträger, erklären. Sein politischer Aufstieg begann kurz nach der Freilassung, als dem etwa 21-Jährigen und seinem Bruder im Jahr 1259 in Trient feierlich von Bischof Egno von Eppan die Vogtei und alle Lehen der Trienter Kirche übertragen wurden, so wie es Graf Albert vereinbart hatte. Das bedeutete die Erweiterung der tirolisch-görzischen Herrschaftsrechte weit in den Westen und Süden des späteren Landes hinein. Im gleichen Jahr heiratete Meinhard Elisabeth von Bayern. Die Witwe des römisch-deutschen Königs Konrads IV. von Hohenstaufen (1237–1254) war die Mutter des jungen Konradin, der wenige Jahre später nach Italien aufbrechen sollte, um – erfolglos – das Erbe seines Großvaters Kaiser Friedrichs II. auf der italienischen Halbinsel anzutreten.

Damit positionierte sich Meinhard bereits als junger Graf innerhalb der hochrangigsten europäischen Dynastien an der Seite der staufischen Partei und somit auch in der Gegnerschaft zur römischen Kirche. Die Unterstützung des jungen Staufers, seines Stiefsohns, brachte Meinhard zwar politische und wirtschaftliche Vorteile, aber auch eine päpstliche Bannung ein. Obwohl der Italienzug Konradins 1268 in Neapel mit dessen Enthauptung endete, verdankte Meinhard seiner loyalen Haltung entscheidende politische Gewinne. Er war in Verona, bis wohin er Konradin das Geleit gegeben hatte, mit dem späteren deutschen König Rudolf von Habsburg (1273–1291) zusammengetroffen. Hier hatte er mit dem Habsburger eine für beide Seiten vorteilhafte Eheabsprache getroffen: Rudolfs ältester Sohn Albrecht, später ebenfalls deutscher König, sollte mit Meinhards Tochter Elisabeth vermählt werden. Damit waren über das bisherige Naheverhältnis hinaus auch familiäre Bindungen des Tiroler Grafen zum zukünftigen Reichsoberhaupt gegeben.

Nachdem Meinhards Bruder Albert im Jahr 1261 ebenfalls aus der Geiselhaft freigekommen war, übten die beiden Brüder zunächst zehn Jahre lang gemeinsam ihre Herrschaftsrechte aus. Sie gewannen das Erbe ihrer kinderlos gestorbenen Tante Elisabeth von Hirschberg im Wipp- und im Inntal zurück und arrondierten durch weitere Erwerbungen ihre Herrschaftsterritorien im Inntal bis zum Zillertal und bis ins Achental hinein. Der Machtbereich der beiden Brüder erstreckte sich zu diesem Zeitpunkt vom Außerfern im Westen bis an die Adria im Südosten, was eine Aufteilung notwendig und sinnvoll erscheinen ließ.

Im Jahr 1271 erfolgte die Teilung des tirolisch-görzischen Erbes zwischen Meinhard und Albert. Die Grenze zwischen der «Grafschaft und Herrschaft» Tirol im Westen und der «Grafschaft und Herrschaft» Görz im Osten verlief nun am Eingang des Pustertals bei der Mühlbacher Klause, einem Grenzpunkt, der in unserem Raum bereits Tradition hatte. In beiden Fällen wurde der ursprünglich lokal begrenzte Name nun auf das gesamte Herrschaftsterritorium ausgedehnt. Während die verschiedenen Herrschaftsrechte innerhalb der Görzischen Gebiete von Anfang an kein zusammenhängendes Territorium bildeten und diese sich auf Grund der späteren Aufteilung unter Alberts Söhnen noch mehr zersplitterten, arbeitete Meinhard als alleiniger Herr von Tirol ab 1271 zielstrebig an der Ausdehnung und Arrondierung seines Herrschaftsbereichs. In der Wahl seiner Mittel zeigte er wenig Skrupel, was freilich seinem Gedächtnis in der Nachwelt nicht schadete.

Insbesondere im Hochstift Trient, im weltlichen Herrschaftsgebiet des Trienter Bischofs (immer noch Egno von Eppan), setzte Meinhard, unterstützt von Teilen des Domkapitels, Stiftsadel und der Trienter Bürgerschaft, seine Herrschaftsansprüche durch und entzog dem Oberhirten weitreichende Einkünfte und Rechte. Eine ganze Reihe von Gerichten, von Kaltern bis ins Sarntal, von Villanders bis Deutschnofen, fiel damals an den Grafen von Tirol. Die Stadt Bozen, die ebenfalls dem Bischof unterstand, wurde mit Waffengewalt zur Unterwerfung gezwungen. Ein nochmaliger päpstlicher Bann gegen den Grafen hielt diesen nicht auf, zumal der im Jahr 1273 gewählte deutsche König, Rudolf von Habsburg, nicht gegen seinen durch die Ehe ihrer Kinder verbundenen Freund vorzugehen bereit war. Ähnlich skrupellos ging Meinhard auch gegen den Brixner Bischof, damals Bruno von Brixen (1250–1288), vor. Unterstützt von den Gegnern des Oberhirten, entzog er Bruno ebenfalls Einnahmen und Rechte. Einige bedeutende Brixner Gerichte, Rodeneck, Kastelruth, Völs am Schlern, Gufidaun fielen an den Tiroler Grafen. Wie Egno von Trient und dessen Nachfolger, Bischof Heinrich (1274–1289), konnte sich auch Bischof Bruno, dessen Namen die von ihm gegründete Stadt Bruneck bis heute trägt, nicht gegen den Tiroler Grafen behaupten. Der weltliche Herrschaftsbereich der Bischöfe blieb für die Zukunft auf kleinräumige Territorien rund um ihre Bischofssitze beschränkt, wobei der Trienter Sprengel im südlichen Etschtal immerhin noch bis zum Avisio, südlich von Salurn, hineinreichte.

Auch den anderen Oberhirten, die noch mit Einkünften und Rechten ausgestattet waren, den Bischöfen von Chur, Freising, Augsburg sowie den unabhängigen edelfreien Geschlechtern wusste Meinhard beides abzugewinnen. Im Süden brachte die Allianz mit den mächtigen Geschlechtern der Arco und Castelbarco, die er zu seinen Vasallen machte, entscheidende Vorteile mit sich. Falls ein Adelsgeschlecht sich auf der «falschen» Seite positioniert hatte, wie etwa die Herren von Enn, die den Trienter Bischof gegen Meinhard unterstützt hatten, kam dies das jeweilige Adelshaus teuer zu stehen. Die Herren von Enn mussten all ihre Rechte und

Besitzungen an den Tiroler Grafen abtreten – und auch anderen vormals bedeutenden Geschlechtern ging es nicht viel besser.

Dass sich Meinhard von Tirol-Görz so unbehelligt seinen Kontrahenten gegenüber durchsetzen konnte, lag zum einen am bleibenden Rückhalt, den er beim Reichsoberhaupt genoss. Dieses Entgegenkommen beruhte durchaus auf Gegenseitigkeit, denn Meinhard unterstützte Rudolf in seinem Kampf gegen den mächtigen böhmischen König Ottokar Přemysl um die Herrschaft in den Herzogtümern Österreich und Steiermark. Er war zwar nicht persönlich an der berühmten Schlacht von Dürnkrut im Jahr 1278 beteiligt, als Rudolf über Ottokar siegte, doch trug er vor Ort mit Hilfe des ansässigen Adels maßgeblich zur Entmachtung des böhmischen Königs bei. Zum Dank wurde ihm von Rudolf das Herzogtum Kärnten übertragen, womit auch die Rangerhöhung zum Reichsfürsten verbunden war.

Eine weitere Ressource für Meinhards politischen Aufstieg war sein Reichtum. Der Graf verfügte über eine Reihe von Einnahmequellen, die er mit einer gezielten Wirtschaftspolitik zu nutzen wusste. Vor allem die Saline in Thaur, später nach Hall verlegt, warf beträchtliche Gewinne ab. Durch Geleitverträge u. a. mit der Republik Venedig, die den Schutz der Handelswege garantierten, vermehrten sich dank des verstärkten Handelsverkehrs die Zolleinnahmen. Die wichtigsten Zollstationen lagen an der Töll bei Meran, in Bozen sowie am Lueg beim Brenner. Die Münze von Meran, die wohl schon von seinem Vater eingerichtet worden war, warf ebenfalls bedeutende Beträge ab, und auch die Untertanen der verschiedenen Herrschaften trugen durch steuerliche Abgaben zur wachsenden Prosperität des werdenden Landes bei. Von «frühkapitalistischen» Entwicklungen zeugen auch die Leihanstalten etwa in Bozen und Meran. Die meist von aus Florenz stammenden Inhabern betriebenen Einrichtungen förderten nicht unerheblich die Zunahme von Kapitalumlauf und Geldverkehr.

In der Kanzlei Meinhards wurde über Eingaben und Ausgaben genauestens Buch geführt, wovon die erhalten gebliebenen Rechnungsbücher (*Raitbücher*) als für diese frühe Zeit seltene, kulturhistorisch überaus wertvolle Quelle bis heute Zeugnis geben. Für die verschiedenen Verwaltungsaufgaben in Kanzlei und Kammer wurden – auch das ein Charakteristikum aufstrebender weltlicher Fürstenmacht – nun vorwiegend kenntnisreiche Beamte herangezogen. Sie verdankten ihre Anstellung nicht mehr der Zugehörigkeit zu bedeutenden Adelsgeschlechtern, sondern der eigenen Tüchtigkeit. Insgesamt gelang es Meinhard, die bisherigen in Gericht und Verwaltung ausgeübten Hoheitsrechte anderer Großer in seinem «Land» allmählich auszuschalten und seiner direkten Kontrolle zu unterstellen. Mit Hilfe eigener von ihm ernannter Richter konnte der direkte Zugriff auf die bäuerlichen Untertanen erfolgen – eine Maßnahme, die auf der anderen Seite auch den Bauern selbst zu Gute kam. Denn die der Grundherrschaft Meinhards unterstehenden Bauern bearbeiteten Grund und Boden auf der Grundlage der freien Erbleihe, d.h. sie konnten nicht mehr so leicht wie bei den kirchlichen Grundherrschaften von ihrem Leihegut «abgestiftet» (aufgekündigt) werden, sodass eine viel größere Sicherheit für die eigene Existenz gewährleistet war.

Um in seinem Herrschaftsbereich das Recht- und Abgabensystem zu vereinheitlichen, erließ Meinhard im Jahr 1280 ein einheitliches «Recht», eine in deutscher Sprache abgefasste Verfügung. Dieses nur in Auszügen erhalten gebliebene Schriftstück diente als entscheidende Grundlage für die späteren (land)rechtlichen Regelungen. Das eigene Recht für sein «Land», ein Begriff, der gegen Ende von Meinhards erfolgreicher Herrschaft bereits üblich wurde, war die wesentliche Voraussetzung für die Unabhängigkeit der tirolischen Grafschaft auch in «außenpolitischer» Hinsicht. Die Loslösung vom Herzogtum Bayern war bereits durch die Übertragung der Grafschaftsrechte an die Bischöfe erfolgt, doch nun hatte sich die Grafschaft auch von der Oberhoheit Trients und Brixens weitgehend unabhängig gemacht und bildete ein eigenständiges politisches Gebilde, das direkt dem Reichsoberhaupt unterstand.

Beim Tod Meinhards II. im Jahr 1295 verfügte die Grafschaft also über die wesentlichsten Voraussetzungen einer erfolgreichen Landwerdung: ein über weite Strecken arrondiertes Territorium unter der Oberhoheit eines Fürsten, ein einheitliches Recht und das wachsende Bewusstsein der Zugehörigkeit auch der anderen Mächtigen vor Ort, deren Mitspracherechte wenig später im Rahmen von «Landesordnungen» rechtlich geregelt wurden.

Landwirtschaft und Städtebildung

In Hinblick auf die wirtschaftlichen, sozialen und «kulturellen» Verhältnisse blieb in den Alpentälern auch im Hochmittelalter die Landwirtschaft der prägende Faktor. Rodungs- und Siedlungsausbau setzten sich weiter fort, insbesondere die von den Hochwassern geschützten Talterrassen wurden zunehmend nutzbar gemacht. Getreideanbau und Nutztierhaltung sicherten den Bauern ebenso wie den kirchlichen und weltlichen Grundherren das Überleben, wovon – etwa ab dem 13. Jahrhundert – nun auch Urbare, d.h. Verzeichnisse der Abgaben, welche die Hintersassen zu leisten hatten, schriftliches Zeugnis geben. Ein wichtiger Erwerbszweig und einigermaßen gut bezeugt war nach wie vor der Weinbau, wobei das Anbaugebiet sehr viel weiter in den Norden hineinreichte als heute. Der Wein war einer der gefragtesten Exportartikel. In den Schwaighöfen der höheren Lagen wurde, insbesondere in den nördlichen Gebieten Tirols, nun auch vermehrt Käse produziert und ausgeführt.

Der (Silber)Bergbau steckte noch in seinen Anfängen, am weitesten entwickelt war er im Gebiet des bereits erwähnten Monte Calisio bei Trient, wovon dank des ihnen verliehenen Bergregals zunächst vor allem die Bischöfe profitierten; ein bescheidener Abbau von Silber ist auch für den Villanderer Berg im Eisacktal und für den Schneeberg im Passeiertal bezeugt. Besonders für die ebenfalls im 12. Jahrhundert einsetzende Münzprägung war die Silbergewinnung von Bedeutung.

Schließlich trugen die Zolleinnahmen durch den zunehmenden Verkehr zum wachsenden Reichtum des Landes bei – der Handel zwischen (und mit) den oberitalienischen und süddeutschen ökonomisch weit entwickelten Städten wurde zu einer immer wichtigeren wirtschaftlichen Ressource. Brenner und Reschen waren einfacher passierbar als die anderen Passübergänge im Westen und Osten und rascher mit den Wasserwegen von Inn und Donau zu verbinden. Von Bozen nordwärts war allerdings bis um 1300 die Eisackschlucht ein unüberwindbares Hindernis, so dass Personen- und Warenverkehr weiterhin über den Ritten führten. Zwischen dem Burggrafenamt und dem Inntal bildete der Weg über den Jaufen nach wie vor die kürzeste Verbindungsstrecke, so dass auch diesem Übergang damals große Bedeutung zukam. Auch die Schifffahrt auf der Etsch war nun bereits gut entwickelt. Ab Branzoll, bei günstigen Verhältnissen ab Bozen, war dieser Fluss schiffbar, die daraus resultierenden Einnahmen kamen vor allem den Bischöfen von Trient zugute.

Während des Hochmittelalters setzte, wie in anderen Gebieten Europas, auch in unserem Raum allmählich die Entstehung von Städten ein: Die einzige Stadt, deren Tradition noch in die Antike zurückreichte, war Trient; sie blieb allerdings bis zur Aufhebung des Hochstifts im Zuge der Napoleonischen Kriege zu Beginn des 19. Jahrhunderts stets der Oberhoheit des Bischofs unterstellt. Auch bei der um 1200 bereits mit Mauer und Graben versehenen Stadt Bozen handelte es sich ursprünglich um eine bischöfliche Gründung. Bischof Udalrich von Trient hatte Mitte des 11. Jahrhunderts am Zusammenfluss von Eisack und Etsch aus der damals bestehenden Dorfsiedlung ein kleines Gebiet mit eigenständigem Recht herausgelöst (etwa die heutigen Lauben samt Kornplatz). Die Siedlung wurde bereits im 13. Jahrhundert mittels einer «Neustadt» (heute: Mustergasse) erweitert, wobei die Besitzer der jeweiligen Hofstellen mit dem Marktrecht ausgestattet wurden. Früher als Bozen wurde die Bischofsstadt Brixen bereits als Stadt (*urbs*) bezeichnet. Nachdem im 10. Jahrhundert die Übersiedlung der Bischöfe von Säben nach Brixen erfolgt war, entwickelte sich um die bischöfliche Burg herum bald eine städtische Siedlung, die aber ähnlich wie in Trient stets unter der Kontrolle des Bischofs verblieb, ehe sich im Spätmittelalter eine bürgerliche Selbstverwaltung ausbilden konnte. Auch die auf einen einzigen Straßenzug beschränkte Anlage von Klausen erfolgte um 1200 als bischöfliche Gründung. Von Bruneck als Bischofsstadt war bereits die Rede. Die Entstehung des Marktes Meran hingegen, der späteren Landeshauptstadt Tirols, verdankte sich der Initiative weltlicher Herren. Im Jahr 1239 erstmals urkundlich erwähnt, errichtete Albert III. den Markt am Zusammentreffen der Wege von Reschen- und Jaufenpass. Das gilt auch für die von den Grafen von Andechs in der zweiten Hälfte des 12. Jahrhunderts gegründete und bald darauf mit eigenem Recht versehene Stadt Innsbruck. In der Nachbarschaft des dem Churer Bischof unterstehenden Dorfes Glurns im Vinschgau förderten die Tiroler Grafen den Ausbau eines gleichnamigen *burgum*. Meinhard II. verlieh dieser Ansiedlung im Jahr 1291 das Marktrecht, woraus sich die spätere Stadt entwickelte, die für ihre heute noch erhaltenen Stadtmauern bekannt ist. Auch Sterzing wurde von Meinhard II., vermutlich um 1280, zur Stadt erhoben. Sie entwickelte sich dank ihrer Lage an der Brennerroute und vielfacher Handelsprivilegien bald zu einer blühenden Siedlung.

Gesellschaftliche und kulturelle Entwicklungen

In den Städten bildete sich, getragen insbesondere von vermögenden Kaufleuten, aber auch von Dienstmannen, Gewerbetreibenden und Handwerksmeistern, eine neue bürgerliche Schicht heraus, die mehr oder weniger erfolgreich nach Selbstverwaltung und Unabhängigkeit vom jeweiligen Stadtherrn strebte. Und auch die Landbevölkerung, die nach wie vor den größten Teil der Bewohner stellte, konnte sich im Laufe des Hochmittelalters allmählich aus den persönlichen Abhängigkeiten befreien. Dazu trug einerseits die Kleinräumigkeit der zu bewirtschaftenden Flächen bei, andererseits aber auch die «bauernfreundliche» Politik Meinhards II.

Innerhalb der adeligen Oberschichten, wozu neben den edelfreien, also keinem Lehensherrn unterstehenden Geschlechtern, insbesondere die Grafen zählten, kam im Laufe des Hochmittelalters eine weitere Gruppe hinzu, die Ministerialen. Sie konnten sich in Folge wichtiger Funktionen und Ämter im Dienst der Bischöfe von Brixen und Trient, später auch der Grafen von Tirol, aus der Unfreiheit befreien und zu selbständigen Burginhabern mit eigenen Gefolgsleuten aufsteigen. Die heute noch bestehenden Ministerialenburgen der Trautson im Sterzinger Becken – Reifenstein und Sprechenstein: die eine als Verwaltungszentrum des Bischofs von Brixen, die andere als «tirolische» Gegenburg für Albert III. von den jeweiligen Parteigängern eines sich auch intern bekämpfenden Ministerialengeschlechts errichtet – geben davon eindrucksvoll Zeugnis.

Für den rechtlichen und sozialen Status der Frauen war neben der Herkunft insbesondere die Eheschließung ausschlaggebend. Der klaren Arbeitsaufteilung im bäuerlichen und bürgerlichen Milieu entsprach das tradierte Rollenbild zwischen den Geschlechtern, das nach wie vor den Mann als Oberhaupt der Familie ansah. Weit stärker als die Geschlechtszugehörigkeit war es aber die Standeszugehörigkeit, die das Leben von Mann und Frau bis weit in die Neuzeit hinein prägte.

Eine Fülle romanischer Architektur zeugt von der hohen kulturellen Entwicklung in den bewirtschafteten und bebauten Gebieten und prägt das Landschaftsbild Südtirols bis heute. Neben den großen Kirchen- und Klosteranlagen, den Kapellen, Glockentürmen und Rundbauten (wie der Engelsburg in Neustift) wurden als weltliche Wehranlagen Burgen errichtet. Reste romanischer Steinbauten finden sich auch in den Städten. Besonders bemerkenswert sind die inzwischen vielfach freigelegten romanischen Fresken, wobei die um 1180 ausgemalte Krypta von Stift Marienberg Vorbildfunktion für weitere Freskierungen (u.a. in St. Benedikt in Burgeis, St. Jakob in Grissian, in der Burgkapelle von Hocheppan, St. Jakob in Kastellaz) hatte. Im Brixner Dombezirk erfolgte um 1200 die Ausmalung der Johanneskirche. Ein kunsthistorisch besonders wertvolles Zeugnis weltlicher Freskierung findet sich in Schloss Rodenegg bei Brixen, wo im Jahr 1972 Szenen aus dem Iwein-Epos des Hartmann von Aue freigelegt wurden.

Noch war der größte Teil der Bevölkerung damit beschäftigt, mit seiner Hände Arbeit für das Überleben Sorge zu tragen, es gab wenig Raum für darüber hinausgehende Bildung. Innerhalb der kirchlichen Gemeinschaften, in den bischöflichen Einrichtungen und in den Klöstern wurde die Pflege und Weitergabe religiöser Bildungsinhalte zunehmend wichtiger, doch die Kunst des Lesens und Schreibens war noch im Hochmittelalter vorwiegend Mönchen und Priestern vorbehalten. Erst seit dem 13. Jahrhundert (in Bozen seit 1237) sind auch erste städtische Schulen bezeugt, in denen über das Lesen und Schreiben hinaus Fertigkeiten für ein kaufmännisches Berufsleben vermittelt wurden. Hier bediente man sich auch bereits der deutschen Sprache, während in den kirchlichen Einrichtungen das Lateinische die eigentliche Kultursprache blieb.

Insgesamt kann gegen Ende des 13. Jahrhunderts – trotz vereinzelter romanischer Enklaven – vermehrt von einer sprachlich-ethnischen Hinwendung zum «deutschen» Kulturraum ausgegangen werden. Der Süden allerdings, vor allem der Einzugsbereich Trients, blieb umgekehrt weitgehend romanisch mit deutschen Einsprengseln. Doch handelte es sich hierbei um langsam verlaufende Prozesse von jeweils stärker nach Norden bzw. nach Süden ausgerichteten kulturellen Orientierungen, die eine noch konfliktfreie Koexistenz zwischen den unterschiedlichen Ethnien ermöglichten.

6. KAPITEL

Unter Habsburgs Szepter: Tirol wird «österreichisch»

Das «lange» Jahrhundert zwischen dem Tod Meinhards II. (1295) und dem Herrschaftsantritt des jungen Landesfürsten Friedrich IV. im Jahr 1406 brachte für unseren Raum eine weitere territoriale Arrondierung mit sich. Verbunden damit waren zum einen die Stärkung und klarere Abgrenzung der landesherrlichen Rechte gegenüber den Hochstiften von Brixen und Trient; zum anderen ging es vermehrt um die Ausbalancierung des Machtgleichgewichts zwischen dem Landesfürsten und dem landsässigen Adel – ein Prozess, der zahlreiche politische und militärische Auseinandersetzungen zur Folge hatte und in dessen Verlauf sich die bleibende Anbindung des Landes an das Haus Habsburg, d.h. an «Österreich» vollzog.

Das «dramatische Jahrhundert», wie Barbara Tuchman in ihrem lesenswerten Buch «Der ferne Spiegel» das 14. Jahrhundert bezeichnet hat, führte in ganz Europa zum Aufstieg von weltlichen Fürstendynastien. Diese suchten sich in ihren Herrschaftsbereichen teils miteinander, teils gegeneinander zu behaupten, nicht zuletzt auch im Kampf um die Kaiserwürde. Der politische Einfluss der Päpste (und damit auch der Bischöfe) ging indes noch weiter zurück. Es war eine ereignisreiche Zeit: Zwischen den werdenden Staaten England und Frankreich wurde der Hundertjährige Krieg (1337–1453) ausgetragen; das Große Schisma (1378–1417) spaltete infolge der konkurrierenden Päpste die römische Kirche, bis man sich beim Konzil von Konstanz (1414–1418) wieder auf einen einzigen Papst einigen konnte; die Pest brach mehrmals über Europa herein; und im Heiligen Römischen Reich wurde dank der Goldenen Bulle (1356) erstmals und bleibend die Frage der Königswahl ohne Mitsprache des Papstes rechtlich geregelt.

Meinhards Nachfolger

Angesichts der politischen und strategischen Bedeutung, die dem Gebiet an Etsch und Eisack zukam, waren auch die Nachfolger Meinhards II. an vorderster Front in die Ereignisse der «großen Politik» eingebunden. Dank der Verkehrswege, vor allem aber auch infolge der ererbten verwandtschaftlichen Beziehungen zu den führenden Dynastien im Reich konnten die auf Meinhard II. folgenden Generationen ihre Machtposition festigen. Meinhards Söhne, Otto, Ludwig und Heinrich, die nach dem Tod ihres Vaters zunächst gemeinsam die Regierung in Tirol und Kärnten übernahmen, waren durch ihre Schwester Elisabeth eng mit dem Haus Habsburg verbunden. Als Albrecht I. (1298–1308), Sohn Rudolfs I. und Ehemann ihrer Schwester Elisabeth, im Jahr 1298 zum römisch-deutschen König gewählt wurde, wussten sie dieses Naheverhältnis zu nutzen. Sie ließen sich ihre Rechte und Einkünfte, insbesondere auf die Zolleinnahmen, gegen den Widerstand der Bischöfe von Brixen und Trient bleibend als Reichslehen zusichern. Die damals getroffenen Vereinbarungen zwischen den Grafen von Tirol und den Bischöfen schufen trotz aller Konfliktanfälligkeit und gelegentlich unterschiedlicher Rechtsauffassungen die bleibende Grundlage für eine einigermaßen friedliche Koexistenz zwischen Tirol, Brixen und Trient bis zur Säkularisation der Hochstifte im Jahr 1803.

Die gemeinsame Herrschaft der drei Brüder währte zehn bzw. fünfzehn Jahre: Ludwig starb bereits im Jahr 1305, Otto im Jahr 1310. Beide hinterließen keine männlichen Nachkommen, was für Heinrich, den jüngsten Bruder, den Weg zur Alleinherrschaft in Tirol und Kärnten freimachte. Er hatte bereits seit längerem versucht, in die höchsten Ränge des Reiches aufzusteigen: Nach dem Tod seines Schwagers, des letzten Přemysliden-Herrschers,

Wenzel III., erhob Heinrich im Jahr 1306 Ansprüche auf die böhmische Krone. Das tirolisch-görzische Haus war mittlerweile so bedeutend geworden, dass es nach den höchsten Würden im Reich streben konnte. Dass Heinrich sich damit die Rivalität seiner habsburgischen Verwandten, die ebenfalls auf die Herrschaft in Böhmen hofften, einhandelte, nahm er in Kauf.

Doch der Griff nach der böhmischen Krone misslang. Nach der Ermordung des habsburgischen Königs Albrecht I. im Jahr 1308 wurde der Luxemburger Heinrich VII. (1308–1313) zum römisch-deutschen König gewählt, und dieser konnte seinen Sohn Johann als böhmischen König in Prag inthronisieren. Dem Herzog von Tirol und Kärnten blieb von seinen Bemühungen immerhin der Titel eines Königs von Böhmen, was in einer Zeit, da die Ehre viel galt, einen hohen Prestigegewinn bedeutete. Allerdings war diese Ehre mit einem beachtlichen Schuldenberg erkauft worden – die Brüder hatten bereits in den Jahren zuvor das von ihrem Vater hinterlassene Vermögen durch einen aufwändigen Lebensstil weitgehend aufgebraucht. Heinrich konnte daher zunächst seine Herrschaft in Tirol gar nicht erst ausüben. Er setzte zehn «Landpfleger», gewissermaßen als «Regierung», ein. Damit erklärt sich die seit dieser Zeit wachsende Bedeutung von Beamtendynastien und anderen einheimischen Adelsgeschlechtern, die dem Landesfürsten finanziell unter die Arme griffen, wodurch er in deren Abhängigkeit geriet.

Die Doppelwahl 1314

Noch war die Frage der Königswahl im Reich selbst nicht klar geregelt. Es trafen erneut rivalisierende Konkurrenten mit ihrer jeweiligen Anhängerschaft aufeinander, wobei jeder der Anwärter sich als rechtmäßigen König ansah. So geschah es auch nach dem Tod Heinrichs VII., als mit Ludwig aus dem Hause Wittelsbach (1314–1347), genannt Ludwig der Bayer, und Friedrich III. aus dem Hause Habsburg (1314–1330), Sohn Albrechts I., zwei Könige gewählt und gekrönt wurden. Ihr Kampf gegeneinander zog sich über viele Jahre hin.

Heinrich von Tirol und Kärnten stellte sich in diesen Auseinandersetzungen zunächst auf die Seite des Habsburgers, wofür dieser ihn sogar als Reichsvikar über Padua einsetzte. Dadurch dehnte sich sein Herrschaftsgebiet bis weit in den oberitalienischen Raum hinein aus. Auch Treviso und andere Städte unterwarfen sich vorübergehend Heinrich. Sie erhofften sich Schutz gegen die Übergriffe des mächtigen Stadtherrn von Verona, Cangrande della Scala. Doch auch dieses norditalienische Intermezzo blieb nur eine Episode und brachte dem Tiroler neben gewaltigen Unkosten auch politisch vorwiegend Nachteile. So zerbrach das bislang freundschaftliche Verhältnis zu den Veroneser Scaligern.

Dennoch verstand es Heinrich, im Verlauf des Königsstreits zwischen Ludwig und Friedrich nicht zwischen die Fronten zu geraten, indem er sich abwartend neutral verhielt. Als im Jahr 1322 die Schlacht bei Mühldorf am Inn – die als letzte große Ritterschlacht ohne Feuerwaffen auf deutschem Boden gilt – die militärische Entscheidung zu Gunsten Ludwigs brachte, versuchte er sogar, sich als Vermittler zu betätigen. In seiner politisch und finanziell geschwächten Lage kam ihm zugute, dass seine Tochter Margarete eine attraktive Heiratskandidatin für die mächtigsten Dynastien im Reich war (männliche Erben waren ihm trotz dreier Ehen versagt geblieben). Denn mit der Heirat Margaretes konnte nach Heinrichs Tod die Herrschaft über Tirol und Kärnten erwartet werden.

Unter diesen Umständen sicherte der mittlerweile in Rom zum Kaiser gekrönte Ludwig im Jahr 1330 Herzog Heinrich die weibliche Nachfolge in seinen Territorien zwar zu, behielt sich allerdings ein Mitspracherecht bei der Eheschließung vor. Zugleich bemühten sich auch Habsburger und Luxemburger um die Hand der Tiroler Erbtochter. Das vitale Interesse der führenden Dynastien im Reich an der Herrschaft über diese Gebiete war geopolitischer Natur: Die Habsburger sahen darin eine Brücke zwischen den gerade gewonnenen Herzogtümern Österreich und Steiermark zu ihren Stammlanden am Oberrhein; für die Luxemburger war mit ihnen die Verbindung zwischen Böhmen und der Lombardei gewährleistet, wo König Johann sich eine beherrschende Position aufgebaut hatte; für Kaiser Ludwig aus dem Hause Wittelsbach schließlich war es von zentraler Bedeutung, die traditionelle Brückenfunktion zwischen dem Reich und Italien durch die Kontrolle der Alpenpässe aufrechtzuerhalten.

Das Rennen um die Hand der Erbtochter gewann das Haus Luxemburg: Die erst zwölfjährige Margarete wurde im Jahr 1330 mit dem achtjährigen Sohn des böhmischen Königs Johann, Johann-Heinrich, vermählt; eine Entscheidung, die zwar in den tirolisch-kärntnerischen Gebieten vom ansässigen Adel begrüßt wurde – ein junger und mindermächtiger Landesfürst war stets willkommener als ein mächtiger –, jedoch bei Kaiser Ludwig und dem Haus Habsburg auf wenig Gegenliebe stieß.

Das Ende der böhmisch-luxemburgischen Herrschaft in Tirol

Das Verhältnis des Kaisers zu den Habsburgern hatte sich nach der Aussöhnung zwischen Ludwig von Bayern und Friedrich von Österreich wieder normalisiert. Nach Friedrichs Tod einigte sich Ludwig mit dessen Brüdern darauf, die künftigen böhmisch-luxemburgischen Ansprüche auf Tirol und Kärnten nicht anzuerkennen und stattdessen die Gebiete zwischen den Häusern Wittelsbach und Habsburg aufzuteilen – der Norden Tirols sollte wittelsbachisch, das südliche Tirol und Kärnten habsburgisch werden.

Noch aber war Heinrich am Leben, wenngleich seine Position im Land selbst erheblich geschwächt war. Die zunehmende finanzielle Bedrängnis hatte ihn dazu gezwungen, Einnahmen aus Zöllen, aus der Salzgewinnung, z. T. sogar landesherrliche Gerichte an Gläubiger zu verpfänden, einzelne Adelsgeschlechter gewannen daher politisch und wirtschaftlich vermehrt an Einfluss, auch die Bischöfe von Brixen und Trient wussten die Schwächung des Landesherrn zu ihren Gunsten zu nutzen. Die Leidtragenden waren die bäuerlichen Untertanen, die vom Landesherrn nicht mehr gegen die Übergriffe ihrer Grundherren geschützt wurden. Die Folge waren wachsende soziale Spannungen.

Es kam daher nach dem Tod Heinrichs zu Turbulenzen um seine Nachfolge. Gemäß der im Vorfeld getroffenen Absprachen belehnte Kaiser Ludwig die habsburgisch-österreichischen Herzöge sowohl mit Kärnten als auch mit den südlich von Finstermünz, dem Jaufen und dem heutigen Franzensfeste gelegenen Gebieten Tirols, während er sich die nördlichen Territorien selbst vorbehielt. Demgegenüber versuchte Margarete, zunächst noch gemeinsam mit ihrem jugendlichen böhmisch-luxemburgischen Ehemann Johann-Heinrich, ihre Herrschaftsansprüche zu verteidigen, wobei sie der einheimische tirolische Adel unterstützte. Ein Bruder des Luxemburgers, Karl von Mähren, der spätere Kaiser Karl IV., wurde zur Unterstützung des jungen Paares von Böhmen nach Tirol entsandt, und ihm gelang es tatsächlich, nicht zuletzt auch mit Hilfe der von ihm eingesetzten Bischöfe von Brixen und Trient – die Bischofssitze waren gerade vakant gewesen –, die luxemburgische Herrschaft in Tirol für wenige Jahre zu sichern. Doch da Karl vermehrt böhmische Beamte ins Land holte und auch da und dort aufkeimende Widerstände mit Gewalt zu unterdrücken versuchte, rückte ein Großteil des Adels bald von ihm ab.

Den entscheidenden Anstoß für das Ende der böhmisch-luxemburgischen Herrschaft in Tirol gab aber die persönliche Entscheidung Margaretes, ihren offenbar ungeliebten Ehemann vor die Tür zu setzen und sich der wittelsbachischen Seite zuzuwenden. Johann-Heinrich fand sich am Allerseelentag des Jahres 1341 in Schloss Tirol überraschend vor verschlossener Türe; unterstützt von den oppositionellen Kräften im Land verweigerte ihm die tirolische Erbtochter den Zutritt. Er floh außer Landes und musste alle künftigen Ansprüche auf Tirol (und seine Ehefrau) aufgeben, während sich für Margarete rasch ein anderer Ehemann fand, der sowohl dem Tiroler Adel als auch dem Kaiser als der geeignetste Kandidat erschien: der eben verwitwete Sohn des Kaisers, Markgraf

Ludwig von Brandenburg. Welche Rolle Margarete selbst bei dieser Wahl ihres neuen Ehemanns spielte, lässt sich mangels entsprechender Quellen leider nicht herausfinden, doch dürfte sie wohl auch persönlich mit der neuen Ehe einverstanden gewesen sein.

Der Große Tiroler Freiheitsbrief

Die Bedeutung sozialer Beziehungen und Netzwerke für die Gestaltung des politischen Raumes im Spätmittelalter und die jeweiligen Abhängigkeiten der Akteure voneinander zeigt sich anhand dieser Vorgänge sehr anschaulich. Denn die anderen mächtigen tirolischen Adelsgeschlechter nutzten die Gunst der Stunde für ihren eigenen Vorteil: Noch vor der Eheschließung Margaretes mit Ludwig im Februar 1342 und vor der anschließenden Belehnung des jungen Paares mit Tirol (und pro forma auch noch mit Kärnten, obwohl sich dort die Habsburger bereits festgesetzt hatten) handelten sie eine Reihe von Zugeständnissen aus, die als «Großer Tiroler Freiheitsbrief» in die Geschichte eingegangen sind. Markgraf Ludwig und sein kaiserlicher Vater verbrieften am 28. Januar 1342 urkundlich die Respektierung der im Land bisher geltenden Rechte und Gewohnheiten. Eine der wichtigsten Regelungen bestand darin, ohne Rücksprache mit den «Landleuten» keine Steuern einzuheben und insgesamt in der Ausübung der Herrschaft den Rat der anderen Mächtigen des Landes einzuholen. Die spätere ständische Verfassung, die auf der Zusammenarbeit zwischen Landesfürst und Landständen beruhte, zeichnete sich in diesen Urkunden bereits ab. Die Zugeständnisse galten nicht nur für den Adel, sondern für alle Bevölkerungsgruppen einschließlich der Städte und Bauern, für «edel und unedel, rich und arme». Die Bedeutung dieses Passus für die vielbeschworene bäuerliche Freiheit in Tirol konnte die idealisierende Historiografie des 19. Jahrhunderts nicht genug rühmen. Heute weiß man hingegen, dass solche Regelungen damals durchaus zeitüblich waren; allerdings waren sie, wie wir noch sehen werden, vielfach nur Willensbekundungen auf dem Papier.

Mit der wittelsbachischen Herrschaft über Tirol waren von Anfang an Schwierigkeiten verbunden. Zum einen wurde die Ehe zwischen Ludwig und Margarete von päpstlicher Seite nicht anerkannt, sondern galt – angesichts der noch bestehenden Ehe mit Johann-Heinrich – als Bigamie. Das trug dem Paar den Kirchenbann und dem ganzen Land das kirchenrechtliche Interdikt (das Verbot, kirchliche Handlungen vorzunehmen) ein. Zum anderen stand zu erwarten, dass die luxemburgische Seite die Demütigung von Johann-Heinrich und den damit verbundenen Ehr- und Machtverlust nicht ungesühnt lassen würde. Tatsächlich dauerte es nicht lange, bis der Luxemburger Karl, Johann-Heinrichs Bruder, mit Gewalt die Herrschaft seines Hauses über Tirol wieder zu erlangen suchte. Das Verhältnis zu den Habsburgern, die ja von Ludwig dem Bayern ursprünglich mit den südlichen Teilen Tirols und Kärntens belehnt worden waren, wurde dagegen durch diese Kehrtwendung des Kaisers kaum belastet. Albrecht II. von Habsburg, Sohn Albrechts I., sicherte sich im Gegenzug für seine Loyalität die Herrschaft in Kärnten (Margarete verblieb lediglich der Titel einer Herzogin von Kärnten), er gewann überdies einige Stützpunkte in Tirol. Er hoffte wohl auf zukünftige eheliche Verbindungen zwischen den beiden Häusern Wittelsbach und Habsburg, die auch den Griff nach Tirol wieder ermöglichen würden.

König und Gegenkönig

Allerdings war dem Kaiser in der Person des Luxemburgers Karl, der für seinen Vater Johann mittlerweile die Regierung in Böhmen übernommen hatte, ein mächtiger Gegner auch auf Reichsebene erwachsen. Nicht zuletzt infolge der Tiroler Affäre war Ludwig bei den Reichsfürsten in Bedrängnis geraten: Der Kirchenbann und seine glücklose Politik in den Auseinandersetzungen zwischen englischem und französischem Königshaus im Hundertjährigen Krieg hatten sein Ansehen im Reich untergraben. Gegen ihn als amtierenden König und Kaiser wurde Karl von Luxemburg/Böhmen im

Jahr 1346 als Karl IV. (1346–1378, ab 1355 Kaiser) mit päpstlicher Unterstützung zum Gegenkönig gewählt. Wenig später, 1347, starb Ludwig, was den Zeitgenossen neuerliche Auseinandersetzungen um den «rechtmäßigen» König/Kaiser ersparte.

Immerhin konnten die Wittelsbacher im gleichen Jahr den Versuch einer Rückeroberung Tirols durch Karl verhindern. Der frisch gewählte König war mit Hilfe des Bischofs von Trient (Nikolaus, 1338–1347), eines Parteigängers von Karl, vom Süden her in tirolisches Gebiet eingedrungen. Sein Vormarsch konnte aber vor der tirolischen Stammburg bei Meran gestoppt werden, obwohl einige mächtige Adelsvertreter auf Karls Seite standen. Der Rückzug des Luxemburgers brachte beträchtliche Verwüstungen für Tirol mit sich, die Städte Meran und Bozen gingen in Flammen auf – und das Strafgericht gegen die Anhänger Karls ließ nicht auf sich warten.

Wie damals üblich, wurden diejenigen, die sich auf der «falschen» Seite positioniert hatten, in die Knie gezwungen. Ein besonders grausames Exempel statuierte Margaretes Ehemann Ludwig von Brandenburg im Fall von Engelmar, dem Herrn von Villanders, der wegen seiner Parteinahme für den Luxemburger geköpft wurde. Auch andere oppositionelle Adelige wie die Herren von Greifenstein oder die Fuchs von Fuchsberg hatten sich dem Landesfürsten zu unterwerfen. Der Bischof von Chur, Ulrich, wurde in Gefangenschaft gehalten, seine Stützpunkte im Vinschgau, darunter die Fürstenburg, von Ludwig in Besitz genommen. Schließlich wurde auch das letzte edelfreie Geschlecht im Vinschgau, die Herren von Matsch, in die Vasallität gezwungen. Der Bischof von Trient musste erneut in seiner Residenzstadt eine tirolische Besatzung hinnehmen, während sich der Brixner Oberhirte Matthäus (1336–1363) auf Grund seiner neutralen Haltung in seinem Hochstift einigermaßen halten konnte.

Strukturell gesehen ging die landesfürstliche Macht gestärkt aus diesen Auseinandersetzungen hervor. Nachdem Karl im Jahr 1350 in einem Übereinkommen mit Ludwig auf seine Ansprüche auf Tirol verzichtet hatte, wurde die wittelsbachische Herrschaft nicht mehr in Frage gestellt. Diese hatte wiederum die politische und wirtschaftliche Schwächung der Oberhirten von Trient und Brixen zur Folge, auch die Zugeständnisse, die Ludwig der Brandenburger und sein Vater dem Land und seinen Bewohnern im Jahr 1342 zugesichert hatten, galten wenig: Trotz anderslautender Versprechungen wurden vermehrt «ausländische» (bayerische) Beamte ins Land geholt; da der vielbeschäftigte Wittelsbacher häufig außer Landes weilte, ließ er seinem zum «Hauptmann» ernannten Stellvertreter, dem aus Schwaben stammenden Konrad von Teck, gegen den Widerstand des einheimischen Adels freie Hand. Dass aber auch Margarete selbst gelegentlich als aktive Regentin auftrat, lässt sich aus den (wenigen) von ihr ausgestellten Urkunden erschließen.

Die nach langjährigen Bemühungen erreichte Lösung vom Kirchenbann im Jahr 1359 – bei diesen Verhandlungen hatte Herzog Albrecht II. von Österreich eine wichtige Rolle gespielt – sicherte die Herrschaft des Fürstenpaars in Tirol, dessen einziger Sohn Meinhard III. nun auch als ehelicher Nachkomme legitimiert wurde.

Herrschaftswechsel in Tirol

Trotz Heuschreckenplage, Erdbeben und der Pestepidemie, die auch das Land im Gebirge traf, kam es in der zweiten Jahrhunderthälfte dank der Förderung von Handel und Verkehr durch Ludwig und Margarete zu einem allmählichen wirtschaftlichen Aufschwung, und es stand zu hoffen, dass nach Ludwigs Tod im Jahr 1361 sein Sohn Meinhard III. weiterhin für stabile Verhältnisse im Land Sorge tragen würde. Es gelang dem Tiroler Adel – auch die Städte meldeten sich in diesem Falle bereits deutlich zu Wort –, den jungen Wittelsbacher, der bislang in München residiert hatte, nach Tirol zu holen. Meinhard brach im Oktober 1362 von München auf und begann mit Hilfe ausgewählter Räte seine Regentschaft in Tirol. Doch nach wenigen Monaten ereilte ihn am 13. Januar 1363 ein unerwartet früher Tod. Der erneute Herrschaftswechsel brachte für unseren Raum die zukunftsweisende Bindung an das Haus Habsburg und damit an Österreich mit sich.

Wie kam es dazu? Margarete, die tirolische Erbtochter, stand nun zwar ohne legitimen Nachfolger da, doch galt sie im Land als Landesherrin, insbesondere beim Adel, der seinen Einfluss im Umfeld einer weiblichen Regentin hoffte ausbauen zu können. Sie war mittlerweile 38 Jahre alt und eine weitere Eheschließung war offenbar auszuschließen. Im Land selbst war das Bewusstsein für die tirolische Eigenständigkeit – vor allem gegenüber Bayern – bereits sehr stark ausgeprägt, daher wurde eine weitere Anbindung an das Haus Wittelsbach (und damit die zu erwartende Abhängigkeit) gar nicht erst in Erwägung gezogen. Margarete, später auf Grund ihres Lebenswandels abwertend «Maultasch» genannt, obwohl ihr zeitgenössische Quellen ausnehmende Schönheit bescheinigen, räumte als Landesherrin – so zumindest die Einschätzung der späteren Historiografie – den adeligen Räten allzu viele Privilegien und Rechte ein. Heute wird sie in dieser Hinsicht sehr viel positiver bewertet und auch die Rolle des einheimischen Adels wird weniger negativ gesehen – die anderen Großen im Land positionierten sich demgemäß nicht nur als Vertreter von Eigeninteressen, sondern bildeten auch ein wesentliches Element der Kontinuität gerade in Zeiten von plötzlichen und unerwarteten Herrschaftswechseln.

Jedenfalls fand sich – nicht zufällig – bereits wenige Tage nach Meinhards Tod Herzog Rudolf IV. von Österreich aus dem Hause Habsburg in Bozen ein, einer der Söhne Albrechts II., der sich ja in vielerlei Hinsicht, u. a. in der Frage des Kirchenbanns, als (nicht ganz uneigennütziger) Unterstützer Margaretes erwiesen hatte. Die verwandtschaftlichen Beziehungen zwischen Margarete und Rudolf waren zwar nicht besonders eng, aber doch ausreichend, so dass die tirolische Landesfürstin in ihm und seinen Brüdern ihre nächsten Anverwandten sah: Die Schwester der habsburgischen Brüder, ebenfalls eine Margarete, war Meinhards III. Ehefrau, also ihre Schwiegertochter – und auch über die habsburgische Großmutter Elisabeth gab es Anknüpfungspunkte, war diese doch als Tochter Meinhards II. zugleich Margarete Maultaschs Tante gewesen.

Am 26. Januar 1363 kam es zu einer Regelung, mit der Margarete alle ihre väterlichen Erblande, Rechte und Besitzungen den habsburgischen Brüdern Rudolf, Albrecht und Leopold übertrug, sich aber die Regentschaft einschließlich aller Einnahmen zeit ihres Lebens vorbehielt. Dass eine solche Herrschaftsübertragung nicht über Nacht erfolgen konnte, sondern auf Vorabsprachen beruhte, versteht sich von selbst, auch wenn die Echtheit von damals ins Treffen geführten Urkunden aus dem Jahr 1359, in denen Margarete bereits damals, für den Fall, dass sie Mann und Sohn überleben sollte, die Übergabe an das Haus Habsburg zugesichert habe, nicht erwiesen ist.

Vierzehn der wichtigsten geistlichen und weltlichen Würdenträger im Land erklärten sich mit dieser Regelung einverstanden. Auch die Bischöfe von Brixen (Matthäus an der Gassen, 1336–1363) und Trient (Albert von Ortenburg, 1363–1390) waren bereit, die Vogteirechte an die Habsburger zu übertragen. Doch trotz des Rückhalts im Land war die Position Rudolfs – vor allem gegenüber den wittelsbachischen Ansprüchen – so lange nicht gesichert, bis er vom Kaiser offiziell mit Tirol belehnt wurde, was im Jahr 1364 geschah. Margarete selbst hat sich in dieser schwierigen Situation unter Verzicht auf ihre Regentschaft aus Tirol zurückgezogen. Sie lebte noch ein paar Jahre in Wien, ehe sie 1369 starb. Militärische Versuche der Wittelsbacher, Tirol zurückzuerobern, konnten zurückgeschlagen werden. Erst im Frieden von Schärding 1369 wurde insofern ein Kompromiss erzielt, als die Habsburger auf einige Gerichte im Norden (Rattenberg, Kufstein, Kitzbühel) verzichteten und für ihre Anerkennung in Tirol eine beträchtliche Geldsumme leisteten.

Rudolf selbst war allerdings – knapp 26-jährig – bereits im Jahr 1365 gestorben. Daher übernahmen in demselben Jahr seine beiden Brüder Albrecht III. und Leopold III. in allen habsburgischen Ländern die Herrschaft, wobei keiner von ihnen länger in Tirol weilte und die Verantwortung im Land wieder vermehrt in der Hand des Adels und der Bischöfe lag. Im Vertrag von Neuberg 1379 einigten sich Albrecht und Leopold auf eine Teilung zwischen den «östlichen» Gebieten rund um Wien, und den «(süd)westlichen», wozu auch Tirol gehörte. Im Falle des Erlöschens der jeweiligen Linie sollte die andere allerdings wieder erbberechtigt sein.

Bis zu seinem Tod im Jahr 1386 – er fiel in der Schlacht bei Sempach gegen die Eidgenossen – war also Leopold III. alleiniger Landesfürst in Tirol. Seine Hauptinteressen galten der Sicherung der tirolischen Position gegenüber dem Süden (1382 unterstellte sich die Stadt Triest der habsburgischen Oberhoheit) und dem Ausbau der Verbindungskorridore zu den Stammlanden im Westen, die von den Eidgenossen zunehmend bedrängt wurden. Die bereits tragende Verbindung zum Hause Habsburg zeigte sich daran, dass in der Schlacht von Sempach, in der schweizerische Fußsoldaten gegenüber den unbeweglichen österreichischen Rittern siegreich waren, zahlreiche Tiroler aus dem Etschland auf Seiten Österreichs kämpften. Ihnen wird in der Grablege der frühen Habsburger in Königsfelden in der Ostschweiz bis heute ein ehrendes Andenken bewahrt.

Auf Leopold folgten in kurzen zeitlichen Abständen verschiedene habsburgische Regenten, die, da sie nicht regelmäßig in Tirol weilten, heute im kollektiven Gedächtnis kaum noch präsent sind. Dennoch festigten sie die Verbindung zwischen dem Land und dem werdenden habsburgisch-österreichischen Staat weiter. Zunächst übernahm Albrecht III. als Ältester des Gesamthauses für neun Jahre die Regentschaft für Leopolds minderjährige Söhne; nach Albrechts III. Tod (1395) wurde Leopolds Sohn, Leopold IV., die Verwaltung Tirols und der Vorlande übertragen, der diese dann elf Jahre später (1406) an seinen jüngeren Bruder Friedrich IV. abtrat, damit er sich vermehrt den Interessen des habsburgischen Gesamthauses zuwenden konnte.

Erste Landesordnungen

In diese Übergangszeit fallen eine Reihe «gesetzlicher» Regelungen, die zwischen den Regenten und der Bevölkerung einen gemeinsamen Rechtsraum schufen, an den sich beide Seiten gebunden fühlten. So wurde 1404 unter Leopold IV. eine erste «Landesordnung» erlassen, die die Einfuhr von Wein aus dem «Ausland» und die Ausfuhr von in Tirol geerntetem Getreide verbot, um dem chronischen Kornmangel abzuhelfen. Wie der Rechtshistoriker Martin Schennach in seiner quellenreichen rechtshistorischen Studie zu «Gesetz und Herrschaft» am Beispiel Tirols betont, handelte es sich hierbei freilich nicht um neue Regelungen, sondern um die schriftliche Ausfertigung einer bereits geübten Praxis – ein generell im Spätmittelalter zu beobachtendes Phänomen, das über die schriftliche Normierung von Gewohnheitsrechten zur modernen Rechtspraxis führte.

Neben der Einschränkung der geistlichen Gerichtsbarkeit wurde in dieser «Ordnung» nun auch das Verhältnis zwischen Bauern und Grundherren verbindlich geregelt. Ein für die bäuerliche Bevölkerung günstiges Besitzverhältnis, nämlich die Erbleihe, die das in anderen Gegenden übliche «Abstiften» der Bauern verhinderte, wurde allgemein anerkannt. Im Streitfall sollten landesfürstliche Richter die Rechte der Bauern schützen. Hier zeigt sich sehr früh bereits das Bestreben der Landesfürsten, die Loyalität der bäuerlichen Schichten gegenüber den anderen adeligen Grundherren zu gewinnen, wie sie denn auch die immer wichtiger werdenden Städte als Gegengewicht zum grundbesitzenden Adel förderten.

Für die politische «Verfassung» des Landes noch wichtiger war eine weitere, zwei Jahre später von den beiden Herzögen Leopold und Friedrich gemeinsam unterzeichnete «Landesordnung», die Adel, Städten und Landesvolk von Tirol ihre inzwischen schon traditionell zu nennenden «Freiheiten» bestätigte. Dieses «Grundgesetz» von 1406 verpflichtete den Adel zum Kriegsdienst für die Habsburger, die ja durch die Eidgenossen in ihren westlichen Territorien bereits heftig bedrängt wurden, und forderte ihm einiges an Steuerleistungen ab, was wiederum auf die Untertanen abgewälzt werden konnte. Umgekehrt wurde vom Landesfürsten zugesichert, die Verwaltung nicht «auswärtigen» Beamten zu überlassen, sondern auch in dieser Hinsicht die Eigenständigkeit des Landes zu respektieren. In dieser «Landesordnung» zeichnete sich noch deutlicher als bei den Vereinbarungen mit Ludwig dem Bayern, von denen bereits die Rede war, die werdende Struktur der Landesverfassung ab – die Schaffung eines rechtlichen Rahmens für die wechselseitigen Verpflichtungen zwischen Landesfürst und «Ständen» als von beiden Seiten respektiertes «Landrecht», wie es bis weit ins 19. Jahrhundert hinein Geltung haben sollte.

Mit der Übernahme der Herrschaft durch Friedrich IV. im Jahr 1406 gingen die vielfachen Herrschaftswechsel an der Spitze des Landes zu Ende. Förderlich für den Zusammenhalt und die Loyalität zwischen Bevölkerung und Herrschaft war zudem, dass die Landesfürsten nun nicht mehr außer Landes weilten, sondern vor Ort residierten.

Wirtschaftliche und soziale Entwicklungen und die Auswirkungen der Pest

Hinsichtlich der wirtschaftlichen und sozialen Entwicklungen muss die auch in unserem Raum mehrfach wütende Pest-Epidemie wohl als das einschneidendste Ereignis angesehen werden. Die «Beulenpest» genannte Seuche trat Ende des Jahres 1347 in den Häfen des Mittelmeers erstmal auf und breitete sich dann über Venedig, Friaul, Kärnten auch im südlichen Alpenraum aus. Der Chronist von Kloster Marienberg, Goswin, gab in seinen Aufzeichnungen die Ängste der Zeitgenossen eindrucksvoll wieder.

Während seit dem Hochmittelalter die Bevölkerungszahl stetig zugenommen hatte, ging infolge des Massensterbens diese Zahl überall in Europa um ein Viertel, in manchen Gegenden gar um die Hälfte zurück. Goswin spricht sogar davon, dass die nähere Umgebung Marienbergs, also der Vinschgau dadurch beinahe menschenleer wurde und nur ein Sechstel der Bevölkerung überlebte. Über mehrere Generationen hinweg konnten diese Verluste nicht aufgeholt werden. Schätzungen gehen für das heutige Gebiet Italiens von einem Rückgang von 11,5 Millionen Bewohnern im Jahr 1340 auf 7,5 Millionen Menschen hundert Jahre später aus. Dies hatte gravierende Folgen für den Ausbau der kultivierbaren Flächen, es bedeutete Einbußen für Handel und Gewerbe sowie den Rückgang zahlreicher Siedlungen, auch das Wachstum der eben zu erster Blüte gelangten Städte kam zum Erliegen. Dass das rege Verkehrsaufkommen und der Wasserreichtum entscheidend dazu beitrugen, dass sich die Seuche auch in den südlichen Gebirgstälern rasch und gehäuft verbreitete, war schon den Zeitgenossen bekannt: Dem Denken der Zeit gemäß wurde darin eine Strafe Gottes für die sündige Menschheit gesehen.

Dennoch scheint sich – nicht zuletzt auch durch Zuwanderung aus nördlichen Gebirgsregionen – in den tirolischen Gebieten der Bevölkerungsschwund weniger dramatisch ausgewirkt zu haben als in anderen Gegenden Mitteleuropas. Eine Vorstellung von der damals doch sehr dünnen Besiedlung vermittelt ein erstes Verzeichnis der landesfürstlichen Untertanen aus dem frühen 15. Jahrhundert (1427), demzufolge man bei vorsichtiger Schätzung von etwa 70000 Bewohnern für das spätere Kronland Tirol ausgehen kann, wobei natürlich mitzudenken ist, dass die Herrschaftsgebiete der Fürstbischöfe von Brixen und Trient in dieser Zahl nicht einbezogen sind.

Ein wichtiger Wirtschaftszweig war weiterhin die Salzgewinnung, insbesondere nachdem Meinhard II. die Saline in Hall ausgebaut hatte. Im Laufe des Jahrhunderts, vollends dann zu Beginn des 15. Jahrhunderts entwickelte sich der Silber- und Kupferbergbau in der Umgebung von Schwaz und Gossensass zu einem blühenden Erwerbszweig, wovon noch die Rede sein wird. Im heutigen Südtirol gab es bereits seit dem Mittelalter Silber- und Kupferbergbau, wovon nicht nur ein seit 1997 errichtetes Museum, sondern auch ein alter Höhenweg über Villanders nach Brixen zeugt, vorbei an den sehenswerten ineinander gebauten «Dreikirchen», deren älteste (St. Gertraud) in die erste Hälfte des 13. Jahrhunderts zurückreicht.

Neben dem Wein als nach wie vor wichtigstem Exportgut – der «Traminer» erfreute sich damals bereits besonderer Beliebtheit – kommt nun auch dem Obstbau größere Bedeutung zu, wobei in den Quellen vor allem Äpfel, Birnen, Nüsse und Kastanien erwähnt werden. Ein weiteres Kennzeichen für die spätmittelalterliche Wirtschaft war auch der Ausbau nutzbarer Flächen in höheren Lagen, wo der Anbau von Getreide nicht mehr möglich war, zu Weideland. Wie im Hochmittelalter wurden für die Kuh- und Schafhaltung geeignete Schwaighöfe in hohen Lagen errichtet. Viehzucht und die damit verbundene Almwirtschaft waren nach wie vor wichtige landwirtschaftliche Erwerbszweige.

Gewerbe und Handwerk differenzierten sich im Spätmittelalter weiter aus, der Bedarf an verarbeiteter Nahrung (Bäcker, Metzger) und Kleidung (Schneider, Schuster, Weber, Gerber, Hutmacher) stieg an, nicht zuletzt durch das Leben in den Städten. Für den Weintransport bedeutete die Produktion von Fässern einen wichtigen Wirtschaftszweig, Metall und Stein mussten verarbeitet werden, insbesondere auch der Bereich des Verkehrs (Wagner, Sattler, Fuhr- und Schiffsleute) eröffnete neue nicht-agrarische Berufsfelder.

Verkehrsgeschichtlich interessant mag für heutige Autofahrer, die über die – erst 1974 in diesem letzten Teilstück fertiggestellte – Brennerautobahn brausen (oder im Stau stehen), der nach 1310 errichtete Saumpfad durch die Eisackschlucht zwischen Bozen und Kollmann sein. Ein Bozner Bürger, Heinrich Kunter, hatte diesen aus eigenen Mitteln (und angesichts der daraus eingenommenen Zollgebühren nicht zu seinem Nachteil) errichten lassen. Dadurch konnte der sehr viel steilere Weg über den Ritten, der freilich nach wie vor für Fuhrwerke nötig war, vermieden werden. Erst viel später, um 1480, wurde der sogenannte Kunterweg dann auch zu einem Karrenweg ausgebaut. Der Weg über den Brenner war weiterhin die wichtigste Verkehrsverbindung. Vorsichtige Schätzungen beziffern die Fracht über den Brenner um 1300 auf 4000 Tonnen, über den Reschen wurde nur etwa die Hälfte davon befördert.

Für ein stärkeres Verkehrsaufkommen sorgten nicht nur die Kaufleute, sondern auch die steigende Zahl der Pilger, die – seit Papst Bonifaz VIII. das Jahr 1300 zum Heiligen Jahr ausgerufen hatte – den langen und gefährlichen Weg nach Rom auf sich nahmen. Die neue Frömmigkeit wirkte sich auch auf die Ausbreitung von Klostergründungen aus: Zu Beginn des 14. Jahrhunderts errichteten die Klarissen – gefördert von Herzog Otto und seiner Ehefrau – eine Niederlassung bei Meran; das bis heute existierende älteste Klarissenkloster im deutschsprachigen Raum war bereits um 1230 in Brixen gegründet worden. Dominikanerinnen wirkten bis etwa 1500 in Innichen, während das Männerkloster der Dominikaner in Bozen, das bereits Ende des 13. Jahrhunderts nachweisbar ist, bis zu seiner Aufhebung durch Joseph II. eine wichtige bildungs- und kulturgeschichtliche Rolle in der heutigen Hauptstadt Südtirols spielte. Die gotischen Wandmalereien der dazu gehörenden Kirche samt Kreuzgang zählen zu den bedeutendsten kunsthistorischen Zeugnissen des Spätmittelalters in Bozen. Auch die bereits Anfang des 13. Jahrhunderts aus dem Süden zugewanderten Franziskaner errichteten in der ersten Hälfte des 14. Jahrhunderts auf einem vom Brixner Bischof zur Verfügung gestellten Meierhof nördlich der Bozener Stadtmauer ihre Kirche samt Klosterniederlassung. Der berühmte Kreuzgang im Dom zu Brixen, dessen erste Errichtung noch vorromanischen Ursprungs ist, wurde in der zweiten Hälfte des 14. Jahrhunderts, wohl durch Bischof Friedrich von Erdingen, im gotischen Sinne neu gestaltet. Seine Fresken stellen bis zum gegenwärtigen Tag eine kunsthistorische Besonderheit im heutigen Südtirol dar. Auch das der Hl. Magdalena geweihte Kirchlein bei Bozen wurde Ende des 14. Jahrhunderts mit frühgotischen Fresken versehen. Nicht minder bedeutsam, vor allem deshalb, weil sie keinerlei kirchliche, sondern weltliche Themen behandeln, sind die Fresken im sogenannten Adlerturm der Trienter Schlossanlage (Castello del Buonconsiglio). Sie wurden unter Fürstbischof Georg von Liechtenstein zwischen 1390 und 1407 in Auftrag gegeben, der Künstler, vermutlich aus Böhmen stammend, ist nicht mit Sicherheit überliefert. In anschaulichen Bildern werden die zwölf Monate des Jahres mit den ihnen jeweils zugeschriebenen bäuerlichen und adeligen Tätigkeiten dargestellt, eine für die Lebenswelt des späten Mittelalters auch überaus wichtige (kunst)historische Quelle.

Abschließend sei noch ein Blick auf die damaligen Bildungsmöglichkeiten in unserem Raum geworfen: Nach wie vor ruhte die Ausbildung der (männlichen) Jugend weitgehend in der Hand von kirchlichen und klösterlichen Einrichtungen, wenngleich sich im Laufe des 14. Jahrhunderts der Ausbau von säkularen Unterrichtsanstalten vor allem in den größeren Städten rasch weiterentwickelte. Vereinzelt sind jedoch auch Schulmeister in ländlichen Gebieten bezeugt, so beispielsweise bereits 1321 in Kaltern. Die älteste (klerikale) Schule im heutigen Südtirol überhaupt war wohl die Domschule von Brixen, deren Existenz bereits im 11. Jahrhundert urkundlich belegt ist. Die Geschichte der Domschule zu Trient reicht bis in das 10. Jahrhundert zurück. Und die bedeutende Rolle auch der Klöster in diesem Bereich zeigt sich am Beispiel der Franziskaner: Von ihnen wurde noch Jahrhunderte später – 1780 – das erste Bozener Gymnasium errichtet. Es besteht bis heute und steht mittlerweile auch Mädchen offen.

7. KAPITEL

Zwischen Fürstbischöfen und Ständen: Die Festigung der landesfürstlichen Macht

Im 15. Jahrhundert setzte sich überall in Europa die Territorialherrschaft mächtiger Fürsten in ihren werdenden Staaten durch. Doch anders als in Frankreich und England sowie auf der Iberischen Halbinsel, wo sich die an diesem Prozess beteiligten Dynastien gegenüber anderen hochadeligen Geschlechtern schon länger hatten behaupten können, galt in Mitteleuropa noch immer die übergeordnete Vorherrschaft des römisch-deutschen Kaisers, welcher in seinem Amt das in zahlreiche kleine und kleinste Herrschaften gegliederte Heilige Römische Reich zusammenband. Jenseits der Alpen fand sich seit der zweiten Hälfte des 15. Jahrhunderts für diesen Herrschaftskomplex nun vermehrt der Zusatz «deutscher Nation». Die Macht des Reichsoberhaupts war jedoch vergleichsweise schwach, und einer Erbmonarchie stand im Heiligen Römischen Reich die Goldene Bulle als Grundgesetz entgegen. Erst Friedrich III. von Habsburg (deutscher König 1440, römisch-deutscher Kaiser 1442) gelang es, der Dynastie seines Hauses bleibend die Anwärterschaft auf die römisch-deutsche Kaiserwürde zu sichern, von einem kurzen Intermezzo im 18. Jahrhundert abgesehen.

Zahlreiche Kämpfe kennzeichneten die ersten Jahrzehnte des neuen Jahrhunderts: In Böhmen richteten sie sich gegen die «rebellischen» Anhänger des beim Konzil von Konstanz als «Ketzer» verbrannten Jan Hus; im Heiligen Römischen Reichs kam es zu Auseinandersetzungen zwischen einzelnen Reichsständen; innerhalb des Hauses Habsburg rangen die verschiedenen Linien um ihre politische Vormachtstellung, bei denen z. T. auch Tirol involviert war, und nicht zuletzt wurde gegen die schweizerischen Eidgenossen im Westen gekämpft, welche die Habsburger aus ihren ursprünglichen Stammlanden vertrieben hatten. Von weltgeschichtlicher Bedeutung war der Fall von Konstantinopel im Jahr 1453, wodurch dem Osmanischen Reich die Expansion im Südosten Europas ermöglicht wurde.

Durch die Erfindung des Buchdrucks und der Druckerpresse des Johannes Gutenberg war es nach 1450 möglich geworden, Texte rascher und billiger zu produzieren und zu verbreiten. Die neue Technik eröffnete Bildungsmöglichkeiten für weite Bevölkerungsteile, aber auch die Herstellung von Flugblättern mit «politischen» Inhalten erzeugte eine neue Form von Öffentlichkeit. Neben deutschen Städten wie Mainz, Nürnberg und Augsburg entwickelte sich auch Venedig gegen Ende des Jahrhunderts zu einem blühenden Zentrum der neuen Druckerzeugnisse. Es dauerte nicht lange, bis auch die ersten Globen und modernen Uhren – auch hier waren Nürnberg und Venedig führend – mit Federantrieb die alten Sonnen-, Sand- und Winduhren abzulösen begannen. Als Transitland zwischen den innovativen Zentren in Süddeutschland und Norditalien profitierte das heutige Südtirol ganz wesentlich von diesen Entwicklungen.

Friedrich IV. mit der leeren Tasche

Durch den Verzicht Leopolds IV. auf seine Rechte in den Vorlanden und in Tirol ging im Jahr 1406 in der Grafschaft Tirol die Zeit der vielfachen Herrschaftswechsel zu Ende. Für die nächsten mehr als dreißig Jahre übernahm Friedrich IV. die Alleinherrschaft. Er ließ sich auch längerfristig in Tirol nieder, zunächst in Meran, später in Innsbruck. Die Grafschaft verfügte also wieder über einen tatsächlich im Land residierenden Landesfürsten. Friedrich IV., dem später der wenig schmeichelhafte und nicht ganz zutreffende Name «mit der leeren Tasche» zugewiesen wurde, war der Sohn Leopolds III. und einer Mailänder Herzogstochter aus dem Haus der Visconti, was den Beginn der später so folgenreichen Verbindung des Hauses Habsburg mit dem Herzogtum Mailand bedeutete. Die ersten Jahre seiner Herrschaft waren überschattet von massiven Bedrohungen durch äußere Gegner im Süden, Norden und Westen und – eng damit zusammenhängend – von nicht minder dramatischen Auseinandersetzungen mit den mächtigen Adelsgeschlechtern im Land selbst.

Die Auseinandersetzungen mit den Appenzellern im Westen betraf vor allem den Norden Tirols: Nach der Niederlage in der Schlacht am Stoß (1405) stießen bäuerliche Aufgebote, die sich zum «Bund ob dem See» zusammengeschlossen hatten, auch ins Inntal vor und erhielten Unterstützung durch die bäuerliche Bevölkerung in den habsburgischen Gebieten vor und hinter dem Arlberg sowie im Lechtal. Noch dramatischer war die Entwicklung im Süden: In Mailand hatte sich nach dem Tode des letzten Visconti-Herzogs ein Machtvakuum ergeben, das vor allem die Begehrlichkeiten der Seemacht Venedig weckte. Binnen kurzer Zeit konnte die Serenissima ihre *Terraferma* bis zum Gardasee ausdehnen. Damit grenzte das neue venezianische Herrschaftsgebiet unmittelbar an das Hochstift Trient. Einige mächtige Herren im Süden Trients, wie die Castelbarco und andere Adelsgeschlechter in der Valsugana und im Lagertal, liefen zu Venedig über – ein militärischer Vorstoß nach Trient selbst konnte durch ein Tiroler Landesaufgebot verhindert werden.

Auch in der Stadt Trient kam es im Jahr 1407 zu einer revolutionären Erhebung. Der mährische Bischof Georg von Liechtenstein (1390–1419) wollte mit Hilfe der von ihm eingesetzten «ausländischen» Räte die Verwaltung und die Finanzen der Stadt stärker unter seine Kontrolle bringen. Friedrich IV., der zunächst den ins Exil nach Mähren geflüchteten Bischof gegen die Aufständischen unterstützte, nutzte nach seinem Sieg die Gunst der Stunde, um seine Macht in Trient auszubauen. Hier hatte sich zuvor ein *Capitano del popolo* in der Gestalt des Trientiner Adeligen Rodolfo Belenzani an die Spitze der Bewegung gestellt, die Selbstverwaltung für die Stadt forderte. Der Bischof kehrte nicht mehr aus Mähren zurück. Tirolische Hauptleute kontrollierten daraufhin die Stadt, einige Gebiete im Süden (u. a. Ala, Avio und Brentonico) fielen an Venedig, das die Aufständischen unterstützt hatte. Umgekehrt sicherte sich Friedrich IV. von den Venezianern einige Sprengel in der Valsugana, gewissermaßen als «Grenzbastion» gegen die immer näher rückende Serenissima, die Reichsunmittelbarkeit des Hochstifts wurde infolge solcher Ereignisse immer weiter ausgehöhlt. Die spätere Stilisierung des Belenzani zum ersten «italienischen» Nationalhelden, der eine unabhängige Republik Trient eingefordert habe, war dann ein Produkt der nationalistisch aufgeladenen Geschichtsschreibung des 19. Jahrhunderts.

Den größten Widerstand erlebte Friedrich IV. aber im Land selbst. Dabei spielte vor allem ein Mann eine bedeutende Rolle, der aus einem der mächtigsten Tiroler Adelsgeschlechter stammte: Heinrich von Rottenburg. Er war mit Besitzungen im Inn- und Etschtal sowie am Nonsberg, aber auch mit wichtigen Ämtern (Hofmeister, Hauptmann an der Etsch, Hauptmann in Trient) ausgestattet. Zunächst hatte er in den Auseinandersetzungen um Trient an der Seite des Landesfürsten eine herausragende Rolle gespielt. Er wechselte dann aber die Seite und veranlasste die bayerischen Nachbarn im Norden, gegen Friedrich IV. militärisch vorzugehen. Das Unternehmen blieb erfolglos, Adelige und städtische Aufgebote wehrten die Angriffe der Bayern im Inntal ab. Und nachdem Heinrich von Rottenburg ohne Nachkommen gestorben war, konnte sich Friedrich die meisten Güter und Burgen des Rottenburgers sichern.

Rottenburg war auch das Haupt des Falkenbunds gewesen, der sich 1407 in der Nachfolge einer zuvor bereits bestehenden Gesellschaft von Adeligen zur Verteidigung ihrer Rechte gebildet hatte. Die Hauptträger dieser Gesellschaft waren 126 adelige Herren, die sich in Bozen zu einem feierlichen Bündnis zusammengeschlossen hatten, darunter die Herren von Matsch, die Starkenberger, die Spaur und die Wolkensteiner – auch der berühmte Minnesänger Oswald von Wolkenstein gehörte dem Bund an. Bald öffnete sich dieser auch gegenüber nicht-adeligen Gruppen. Städte und Gemeinden, darunter die Gemeinden des Burggrafenamts, des südlichen Etschtals, die Städte Meran und Trient, sowie «die ganze gemainschaft des pofels» (von italienisch *popolo* - Volk) auf dem Nonsberg schlossen sich ihm an. Erklärtes Ziel war es, gemeinsam für ihre Rechte einzustehen. Offiziell war diese Gründung gegen die vielfältigen Bedrohungen von außen gerichtet, de facto aber sollte damit vor allem der Landesfürst in seine Schranken verwiesen werden. Friedrich IV. war geschickt genug, dem Bund bald auch seinerseits beizutreten und ihm seinen «Schutz» zuzusagen. Auch der Bischof von Brixen, Ulrich (1397–1417), und einige Prälaten traten ihm bei. Die sich allmählich herausbildenden vier Tiroler Stände (Prälaten, Adel, Städte, Landgemeinden) zeichneten sich in diesem Bund bereits erkennbar ab.

Aus den turbulenten Anfangsjahren seiner Herrschaft ging der Landesfürst gestärkt hervor, der Untergang des Rottenburgers und anderer widerständiger Geschlechter brachten ihm erhebliche auch wirtschaftlich einträgliche Zugewinne ein. Hinzu kamen einige Gerichte im Inntal, im Süden die Gerichte Gargazon, Kaltern, Gries und Bozen, Kurtatsch, im Vinschgau Kastelbell, im heutigen Trentino Castelfondo und Segonzano. Nachdem wieder Ruhe eingekehrt war, nahm Friedrich die Sanierung der Finanzen des Landes in Angriff. In diesem Kontext ließ er um 1410 Verzeichnisse der Landeseinnahmen und Ausgaben aufzeichnen, heute für Historiker eine wertvolle Quelle.

Für die «Außenpolitik» des jungen Landesfürsten stellte die Gegnerschaft des damaligen deutschen Königs Sigismund aus dem Hause Luxemburg (deutscher König ab 1411, römisch-deutscher Kaiser ab 1433) die größte Hypothek dar. Als Schwiegersohn von Sigismunds Vorgänger, Ruprecht von der Pfalz (deutscher König 1400–1410), hatte Friedrich sich durchaus berechtigte Hoffnungen auf die Reichskrone gemacht. Beim bereits erwähnten Konstanzer Konzil (1414–1418) unterstützte er einen der drei Päpste, Johannes XXIII., entgegen den vorherigen Absprachen auf dessen Flucht aus Konstanz und gefährdete damit die Politik des Reichsoberhaupts zur Beendigung des Schismas. Über Friedrich wurde die Reichsacht verhängt, schließlich auch noch der Kirchenbann ausgesprochen, womit seine Untertanen aller Pflichten gegen ihn enthoben wurden. In der Folge verlor er die meisten habsburgischen Besitzungen vor dem Arlberg, darunter auch das Stammland der Habsburger, den Aargau, an die Schweizer Eidgenossen. Im Süden wurde die Stadt Rovereto, vormals dem Trienter Hochstift zugehörig, Venedig zugesprochen.

Nach der Versöhnung mit Sigismund, der infolge der Hussitenkriege in seinem Kernland Böhmen genügend Schwierigkeiten hatte, konnte sich Friedrich in Tirol ohne größere Einbußen behaupten. Seine nach 1418 gefestigte Position nutzte der Landesfürst dazu, nun auch gegen die Adelsopposition im Land zielstrebig vorzugehen. Gegen hohe Geldsummen versuchte er seine an den Adel verpfändeten Gebiete wiederzuerlangen, wohingegen große Adelsgeschlechter wie die Schlandersberger, Starkenberger und Wolkensteiner sich über ihre guten Verbindungen zum Reichsoberhaupt die Reichsunmittelbarkeit zu verschaffen suchten. Der Kampf um die Burg Greifenstein oberhalb von Siebeneich bei Bozen gehört in diesen Zusammenhang. Oswald von Wolkenstein hat diesen Konflikt in seinem «Greifensteinlied» besungen. Die Burg, die beim ersten Angriff noch gehalten werden konnte – das heruntergeworfene Schwein sollte die Überlebensfähigkeit der Insassen signalisieren, daher der Name «Sauschloss» –, gelangte in den zwanziger Jahren des 15. Jahrhunderts unter die Oberhoheit des Landesfürsten (und verfiel im Laufe der späteren Jahrhunderte zur Ruine). Letztlich konnte sich Friedrich IV. also gegenüber dem oppositionellen Adel durchsetzen, was nicht nur ihm, sondern auch den bäuerlichen und städtischen Schichten zugutekam.

Die «Landschaft», zusammengesetzt aus den verschiedenen sozialen Gruppen (Ritterschaft/Adel, Städte, Gerichte und Landgemeinden) versammelte sich regelmäßig, um über alle wichtigen Entscheidungen im Land zu beraten. Eine zukunftsweisende Versammlung solcher Art fand, vom Landesfürsten selbst einberufen, im Jahr 1420 in Bozen statt. Dabei wurde neuerlich eine «Landesordnung» beschlossen. Die neue Übereinkunft garantierte die bisherigen Freiheiten der «Landschaft», vor allem auch das Mitspracherecht der unteren Stände, gebot dem Fehdewesen durch die

Erklärung eines Landfriedens Einhalt und beschloss Maßnahmen für die Sicherheit auf den Straßen. Verbesserte Regelungen für das Münzwesen sowie für das Ausfuhrverbot von Getreide und das Einfuhrverbot von Wein wurden bei diesem Landtag ebenfalls in schriftlicher Form niedergelegt. Drei Jahre später – 1423 – bestellten die diesmal in Brixen einberufenen Stände einen 36-köpfigen Ausschuss aus Vertretern aller Gruppierungen, wobei die Zahl der «Ritter», also der Adelsvertreter, mit jeweils 18 Vertretern gleich hoch war wie die der Städte und Gerichte.

Von Fall zu Fall nahmen auch die Bischöfe von Trient und Brixen an diesen Versammlungen teil, gelegentlich waren Vertreter der Stadt Trient und des zu Trient gehörenden Nonsberg vertreten. Erst im Laufe des Jahrhunderts bildete sich allmählich auch der Prälatenstand aus – neben den Bischöfen von Brixen und Trient die Äbte der großen Klöster (auch weiblichen Geschlechts, beispielsweise die Äbtissinnen von Kloster Sonnenburg oder der Klarissen von Meran) und Vertreter der Domkapitel. Zu Recht werden in diesen Versammlungen bereits Vorformen des späteren Landtags gesehen.

In den zwanziger Jahren des 15. Jahrhunderts verlegte Friedrich seine Residenz von Meran nach Innsbruck, das als politisches Zentrum näher an den vorderösterreichischen und vorarlbergischen Gebieten lag, und baute nun zielstrebig die landesfürstliche Verwaltung aus. 1427 ließ er eine allgemeine Volkszählung durchführen, um die Arbeit der fürstlichen Kanzlei und der Finanzkammer effizienter zu gestalten. Dank des Bergregals kam auch der große Aufschwung des Silberbergbaus in Schwaz und in Gossensass in diesen Jahren der landesfürstlichen Kasse zugute. Friedrich wusste dies gut zu nutzen, indem er einträgliche Kredite verlieh und verpfändete Rechte zurückkaufte.

Ein besonderes Naheverhältnis verband den Herzog mit dem Bischof von Brixen, Ulrich II. Putsch (1427–1437), der einige Jahre lang sein Kanzler gewesen war und den er gegen den rebellischen Adel (darunter Oswald von Wolkenstein) unterstützte. Im Vinschgau hingegen ergaben sich mit den Churer Oberhirten immer wieder Spannungen. Gegen Ende des Jahrhunderts, lange nach Friedrichs Tod, eskalierte der Konflikt in der Calvenschlacht (1499). Auch mit dem Bischof von Trient, mittlerweile der aus Polen stammende Alexander von Masowien (1423–1444), setzten sich die alten Konfliktmuster weiter fort: Widerstand gegen die mitgebrachten Hofleute des Bischofs seitens der Untertanen, Versuche des Bischofs, mehr Unabhängigkeit vom Tiroler Landesfürsten zu erlangen und dafür sogar politische Bündnisse mit den bedeutenden Mächten in Oberitalien, Mailand und Venedig, einzugehen; demgegenüber erneut die vereinigten Kräfte von Landesfürst und Trienter Untertanen, auch der Stadt Trient, zur Schwächung des Oberhirten. Auch diesmal trug diese Gemengelage schließlich zur Stärkung der landesfürstlichen Position gegenüber dem Fürstbischof bei.

Als einer der populärsten Regenten Tirols ist «Friedel mit der leeren Tasche» bis heute im Bewusstsein der Bevölkerung, jedenfalls in Nordtirol, sehr präsent. Er wurde 1439 als erster Habsburger in Stams, dem «Hauskloster» der Tiroler Landesfürsten seit Meinhard II., beigesetzt.

Landesfürst und Kirchenfürsten

Friedrichs einziger Sohn Sigmund war beim Tod seines Vaters erst zwölf Jahre alt. Deshalb übernahm sein Vetter Friedrich (der künftige römisch-deutsche König und Kaiser Friedrich III., 1440/52–1493) aus der leopoldinischen Linie des Hauses Habsburg die Vormundschaft über ihn. Entgegen anfänglichen Versprechungen, ihn im Land zu belassen, brachte Friedrich sein Mündel in die Steiermark. Dort erhielt Sigmund zwar eine ausgezeichnete Erziehung – u.a. zählte der bedeutende Humanist und spätere Papst Pius II., Enea Silvio Piccolomini, zu seinen Lehrern –, die Grafschaft Tirol jedoch war erneut ohne einen im Land residierenden Landesfürsten. Wiederum waren es die mittlerweile bereits so bezeichneten Tiroler Stände, die nach Sigmunds Volljährigkeit (nach habsburgischen Hausgesetzen im Alter von 16 Jahren) darauf drängten, den

Herzog nach Tirol zu holen, was allerdings erst drei Jahre später (1446) tatsächlich geschah.

Zu Beginn von Sigmunds Regentschaft gab es weder außen- noch innenpolitische Probleme. Die bereits erwähnten Kämpfe im Süden zwischen Mailand und Venedig brachten im Gegenteil sogar territoriale Zugewinne, weil die zuvor reichsunmittelbaren Grafen von Arco, die auf der «falschen» Seite gestanden hatten, sich zum Schutz vor Venedig dem Tiroler Landesfürsten unterwarfen. Und auch die Beziehungen zu Trient besserten sich, als nach dem Tod von Bischof Alexander dessen Nachfolger als Fürstbischof, Georg Hack (1446–1465), sich um gute Beziehungen zum Landesfürsten bemühte. Ebenso blieb das Verhältnis zu den Oberhirten von Chur und Brixen in den ersten Jahren einigermaßen stabil. Der Brixner Fürstbischof Johann Röttel (1444–1450) fungierte sogar, wie manche seiner Vorgänger, als Kanzler in der landesfürstlichen Kanzlei.

Im Jahr 1450, nach dem Tod von Johann Röttel, änderte sich die Situation jedoch grundlegend. Einmal mehr zeigt dieses Beispiel, dass einzelne Persönlichkeiten trotz vorgegebener Strukturen durchaus entscheidende Veränderungen in der Geschichte bewirken können. Nach den nicht sehr erfolgreichen Konzilien, bei denen sich die Ansicht, dass eine von allen Bischöfen zusammengesetzte Kirchenversammlung über dem Papst stehe (Konziliarismus), nicht hatte durchsetzen können, war auf dem Stuhl Petri mit Nikolaus V. (1447–1455) ein Papst inthronisiert worden, der die Position der Römischen Kirche wieder stärken und festigen wollte. Der traditionelle Machtkampf zwischen Papst und Kaiser trat damit in eine neue Phase, hatte es sich doch wieder deutlich gezeigt, dass beide Seiten, kirchliche und weltliche Macht, aufeinander angewiesen waren.

Von großer Bedeutung auf diesem Weg waren die Vereinbarungen, die Friedrich III. für seine habsburgischen Stammlande dem Vorgänger von Nikolaus V., Eugen IV. (1431–1447), für seine Anerkennung als Papst abgetrotzt hatte. Für unseren Raum bestand die wichtigste Regelung darin, dass dem Landesfürsten künftig das Nominationsrecht für die Bistümer Trient und Brixen zugestanden wurde. Überdies stand es dem Landesfürsten in Zukunft auch frei, neue Bistümer einzurichten und über vakant werdende Pfründe zu verfügen. Im Wiener Konkordat von 1448, das Friedrich – nunmehr als deutscher König und präsumtiver Kaiser – mit Eugens Nachfolger Nikolaus V. abschloss, wurde umgekehrt dem Papst ein Einspruchsrecht bei der Bischofswahl zugestanden.

Am Beispiel von Friedrich zeigen sich zwei allgemeine Entwicklungen jener Zeit: Zum einen wussten die habsburgischen Herrscher jetzt bereits sehr genau zwischen ihren Aufgaben als römisch-deutsche Könige/Kaiser und ihren landesfürstlichen Stammlanden zu unterscheiden. Sie nahmen damit die Schwächung der Position des Kaisers, das heißt auch immer häufiger ihrer eigenen Position im Reich, bewusst in Kauf. Denn naturgemäß taten es andere Reichsfürsten den Habsburgern gleich, und so entstand eine Art staatliche Oberhoheit über die Kirche auch im Reich. Nicht dem Kaiser, sondern den Reichsfürsten standen für ihre jeweiligen Territorien immer wichtigere politische Entscheidungen zu. Zum zweiten war durch die neuen Regelungen die Position des Papstes gegenüber den Bischöfen ebenfalls gestärkt worden, denn ihm war künftig bei Bischofswahlen durch das Domkapitel ein Einspruchsrecht eingeräumt worden.

Als im Jahr 1450 der Brixner Bischofsstuhl neu zu besetzen war, hielt sich Papst Nikolaus V. nicht an die Vereinbarungen seines Vorgängers. Er bestellte eigenmächtig, ohne das Domkapitel oder den Landesfürsten zu befragen und obwohl diese ihrerseits einen anderen Kandidaten aus dem Umfeld Sigmunds im Auge gehabt hatten, Nikolaus von Kues (Cusanus), den Sohn eines Moselschiffers aus Kues am Rhein, zum Bischof von Brixen. Cusanus, ursprünglich ein Anhänger des Konziliarismus, der aber bald die Seite gewechselt hatte, war zu diesem Zeitpunkt als päpstlicher Legat, Kardinal und Gelehrter bereits ein berühmter Mann. Er war nicht bereit, die Oberhoheit eines Landesfürsten anzuerkennen, ganz im Gegenteil. Bestärkt in seinen Ambitionen durch das Studium der mittelalterlichen Urkunden, in denen die Grafschaftsrechte den Bischöfen übertragen worden waren, sah Cusanus in den Kirchenfürsten die eigentlichen Lehensherren im Land, denen die Grafen von Tirol als

Vögte untergeordnet waren. Auch alle Rechte und Einkünfte aus den Regalien (Bergbau und Salz) stünden daher dem Bischof und nicht dem Landesfürsten zu.

Da eine solche Rechtsauffassung der des Landesfürsten diametral entgegenstand, konnten Konflikte nicht ausbleiben.

Cusanus waren aber auch innerkirchliche Reformen, insbesondere der Klöster, ein wichtiges Anliegen. Das offenbar häufig auftretende Konkubinat von Priestern und Ordensleuten, das mangelnde Einhalten von Fastengeboten, mancherorts auftretende Auswüchse von Aberglauben, Heiligenverehrung und Wallfahrten waren ihm ein Dorn im Auge. Er ging mit Schärfe dagegen vor, was dem Landfremden bald auch die Gegnerschaft des Klerus einbrachte. Ein besonders bemerkenswertes Kapitel innerhalb dieser Auseinandersetzungen war der Kampf der Äbtissin von Sonnenburg im Pustertal, Verena von Stuben, gegen den streitbaren Kardinal. Sie weigerte sich, in ihrem Kloster, wie von ihm gewünscht, die Klausur einzuführen. Dies veranlasste Cusanus, über die Äbtissin und ihr Kloster Bann und Interdikt auszusprechen, was wiederum Unruhen bei den klösterlichen Untertanen hervorrief. Diese weigerten sich, dem gebannten Kloster künftig ihre Abgaben zu leisten. Als die Äbtissin zu Ostern 1458 mit einem Söldneraufgebot gegen die rebellischen Bauern vorging, kam es sogar zu gewaltsamen Zusammenstößen. Dass die Vogtei des Sonnenburger Klosters nicht Brixen, sondern dem Fürstbistum Trient zustand, verkomplizierte die Lage. Auch dieser Konflikt kam letztlich dem Landesfürsten zu Gute, denn Sigmund stellte sich schützend auf die Seite der Nonnen, die ihn ihrerseits gegen den Fürstbischof unterstützten.

Doch die prinzipielle Rechtsfrage, wer nun wem zu unterstehen habe, ob der Landesfürst dem Bischof nachgeordnet sei oder umgekehrt (und wem in der Folge die Regalien zustünden), war angesichts der Kompromisslosigkeit der beiden Kontrahenten auf friedlichem Weg nicht zu lösen. Die Vermittlungsversuche, die von verschiedenen Seiten angeboten wurden, fruchteten wenig. 1458 ließ Cusanus über ganz Tirol das Interdikt verhängen. Die Causa gelangte sogar vor den päpstlichen Stuhl in Rom, wo inzwischen

Enea Silvio Piccolomini als Papst Pius II. (1458–1464) residierte. Pius II. mahnte auf seine Weise zum Ausgleich, da er einerseits ein Freund des Cusanus war, sich andererseits aber auch dem Habsburger, seinem vormaligen Schüler, gegenüber verpflichtet fühlte. Als der Brixner Oberhirte auf seinem Standpunkt beharrte und sogar die Brixner Lehen unmittelbar dem Kaiser – als dem aus seiner Sicht eigentlichen Lehensgeber – anbot, setzte Sigmund den eigenwilligen Kardinal in dessen Bischofsstadt Bruneck gefangen. Zunächst zum Verzicht bereit, widerrief Cusanus wenig später alle in der Gefangenschaft gegebenen Zugeständnisse und floh zum Papst nach Rom, der nun seinerseits das Interdikt über Tirol verhängte. Dieses blieb aber weitgehend folgenlos, zumal einige der bedeutenden Adelsgeschlechter die Partei des Landesfürsten unterstützten.

Sigmund, «der Münzreiche»

Eine wirkliche Lösung wurde erst durch den Tod von Cusanus und Pius II. möglich, die beide im Jahr 1464 starben: Im wahrsten Sinne des Wortes überlebte Sigmund den Konflikt und konnte so den Rechtsstreit zu seinen Gunsten beenden. Für die Kirche bedeutete diese Auseinandersetzung, die überall in Europa Aufsehen erregt und jede sinnvolle kirchliche Reform verhindert hatte, eine weitere Schwächung ihrer Position. Sie schadete auch dem Ansehen des Cusanus selbst, dessen eigentliche Bedeutung in seinen theologischen und philosophischen Schriften lag. Wobei, rein rechtlich gesehen, die mittelalterlichen Urkunden seine kompromisslose Position durchaus hätten bestätigen können.

Die Nachfolger des Cusanus am Brixner Bischofsstuhl haben vergleichbare Forderungen nicht mehr erhoben. Auch die Frage der Besetzung ließ sich meist einvernehmlich lösen, unter Bischof Georg Golser (1464–1488) normalisierten sich die Beziehungen zwischen Landesfürst und Fürstbischof, was beiden Seiten zugutekam. Bleibende Verdienste hat Bischof Golser sich dadurch erworben, dass er in seinem Hochstift den zunehmenden Hexenverfolgungen klar entgegengetreten ist. Hingegen wurde in der Amtszeit des Trienter Oberhirten Johann von Hinderbach (1465–1486) jener berüchtigte Prozess gegen die Trienter Juden um den angeblich im Jahr 1475 verübten Ritualmord an einem christlichen Knaben (Simon von Trient) geführt, auf Grund dessen 14 Juden gefoltert und hingerichtet wurden. Der Prozess hatte bereits kurz darauf einen wahren Kult um den Christenknaben zur Folge gehabt, der sich bis in die Gegenwart hinein hielt. Erst 1965 untersagte die Kirche diesen Kult als gegenstandslos und sprach Simon von Trient den Seligenstatus ab.

Von ganz anderer Art waren die Schwierigkeiten, mit denen sich die Bischöfe von Chur im Vinschgau mehr und mehr konfrontiert sahen. Im Westen ihrer Herrschaft, im heutigen Graubünden, hatte sich seit dem Beginn des 15. Jahrhunderts bäuerlicher Widerstand in drei «Bünden», darunter dem sogenannten Gotteshausbund, formiert. Die Ausbreitung dieser «bündischen» Bewegung griff auch in den Vinschgau über. Dort besaß der Bischof von Chur partielle Rechte und Untertanen, wenngleich die «weltliche» Gewalt über weite Gebiete des Vinschgaus nach wie vor im Namen des Bischofs von Trient der Tiroler Landesfürst (als Vogt des Bischofs) ausübte. Die Bedrängnis des Churer Oberhirten war daher für Sigmund ein willkommener Anlass, seine landesfürstliche Gewalt auch über die Gotteshausleute auszudehnen, was immer wieder zu Konflikten führte.

Dennoch kann die langjährige Herrschaft von Herzog Sigmund, der von seinem kaiserlichen Vetter, Friedrich III., 1477 die Erlaubnis erhielt, sich Erzherzog zu nennen, als weitgehend friedlich bezeichnet werden. Zu größeren Auseinandersetzungen kam es lediglich im Westen, als die Eidgenossen den Konflikt mit Cusanus und das Interdikt dazu nutzten, auch den habsburgischen Thurgau in ihre Gewalt zu bringen. Zwanzig Jahre später, im Jahr 1487, ließ sich Sigmund auch im Südwesten in einen bewaffneten Konflikt mit Venedig ein. Dieser Grenzkrieg, der in territorialer Hinsicht keinerlei Folgen nach sich zog, war deshalb von Bedeutung, weil die Tiroler Stände ihn für eine «Säuberungsaktion» zum Anlass nahmen:

Die «bösen Räte», die sie für den Krieg verantwortlich machten, sollten aus der Umgebung des Erzherzogs entfernt werden, darunter Gaudenz von Matsch, der letzte Vertreter des ehemals so mächtigen Vinschgauer Geschlechts. Dessen Besitzungen fielen damals durch Heirat in die Hände der steirischen Ritter von Trapp.

Die Stände und ihre Zusammenkünfte waren also in der Regierungszeit Sigmunds zu einer festen Einrichtung geworden, ebenso wie die Räte rund um die landesfürstliche Kanzlei, die allerdings nicht immer in Übereinstimmung mit den Ständen agierte. Die Stände waren es daher auch, die sich politisch einschalteten, als der Erzherzog mit zunehmendem Alter offensichtliche Anzeichen von Amtsmüdigkeit erkennen ließ. Nicht nur der sinnlose Krieg gegen Venedig, auch die Verpfändung und Veräußerung zahlreicher habsburgischer Besitzungen, insbesondere in den Vorlanden, ließen einen Wechsel an der Spitze des Landes ratsam erscheinen. Es stand sogar zu befürchten, dass Sigmund, der zwar viele uneheliche Kinder gezeugt hatte, aber trotz zweier Ehen über keinen legitimen Erben verfügte, das Land an die bayerischen Wittelsbacher zu «veräußern» beabsichtigte. In enger Zusammenarbeit mit dem habsburgischen Kaiser Friedrich III. und mit dessen im Jahr 1486 zum deutschen König gewählten Sohn Maximilian wurde daher die Resignation des Landesfürsten vorbereitet: Sigmund wurde 1490 zugunsten des Sohnes seines Vetters zum Verzicht auf die Herrschaft aufgefordert. Es handelte sich dabei um ein eher ungewöhnliches Ansinnen, dem der Landesfürst aber für die Zuerkennung einer Leibrente und das ihm weiterhin zustehende Jagd- und Fischereirecht zustimmte. Als Privatmann lebte Sigmund noch sechs Jahre, bis er 1496 starb.

Mit Ausnahme der letzten Jahre seiner Herrschaft, als seine Hofhaltung bei weitem die landesfürstlichen Einnahmen überstieg, was ihn von fremden Geldgebern abhängig machte, wird in der Historiografie die Ära Sigmunds als durchaus positive Zeit für das Land eingeschätzt. Auch die Zeitgenossen sprachen eine Generation später bereits von der «loblichen gedechtnuß», die mit der Regierung des Erzherzogs verbunden wurde.

Sichtbare Spuren hat Sigmund vor allem durch seine rege Bautätigkeit hinterlassen, wovon im heutigen Südtirol allein die gewaltige Burganlage von Sigmundskron bei Bozen Zeugnis ablegt. Auch in der nun zur landesfürstlichen Residenz gewählten Stadt Innsbruck ließ sich Sigmund eine ansehnliche neue Burg errichten, deren Aussehen allerdings nur in zwei berühmten Aquarellen von Albrecht Dürer überliefert ist. Seinen schmückenden Beinamen «der Münzreiche» erhielt Sigmund wohl erst einige Zeit später, doch die Bezeichnung hat durchaus ihre Berechtigung, war es doch Sigmund, der mit der Verlegung der Münze von Meran nach Hall bei Innsbruck, in die Nähe des Schwazer Hüttenwesens, auch die Münzentwicklung im Land maßgeblich gefördert hatte. Eine der bekanntesten Prägungen war die große Silbermünze mit dem Konterfei des Landesfürsten, die im Wert eines Goldgulden 1486 erstmals in Umlauf gebracht wurde und als «Guldiner» weite Verbreitung fand.

Wirtschaftlicher Aufschwung

Die politische Schwerpunktverlagerung vom Süden in den Norden Tirols zog den spürbaren Bedeutungsverlust von Meran nach sich. Doch wurde damit auch der Aufstieg des an der immer wichtiger werdenden Brennerroute gelegenen Bozen zum bedeutenden Handels- und Umschlagplatz und zur Messestadt ermöglicht. Unter Sigmund war Bozen im Jahr 1442 mit besonderen Rechten ausgestattet worden. Ausschlaggebend für den wachsenden Warenverkehr über den Brenner und damit auch für die Bedeutung Bozens war der dank Sprengungen erfolgte Ausbau des Kunterwegs in der Eisacktal-Schlucht zwischen Bozen und Klausen zu einer Fahrstraße um 1480. Auch die Flussschifffahrt für Waren und Personen auf der Etsch südlich von Branzoll und auf dem Inn erfreute sich nach wie vor regen Zuspruchs. Gehandelt wurde weiterhin vor allem mit Wein. Getreide und andere Nahrungsmittel mussten eingeführt werden, der Obstanbau (Äpfel, Birnen, Nüsse) nahm im

Laufe des Jahrhunderts stetig zu, doch diente er vorwiegend noch dem Eigenbedarf.

Eine der entscheidenden Ursachen für den wirtschaftlichen Aufschwung, der vor allem die zweite Hälfte des Jahrhunderts kennzeichnete, lag in den wachsenden Einnahmen aus dem Bergbau. Die Gewinnung von Silber in Schwaz verdoppelte sich innerhalb von Jahrzehnten, was den raschen Anstieg von Münzprägungen ermöglichte. Ende des 15. Jahrhunderts waren angeblich 4000 Menschen allein in Schwaz im Bergbau beschäftigt. Auch die Schürfungen im Süden des Landes führten zu steigendem Wohlstand: In Gossensaß und im Pflerschtal bei Sterzing wurden Eisen- und Silbererze gewonnen, die teilweise in Schwaz weiterverarbeitet wurden; der Kupferabbau in Prettau im hinteren Ahrntal eröffnete sogar in dieser abgelegenen Bergwelt für die bäuerliche Bevölkerung neue Erwerbsmöglichkeiten; auch in der Gegend um Klausen, am Pfundererberg und in Villanders wurden Silbererze gewonnen, um deren Erträge es, wie erwähnt, immer wieder zum Streit zwischen Herzog Sigmund und dem Brixner Oberhirten, Bischof Cusanus, gekommen ist. Kleinere Erzvorkommen gab es auch im Burggrafenamt bei Nals und Terlan sowie im Hochstift Trient in der Umgebung von Trient, in Pergine und im Fersental. Mit dem Bergbau entstand eine nicht unbedeutende Gruppe von frühneuzeitlichen «Unternehmern»: Gewerke, die direkt dem Landesherrn unterstanden und deren Rechte und Pflichten in eigenen Bergordnungen geregelt waren. Die erste Bergordnung solcher Art ist für Gossensaß aus dem Jahr 1427 belegt. Vorbildhaft für Montanunternehmen auch außerhalb von Tirol wurde die unter Sigmund verfügte Bergordnung für Schwaz aus dem Jahr 1449. Auch standen die Bergarbeiter unter dem besonderen Schutz des Landesfürsten, ihre Löhne und Arbeitsbedingungen waren genau geregelt, bei Nichtbezahlung der Löhne kam es hier bereits zu Streiks und ersten Arbeitskämpfen. Nicht zufällig sollte aus den Reihen dieser selbstbewussten Arbeiterschaft bald auch politischer Widerstand hervorgehen.

Der Großteil der Bevölkerung lebte freilich nach wie vor von der Landwirtschaft. Im Gegensatz zu den östlich gelegenen habsburgischen Ländern, wo auf Grund anderer geomorphologischer Gegebenheiten die Grundherrschaft mit untertänigen Bauern dominierte, gab es in der Grafschaft Tirol im Spätmittelalter kaum noch unfreie Bauern. Beginnend mit Meinhard II. und fortgeführt von den Habsburgern, in deren Interesse es lag, den Einfluss der intermediären Gewalten zurückzudrängen, hatte die bäuerliche Bevölkerung dank der verschiedenen Landesordnungen einen unabhängigeren Status erworben: Die Mehrheit der Bauern – ausgenommen waren vielfach die Territorien der Hochstifte – unterstand direkt dem Landesfürsten. Die Landbevölkerung war in weitgehend selbständigen Landgemeinden organisiert. Rechtsprechung und Verwaltung der übergeordneten Gerichte waren landesfürstlicher Natur. Die Regelungen von 1404 hatten überdies die freie Erbleihe gefördert. Es gab innerhalb der landesfürstlichen Gebiete kaum das Freistiftrecht, also die Möglichkeit, einem bäuerlichen Besitzer jederzeit den von ihm bewirtschafteten Hof wieder zu entziehen. Die Höhe des Zinses (in Geld oder Naturalien) war vertraglich geregelt, und dank der freien Erbleihe konnte ein Hof über viele Generationen hinweg innerhalb einer Familie bleiben.

Auch die Städte profitierten von der adels- und kirchenfeindlichen Politik der Landesfürsten. Alle Städte des Landes unterstanden direkt dem Landesfürsten bzw. den Bischöfen von Brixen und Trient und konnten mit ihrem Stadtherrn jeweils die wechselseitigen Rechte und Verpflichtungen aushandeln. Gerade die Städte waren stets in das Mächtespiel zwischen Landesfürst und Bischöfen eingebunden, während es im ganzen Land keine einzige reichsfreie und auch keine Stadt mit einem anderen adeligen Stadtherrn gab. Die Stadt Bozen nahm, wie geschildert, im Laufe des 15. Jahrhunderts trotz eines verheerenden Stadtbrands im Jahr 1443 einen bedeutenden Aufschwung. Besonders am Beispiel dieser Stadt lässt sich die allmähliche Übernahme wichtiger öffentlicher Funktionen einerseits durch die Bürger, andererseits durch den Landesfürsten und seine bürgerfreundliche Politik ablesen: Dem ursprünglichen Stadtherrn, dem Bischof von Trient, verblieben nur noch spärliche Reste seiner einstigen öffentlichen Rechte, bis ihm in der ersten

Hälfte des 16. Jahrhunderts Ferdinand I. auch noch die Gerichtsbarkeit entziehen konnte. In der Nachfolge der vormaligen handwerklichen Bruderschaften bildeten sich auch in den Tiroler Städten im Spätmittelalter genossenschaftlich organisierte Zünfte aus, die – ähnlich wie die städtische Ratsverwaltung – weitgehend selbständig organisiert waren.

Die Schwächung der im Mittelalter noch mächtigen Adelsgeschlechter, insbesondere als Folge der Niederschlagung der Adelsrevolte unter Friedrich IV., führte dazu, dass es innerhalb der landesfürstlichen Territorien kaum noch überregional bedeutsame Adelsgeschlechter gab. Versuche, sich vom Landesfürsten unabhängig in den Reichsgrafen- bzw. Reichsfürstenstand zu erheben, wie es die Herren von Arco versucht hatten, waren zum Scheitern verurteilt. Die im Süden vormals mächtigen Herren von Castelbarco, von deren Bedeutung heute noch die gut erhaltene Burg über Ala zeugt, schlossen sich schließlich Venedig an. Alle anderen Geschlechter mussten die Lehenshoheit des Landesfürsten anerkennen. Im Gegensatz zu den meisten anderen habsburgisch dominierten Ländern gab es in Tirol daher nur einen einzigen Adelsstand ohne Unterscheidung zwischen Herren und Rittern, was ihren Einfluss auf den Landtagen gegenüber den Vertretern von Städten und Landgemeinden schmälerte. Die meisten Adelsgeschlechter ließen sich auch sehr früh in landesfürstliche Dienste nehmen, was wiederum nicht den landsässigen Adel, sondern den landesfürstlichen Hof stärkte.

Auch in unserem Raum wirkten sich die Folgen von Buchdruck und gelehrtem Humanismus, durch den die Rezeption antiker Autoren dem bislang vorherrschenden christlich-theologischen Denken an die Seite trat, auf das kulturelle Leben aus: Der gelehrte Fürstbischof Nicolaus Cusanus kann hier als besonders prominentes Beispiel gelten. Noch immer lag zwar die Hauptverantwortung für die Ausbildung der Jugend in kirchlicher Hand. Insbesondere an den Bischofsstandorten Brixen und Trient mit ihren Domschulen, aber auch in den Klöstern wie der Benediktinerabtei Marienberg im Vinschgau oder dem Chorherrenstift in Neustift bei Brixen wurden vor allem künftige Kleriker nach dem System der Sieben Freien Künste im Umgang mit Sprache und Zahlen unterwiesen. Doch es gab vermehrt von den Bürgern mitverantwortete Stadtschulen, in denen neben Latein auch bereits in der deutschen Volkssprache unterrichtet wurde. Für Bozen ist – ein besonderer historiografischer Glückfall – eine in vorwiegend deutscher Sprache abgefasste Schulordnung aus dem Jahr 1424 überliefert.

Die Zunahme der lese- und schreibfähigen Bevölkerung führte zur allmählichen Verbreitung von Laienbibliotheken. Und auch in der Kunst finden sich vermehrt weltliche Inhalte, wobei nach wie vor geistliche Themen dominierten – als Beispiel sei der zwischen 1471 und 1475 vom Pustertaler Maler Michael Pacher verfertigte berühmte Altar in der Pfarrkirche von Gries bei Bozen angeführt. Der berühmte «Sänger» Oswald von Wolkenstein, zugleich erbitterter Gegner Friedrichs IV., der weit über den Tiroler Raum hinaus Bekanntheit erlangte, besang in seinen Liedern weltliche Themen wie die Liebe und sein eigenes turbulentes Leben. Als sichtbarster Ausdruck dieser neuen Hinwendung zum Diesseits kann der Zyklus der einzigartigen profanen Fresken von Schloss Runkelstein bei Bozen gelten, den die Bozner Bürger Franz und Niklaus Vintler um 1400 in Auftrag gaben. Neben biblischen Gestalten geben die Fresken höfische Themen, Jagdszenen, sagenhafte Heldengestalten und mythologische Figuren aus der Antike in außerordentlicher künstlerischer Qualität wieder.

8. KAPITEL

An der Schwelle zur Neuzeit: Im Zentrum und am Rand der «großen Politik»

Der Übergang zwischen Spätmittelalter und Früher Neuzeit, der in der Historiografie meist mit der Zeit um 1500 angesetzt wird, vollzog sich in einem längeren Prozess. Innovative Entwicklungen des 15. Jahrhunderts bildeten dabei die Voraussetzung für einen fundamentalen gesellschaftlichen Wandel. Gleichzeitig wirkten aber auch wesentliche «mittelalterliche» Strukturelemente in die neuere Zeit hinein.

Von der zunehmenden Verbreitung von Druckerzeugnissen und der steigenden Alphabetisierung der Bevölkerung war bereits die Rede. Zu Beginn des 16. Jahrhunderts vollzog sich eine für das Denken der Menschen einschneidende Veränderung der Weltsicht, als mit dem 1543 posthum veröffentlichten Werk *De revolutionibus orbium coelestium* (Über die Umlaufbewegungen der Gestirne) des Nikolaus Kopernikus die Erde nicht mehr als Mittelpunkt des Weltalls angesehen wurde. Der neuzeitliche Kampf zwischen kirchlichem Glauben und wissenschaftlichem Weltbild war damit eingeleitet, die bis dahin weitgehend konsensfähige göttliche Ordnung wurde in Frage gestellt. Das Verhältnis zwischen geistlicher und weltlicher Macht musste daher ebenfalls neu ausgehandelt werden.

Zugleich weitete sich der irdische Horizont des europäischen Kontinents weit über die bisher bekannte Welt hinaus. Christoph Kolumbus hatte 1492 im Auftrag und mit dem Geld des kastilisch-aragonesischen Königspaars Isabella und Ferdinand den später Amerika genannten Kontinent entdeckt. Damit setzte die Phase der europäischen Kolonienbildung ein und bestimmte nachhaltig auch die Geschichte Europas.

Ein drittes Ereignis, das üblicherweise in der Historiografie mit der beginnenden Neuzeit in Verbindung gebracht wird, auch wenn dessen Folgen zunächst noch nicht absehbar waren, lag in der Veröffentlichung jener 95 Thesen im Jahr 1517, mit denen der Augustinermönch Martin Luther die Römische Kirche von innen heraus erneuern wollte. Von einem ähnlichen Ziel war 100 Jahre zuvor bereits der «Ketzer» Johannes Hus ausgegangen, doch ihn hatte damals der Tod auf dem Scheiterhaufen zum Schweigen gebracht. Nun wurde auf dem Verhandlungsweg über die «richtige» Lehre beraten, wobei die bisherige Einheit der Christenheit binnen kurzer Zeit ins Wanken geriet, weil die «lutherische» Anschauung immer mehr Anhänger fand. Papsttum und Römische Kirche waren nicht mehr in der Lage, die alte Einheit wiederherzustellen. Auch wenn dazu ein langjähriges Konzil in Trient (1545–1563) – nicht zufällig in unserem Raum – tagte, waren es in der Folge dann vor allem die römisch-deutschen Kaiser, die für die verlorene religiöse Einheit kämpften, bald auch mit Waffengewalt. Die Anhänger der protestantischen Parteien witterten die willkommene Gelegenheit, sich zugleich mehr Unabhängigkeit vom kaiserlichen Oberhaupt zu erstreiten.

Maximilian I.

In den langen Jahren der Herrschaft des habsburgischen Kaisers Friedrich III. (1442–1493) war es im Westen und Osten und zwischen den Linien des Hauses Habsburg selbst immer wieder zu Auseinandersetzungen gekommen. Doch die Lage innerhalb des Heiligen Römischen Reichs war in dieser Zeit relativ stabil. Die Kandidatur seines Sohnes Maximilian für die Wahl zum deutschen König hatte Friedrich gefördert. Maximilian war bereits 1486 zum deutschen König gewählt und 1490 in der Nachfolge Erzherzog Sigmunds auch mit der Regentschaft in der Grafschaft Tirol betraut worden.

Als Friedrich 1493 starb, war Maximilian I., der sich selbst gern als «letzten Ritter» bezeichnete, mit 34 Jahren deutscher König und neben anderen Würden auch Landesfürst der Grafschaft Tirol. Da Maximilian 1477 Maria, die einzige Tochter von Herzog Karl dem Kühnen von Burgund, geehelicht hatte, waren ihm mit ihr auch die reichen burgundischen Länder zugefallen. Sein Einflussbereich erstreckte sich also, abgesehen von den habsburgischen Erbländern im Osten, vom Süden Tirols bis nach Brüssel und an die flandrische Küste im Westen. Da der Jagdliebhaber Maximilian viel und gern in Tirol weilte, ohne allerdings bleibend hier zu residieren, kam der Grafschaft als Mittelpunkt der habsburgischen Länder erstmals auch überregionale Bedeutung zu. Die Geschicke des Landes waren nun untrennbar mit der auch auf Reichsebene regierenden Linie des Hauses Habsburg verbunden.

Die 22 (in Tirol sogar 29) Jahre der Herrschaft Maximilians waren einerseits durch zahlreiche kriegerische Auseinandersetzungen, andererseits durch seine Bemühungen um eine allgemeine Reichsreform gekennzeichnet. Der Grafschaft Tirol fiel in beiden Bereichen eine wichtige Rolle zu, zum einen dadurch, dass hier reichlich Geld und Soldaten zur Verfügung standen, zum anderen durch die Vorbildwirkung für die anderen Herrschaften, ja sogar für das Reich selbst. Neben Burgund wies die Grafschaft eine weit entwickelte innere Verwaltungsorganisation auf. Dazu kam die verkehrspolitische Bedeutung des Landes an Etsch und Eisack. Maximilian trachtete, wie seine Vorgänger, nach der Krönung zum Kaiser durch den Papst in Rom. Insbesondere nachdem er in zweiter Ehe – Maria von Burgund war bereits 1482 mit 25 Jahren verstorben – die Mailänder Herzogstochter Bianca Maria Sforza geheiratet und damit den Anspruch auf Mailand erworben hatte, erwiesen sich die Straßen durch Tirol als überaus wichtige Verbindungswege.

Maximilians Bemühungen um eine Reform des Heiligen Römischen Reiches sollen hier nur kurz angerissen werden, um darauf hinzuweisen, wie sehr mittlerweile die Schaffung großräumiger und zentralisierender Strukturen mittels Recht (und nicht mehr ausschließlich durch gewaltsame Erb- und Eroberungskriege) zum eigentlichen Ziel von Herrschaft geworden waren. Nun ging es um

«Staatswerdung», nach dem Vorbild von «Landwerdung» einige Jahrhunderte zuvor. Jedoch standen diesem Ziel auf allen Ebenen die auf ihrem überkommenen Recht beharrenden Stände entgegen. Weder gelang es Maximilian, auf Reichsebene die Mitspracherechte der Reichsstände auszuschalten noch in den habsburgischen Erbländern eine gemeinsame staatliche Klammer durch eine gemeinsame Verwaltung herzustellen. Wohl aber wurde auf Reichsebene im Jahr 1494 ein (ständisch dominiertes) gemeinsames Reichsgericht geschaffen. Die Ausrufung eines Allgemeinen Landfriedens führt zudem vor Augen, dass im europäischen Rechtsdenken für die Zukunft Gewalt und Krieg als Monopol der «staatlichen» Obrigkeit angesehen wurden.

Auch in Tirol, wo die Landstände dank ihrer immer wieder bestätigten «Freiheiten» ihr politisches Gewicht kannten und nutzten, war Maximilian die Reform der Verwaltung, besonders der Finanzverwaltung ein wichtiges Anliegen. Die Grafschaft galt nicht zu Unrecht – dank Bergbau und Salz – als reiches Land. Gerade deshalb sah der junge Landesfürst zur Steigerung seiner Einnahmen und zur Herrschaftsausübung während seiner Abwesenheiten die Einrichtung eines «Regiments» und einer «Schatzkammer», die nicht mehr von den Ständen dominiert, sondern mit Männern seines Vertrauens besetzt waren, als notwendige Neuerungen an. Die neuen Organe erhielten Kompetenzen zugewiesen, die nicht nur Tirol, sondern auch die anderen habsburgischen Länder betrafen. Von Tirol aus versuchte Maximilian gewissermaßen, eine zentrale Finanzverwaltung für seine Erbländer zu schaffen. Die Finanzgeschäfte wurden nunmehr selbständig abgewickelt, erstmals wurde auch die doppelte Buchführung eingeführt. Auf diese Weise wurden die Einnahmen in kurzer Zeit nahezu um das Dreifache erhöht. Nicht wenige Tiroler erreichten im Zuge dieser Umgestaltungen wichtige Positionen im Umfeld des Herrschers, nicht nur in Tirol, sondern auch in der unmittelbaren Nähe von Maximilians Hof, wenn dieser sich – angesichts der zahlreichen Kriege, die er führte – an anderen Orten aufhielt.

Während die Kriege zur Sicherung des burgundischen Erbes gegenüber Frankreich unseren Raum nicht direkt tangierten, betrafen die gewaltsamen Auseinandersetzungen mit den Schweizer Eidgenossen im Engadin und im oberen Vinschgau Tirol ganz unmittelbar. Im Schweizer Krieg setzten sich die Eidgenossen gegen die Maximilianischen Reichsreformen zu Wehr. Zugleich zogen deren Verbündete, die bereits erwähnten Drei Bünde vor Ort, darunter der Gotteshausbund, zu dem auch die im Vinschgau beheimateten Gotteshausleute zählten, gegen Tiroler Aufgebote zu Felde. Im Jahr 1499 kam es zur blutigen Schlacht an der Calven bei Glurns, in der 4000 Mann den Tod fanden. Trotz der tirolischen Niederlage und der von beiden Seiten verübten Verwüstungen, von denen sich der Vinschgau lange nicht erholte, blieben die Besitzverhältnisse allerdings zunächst weitgehend unverändert. Wohl aber gab es andere Folgen: Auf Reichsebene schieden die Eidgenossen und die Drei Bünde bereits jetzt mehr oder weniger aus dem Reichsverband aus. Auf lokaler Ebene verloren die vormals churischen Gotteshausleute angesichts der fortdauernden Feindschaft der tirolischen «Herrschaftsleute» und der Besitzansprüche des Landesfürsten mehr und mehr ihre Existenzmöglichkeiten im Vinschgau, sie wanderten entweder aus oder wurden allmählich selbst zu Tirolern.

Einen weiteren Krieg brach Maximilian gegenüber der Republik Venedig vom Zaun, weil ihm die Lagunenstadt den Durchzug durch venezianisches Gebiet verweigert hatte, als er zur Krönung nach Rom reisen wollte. Die Folgen waren in jeder Hinsicht weitreichend. Maximilian verzichtete zwar vorerst auf die römische Krönung und proklamierte sich am 4. Februar 1508 im Dom von Trient zum «Erwählten Römischen Kaiser», doch zugleich äußerte er nach wie vor die Absicht, «ob es immer muglich seyn will, die Crönung zu empfahen». Papst Julius II. bestätigte diese Erklärung, seinerseits froh darüber, dass der Kaiser nicht bis nach Rom gekommen war. Damit wurde deutlich, dass für die Legitimität des Kaisers eine Krönung durch den Papst künftig nicht mehr unbedingt nötig war. Nur der Weihbischof von Trient zelebrierte bei dieser Zeremonie das Hochamt, die Proklamation nahm der Bischof von

Gurk, Matthäus Lang, späterer Fürsterzbischof von Salzburg, vor. Der Fürstbischof von Trient, damals der bekannte Jurist Georg von Neideck (1505–1514), der es sich weder mit Maximilian noch mit dem Papst verscherzen wollte, hielt sich bei all dem im Hintergrund.

Kurz nach dieser ungewöhnlichen Kaiserproklamation rückte Maximilian, um die Weiterfahrt nach Rom zu erzwingen, mit einem Aufgebot von 2300 Mann aus Schwaben und Tirol über Pergine und die Valsugana in venezianisches Gebiet vor. Daraus entbrannte ein achtjähriger Krieg, der auch andere europäische Mächte in den Kampf gegen Venedig mit einbezog, darunter Frankreich, das allerdings später – im Kampf um Mailand – die Seite wechselte und seinerseits ebenfalls erneut gegen Maximilian zu Felde zog. Das Ergebnis des achtjährigen Ringens brachte im Frieden von Brüssel 1516 für unseren Raum eine nicht unerhebliche Gebietserweiterung im Süden mit sich. Der Kaiser konnte Tirol um Cortina d'Ampezzo, das Lagertal mit Rovereto samt den vier Vikariaten Ala, Avio, Mori und Brentonico sowie um Riva am Gardasee erweitern. Nun standen alle wichtigen Verbindungswege zwischen Trient und Oberitalien unter der Kontrolle des «Erwählten Kaisers» und tirolischen Landesfürsten.

Angesichts der Bedeutung des Landes an Etsch und Eisack wollte Maximilian Tirol sogar zu einem Kurfürstentum erheben, was jedoch am Widerstand der in der Goldenen Bulle rechtlich verankerten Kurfürsten scheiterte. Die Tiroler hatten sich dennoch nicht umsonst an den Kriegen Maximilians beteiligt. Im Einvernehmen mit den Ständen, die zuvor einiges an Beschwerden über die vielfachen Belastungen des Landes vorgebracht hatten, erließ Maximilian am 23. Juni 1511 das später so bezeichnete Landlibell, eine Urkunde, mit der die Tiroler durch die Schaffung eines Aufgebots von 20 000 Mann für den Notfall zur Verteidigung ihrer Grenzen berechtigt bzw. verpflichtet wurden. Dieses sollte jedoch ausschließlich bei einem Angriff von außen zum Einsatz kommen, eine Beschränkung, die auch in anderen Regionen keine Seltenheit war. Überdies konnte bei unmittelbar drohender Gefahr ein aus allen

Wehrfähigen zwischen 18 und 60 Jahren bestehender Landsturm gebildet werden. Damit war auch das Recht für die Bewohner verbunden, Waffen zu tragen. Die Fürstbischöfe von Trient und Brixen hatten sich anteilsmäßig an diesen Pflichten und Lasten zu beteiligen, wofür sie ihrer Reichsheerfahrtpflicht entbunden wurden. Es handelte sich dabei um einen weiteren Schritt auf dem Weg der tirolischen «Vereinnahmung» der beiden Reichsfürstentümer, die de facto immer mehr ihrer Reichsunmittelbarkeit verlustig gingen. Darüber hinaus sah das Landlibell vor, dass der Landesfürst ohne Zustimmung der Stände keinen das Land betreffenden Krieg beginnen durfte.

Kaum ein Dokument der tirolisch-trentinischen Geschichte hat so viel Bedeutungsaufladung durch die spätere Historiografie erfahren wie diese Urkunde aus dem Jahr 1511. Sie wurde vor allem im 19. und sogar noch im 20. Jahrhundert in ihrer «Einzigartigkeit» immer wieder zur Rechtfertigung einer Tiroler «Sonderstellung» herangezogen. Die «Wehrhaftigkeit» der Tiroler (und der späteren Trentiner) konnte darauf ebenso zurückgeführt werden wie die Tradition des Schützenwesens, das jedoch erst im 17. und 18. Jahrhundert in die Organisation der Landesverteidigung eingebunden wurde. Doch ein Blick in die benachbarte Schweiz genügt, um zu erkennen, dass sich mit dieser Urkunde der den Tirolern zugeschriebene besonders «wehrhafte» und «freiheitsliebende» Charakter nicht begründen lässt. Historisch sehr viel bedeutsamer war, dass das Landlibell analog zur Verteilung des Aufgebots auf die verschiedenen Gerichte auch für die Steuerbemessung als Grundlage diente.

Eine weitgehende Verbesserung ihrer rechtlichen Stellung wurde den Bauern zuteil. Maximilian verfügte im Jahr 1502, dass alle landesfürstlichen Urbargüter künftig in Erbleihen verwandelt wurden, wodurch innerhalb der landesfürstlichen Territorien kurzfristige Freistifte nicht mehr möglich waren. Schlechter gestellt waren nach wie vor die Bauern im Süden des Landes, vor allem in den geistlichen Fürstentümern von Brixen und Trient. Es gab hier, nicht zuletzt als Folge des intensiveren Weinbaus, mehr besitzlose Tagelöhner, eine stärkere Besitzzersplitterung und ungünstigere Pachtverträge als im Norden.

Doch in den letzten Jahren seiner Herrschaft trübte sich das Verhältnis zwischen den Bewohnern und dem Landesfürsten, hatte er doch über Gebühr Geld und Kriegsknechte aus dem Land beansprucht. Auch in den anderen habsburgischen Ländern regte sich Unzufriedenheit. Maximilian berief daher im Januar 1518 einen allgemeinen «Ausschusslandtag» nach Innsbruck ein. Später sah man darin den Versuch, die österreichischen Länder in einem General-Landtag enger miteinander zu verbinden. Nach langwierigen Verhandlungen wurde damit das Verhältnis zwischen Landesfürst und Ständen in Tirol, aber auch in den anderen Ländern, zugunsten der Stände auf eine neue Grundlage gestellt.

Kurz vor seinem Tod im Januar 1519 verfügte der Kaiser, dass er in Wiener Neustadt beizusetzen sei. Das noch von ihm selbst geplante große Hochgrab findet sich allerdings – wenn auch leer – in Innsbruck, wo ihm sein Enkel Ferdinand I. in der Hofkirche 28 überlebensgroße Bronzestatuen (Ahnen und Verwandte des Kaisers) an die Seite stellte. Die Erinnerung an diesen Habsburger ist bis heute im nördlichen Tirol sehr lebendig, im Gebäude des von ihm in Auftrag gegebenen Prunkerkers, des Goldenen Dachls, wurde zu seinen Ehren sogar ein kleines Museum eingerichtet, während er im heutigen Südtirol sehr viel weniger präsent ist. Nicht unerheblich waren auch die Gebietsgewinne, die der Landesfürst durch geschickte Erbansprüche, freilich nicht ohne Gewalt, für die Grafschaft verbuchen konnte. Die östlichen Teile des Pustertals, darunter Innichen, mit dem heutigen Osttirol kamen auf diese Weise infolge des Aussterbens der Görzer zu Tirol, im Norden infolge des Landshuter Erbfolgekriegs die wichtige Festung Kufstein mit den angrenzenden Gerichten Rattenberg und Kitzbühel.

Für die «große Politik» von Bedeutung war aber vor allem die Heiratspolitik des Kaisers, die dem Haus Habsburg neben den burgundischen und mailändischen Territorien auch den Anspruch auf die ungarische und böhmische Königskrone sicherte. Zudem waren durch die Heirat von Maximilians Sohn Philipp mit der Erbtochter

Johanna von Kastilien und Aragon die spanischen Königreiche an das Haus Habsburg gefallen, so dass Maximilians Enkel Karl V. (1520–1558) tatsächlich zu jenem Herrscher wurde, in dessen Reich «die Sonne nicht unterging».

Ferdinand I. und die Bauernaufstände

Für Tirol bedeutete der Tod von Kaiser Maximilian eine Rückkehr in den Status «am Rand der großen Politik». Karl V. war zwar bald nach seines Großvaters Tod im Jahr 1519 zum «Erwählten Römischen Kaiser» gewählt und (in Aachen) gekrönt worden, doch lagen die Interessen des in Gent Geborenen und am burgundischen Hof seiner Tante Margarete Erzogenen sehr viel mehr im westeuropäischen Raum. Der weite Teile Europas umfassende Herrschaftskomplex musste daher geteilt werden, wie es ohnehin den Familientraditionen im Hause Habsburg entsprach. Karls jüngerer Bruder Ferdinand (römisch-deutscher Kaiser 1558–1564, Landesfürst von Tirol 1522–1564), der am spanischen Hof erzogen worden war, übernahm mit seinen verschiedenen Herrschaftstiteln die Regentschaft über die «österreichischen» Erbländer (einschließlich Ungarns und Böhmens). Karl hingegen vereinte in sich die Kaiserwürde und die Herrschaft über die westeuropäischen Gebiete (einschließlich Mailands) und die Kolonien in der Neuen Welt.

In Tirol, aber auch in anderen österreichischen Ländern war es bisher gewohnheitsrechtlicher Usus gewesen, dass bei Abwesenheit des Landesfürsten die Stände die Regentschaft im Land übernahmen. Maximilian hatte allerdings – trotz aller Zugeständnisse an die Stände – testamentarisch verfügt, dass die Regimenter der Ländergruppen als alleinige Regierungsorgane tätig werden sollten. Dies führte in den meisten österreichischen Ländern zu Unruhen, so auch in Tirol. Denn der an absolutistische Herrschaftsformen gewöhnte neue Tiroler Regent Ferdinand zeigte wenig Verständnis für die ständischen Rechte und Ansprüche, nahm Steuererhöhungen vor, führte neue Robotleistungen (von untertänigen Bauern zu leistende Arbeitsdienste) ein und setzte sogar einen spanischen Schatzmeister (Gabriel Salamanca) im Land ein.

Die Lehren Martin Luthers und seiner Anhänger hatten auch vor Österreich und Tirol nicht haltgemacht. Ausgehend von den reichen Städten Schwaz und Hall griff der wachsende Widerstand auch auf den Süden des Landes über. In den genannten Städten hatten Prediger die revolutionäre Botschaft von der «Freiheit eines Christenmenschen» verkündet und bei den Bergknappen und der Landbevölkerung großen Zulauf gefunden – einer der bekanntesten war der aus Basel zugewanderte Jakob Strauß. Insbesondere in den geistlichen Herrschaften, so in den Hochstiften Brixen und Trient, wo die Verhältnisse für die bäuerlichen Untertanen sehr viel weniger günstig waren als in der Grafschaft Tirol, fielen die reformatorischen Lehren auf fruchtbaren Boden. Denn hier wurde nicht nur die weltliche, sondern auch die religiöse Autorität der Bischöfe und Klöster infrage gestellt. Nicht zufällig bildeten daher bald Brixen mit Neustift und Trient die Zentren des bäuerlichen Widerstands.

Zunächst wurde in dieser Lage das von Ferdinand eingesetzte Regiment aktiv. Die Bischöfe wurden 1522 aufgefordert, strengstens über die Predigten im Land zu wachen, 1523 ließ Ferdinand die Verbreitung der neuen Lehre in Wort und Schrift überall verbieten. Dies freilich brachte das Fass endgültig zum Überlaufen, wobei wohl auch das Beispiel der gewaltsamen Unruhen im benachbarten Schwaben eine gewisse Vorbildwirkung hatte. Verschärfend kam hinzu, dass die frühen zwanziger Jahre in wirtschaftlicher Hinsicht schwierig waren, es gab Überschwemmungen, zum Teil sogar Hungersnöte, und die permanenten Geldforderungen des Landesherrn lasteten schwer auf den bäuerlichen Untertanen. Die Verhandlungen, die Erzherzog Ferdinand zunächst mit den Schwazer Bergknappen als führender Widerstandsgruppe führte, brachten kein Ergebnis. Die wichtigsten Forderungen des Landes lagen in der Wiederherstellung der alten «Rechte und Freiheiten», der Reduzierung der Abgaben und in der Beendigung des Geldflusses nach außen. Viele Gerichte waren verpfändet und das Land hoch verschuldet. Daher sollten auch die verhassten Gläubiger der landesfürstlichen Kammer, insbesondere die Fugger in Augsburg, ausgeschaltet werden.

Wie so häufig in der Geschichte, führte ein geringfügiger Anlass zum Ausbruch des Aufstands. Der Sohn eines Fischereiaufsehers aus dem Antholzertal, Peter Paßler, war mit dem Fürstbischof von Brixen, Sebastian Sprenz (1521–1525), zugleich Kanzler des Landesfürsten, in Streit geraten, weil dieser ihm das erbliche Amt nach seines Vaters Tod nicht übertragen hatte. Da das bischöfliche Gericht Paßlers Ansprüche nicht unterstützte, griff er zur Selbsthilfe und versuchte sich sein Recht selbst zu verschaffen. Paßler wurde ergriffen und zum Tod verurteilt, am Tag der vorgesehenen Hinrichtung jedoch, dem 9. Mai 1525, wurde er von einer Gruppe von Bauern gewaltsam befreit. Dies wirkte wie ein Fanal für weitere Unruhen – die Bauern stürmten und plünderten die Häuser von Adel und Klerus in Brixen und die Besitzungen der Augustiner Chorherren in Neustift. Wenige Tage später, am 13. Mai 1525, wählten sich die Aufständischen einen obersten «Feldhauptmann», den ursprünglich aus bäuerlichen Verhältnissen stammenden Sekretär des Fürstbischofs, Michael Gaismair. Michael Gaismair verkörpert geradezu exemplarisch den Typus eines sozialen Aufsteigers im frühen 16. Jahrhundert: Geboren um 1490 in Tschöfs bei Sterzing als Sohn eines Landwirts und Bergbauunternehmers, der auch selbst bei Sterzing ein kleines Bergwerk betrieb, konnte Michael bereits eine höhere Schulbildung (in der Lateinschule von Sterzing oder in der Domschule von Brixen) durchlaufen. Das wiederum gab ihm die Möglichkeit, als Schreiber zunächst im Bergbau und dann im Dienst des Landeshauptmanns an der Etsch, Leonhard von Völs, tätig zu sein. Er hat vermutlich auch eine italienische Universität (Padua?) – damals eine Voraussetzung bei Nicht-Adeligen für den landesfürstlichen Dienst – besucht. Trotz seines Naheverhältnisses zum Fürstbischof genoss Gaismair das Vertrauen der Aufständischen. Er forderte vom Landesfürsten die Einberufung eines General-Landtags und versuchte zunächst von Brixen aus, weitere Gewalttaten zu verhindern und auf dem Verhandlungsweg mit landesfürstlichen Kommissaren die Erfüllung der bäuerlichen Forderungen zu erreichen.

Dennoch griffen die Unruhen auch auf andere Gebiete im heutigen Südtirol über, in Bozen wurden die Häuser von Juden und der Ansitz des Deutschen Ordens gestürmt, ebenso die Bozner Niederlassung der Fugger und das Kloster Gries. Sogar ein Teil der Bozner Bürger verbündete sich mit den Aufständischen, und auch auf das Gebiet des Hochstifts Trient griffen die Unruhen über, während es nördlich des Brenners zunächst weitgehend ruhig blieb.

Erzherzog Ferdinand vertröstete die Aufständischen auf den zu erwartenden Landtag, während der verhasste Salamanca sich nach Augsburg zu den Fuggern absetzte. Ende Mai und Anfang Juni 1525, als sich die Tumulte allmählich gelegt hatten, traten Bürger und Bauern aus dem heutigen Südtirol und dem Hochstift Trient zu einem außerordentlichen Landtag in Meran zusammen, der bereits einen umfangreichen Forderungskatalog zur Folge hatte. Michael Gaismair war selbst nicht anwesend. Er hielt von Brixen aus weiterhin Kontakt zum geflüchteten Fürstbischof und hoffte noch auf die Verhandlungsbereitschaft des Landesfürsten. Unverkennbar war in den Forderungen der Einfluss der Reformation zu erkennen: Die Klöster sollten aufgehoben, der weltliche Besitz der Kirche abgeschafft werden. Außerdem wurde die freie Predigt des Evangeliums («wie daz der text vermag») und die freie Wahl der Seelsorger gefordert.

Der angekündigte Tiroler Gesamtlandtag trat am 12. Juni 1525 zusammen und tagte bis Mitte Juli. Wiederum waren Städte und Gerichte auch aus Brixen und Trient vertreten, nicht jedoch die hohe Geistlichkeit, die auf Betreiben der Bauern ausgeschlossen wurde. Auf der Grundlage der «Meraner Punktation» kamen nun weitere Forderungen hinzu. In einem Katalog von 96 Artikeln wurden die Anliegen des Landtags vorgestellt, die Ferdinand jedoch in dieser Form nicht zu bewilligen bereit war. Diplomatisch geschickt verwies er darauf, dass er nur als Statthalter seines Bruders Karl zur Herrschaft in Tirol berufen sei und daher so grundlegenden Veränderungen nicht zustimmen könne. Tatsächlich hatte noch keine Huldigung der Stände gegenüber dem neuen Landesfürsten stattgefunden. Wohl aber erreichten die Bauern einige Teilerfolge: die Herabsetzung der Abgaben, die Freigabe von Jagd auf Niederwild und Fischerei, die Aufhebung neu eingeführter Robotleistungen, nicht aber eine der wichtigsten Forderungen, die Reform der kirchlichen Angelegenheiten. Die radikaleren Bauernvertreter fanden den Landtagsabschied zu wenig weitreichend, so dass unter den Aufständischen bald keine Einigkeit mehr herrschte. Mittlerweile hatten sich auch die Bürger distanziert. Umgekehrt verlangte Ferdinand, der vor allem Zeit gewinnen wollte, die Übergabe der Stadt Brixen an landesfürstliche Beamte. Gaismair wurde zum Schein zu Verhandlungen nach Innsbruck eingeladen, dort aber – ohne gerichtliches Verfahren – gefangen gehalten, bis ihm die Flucht in die Schweiz gelang. Dort traf er mit dem Reformator Huldrych Zwingli zusammen, dessen religiöse Vorstellungen ihn maßgeblich beeinflussten. Wohl infolge seiner Gefangennahme zunehmend radikalisiert, entwarf Gaismair im Exil eine neue Tiroler Landesordnung, die im Wesentlichen auf der Abschaffung aller Standesunterschiede basierte und die freie Verkündigung des Evangeliums forderte. Bis in die Einzelheiten geregelt, sah diese sozialrevolutionäre Ordnung für Tirol eine Bauern- und Knappenrepublik vor, die der höheren Ehre Gottes und dem Gemeinwohl verpflichtet sein sollte. Beispielsweise sollten alle Handwerker in der Stadt Trient vereinigt und ihre Produkte «staatlich» kontrolliert ohne Gewinn verkauft werden.

Nachdem Gaismair von den Rebellen unter Führung von Peter Paßler in Salzburg zum Oberbefehlshaber ernannt worden war, marschierte er ins Pustertal ein, musste sich aber vor den von Ferdinand ausgesandten Söldnertruppen zurückziehen und entkam mit seinen Gefolgsleuten in venezianisches Gebiet. Als Söldnerführer ließ er sich in venezianische Dienste nehmen und kämpfte als solcher gegen habsburgische Truppen in Mailand. Er fand allerdings keinerlei Unterstützung für einen bewaffneten Einmarsch in Tirol und wurde von Venedig nach dessen Friedensschluss mit dem Kaiser im Jahr 1529 fallen gelassen. Paßler und Gaismair, auf die Erzherzog Ferdinand ein Kopfgeld ausgesetzt hatte, wurden schließlich beide ermordet, Gaismair am 15. April 1532 in der Nähe von Padua, wo er ein Landgut erworben hatte und wo heute eine Promenade (bei Montegrotto) an ihn erinnert.

Bis heute gilt der frühneuzeitliche Revolutionär Michael Gaismair in der marxistisch ausgerichteten Geschichtswissenschaft als Vorläufer späterer kommunistischer Ideen; von der nationalsozialistischen Ideologie wurde er als «Bauernführer», der gegen Geistlichkeit, Juden und Ausländer zu Felde zog, vereinnahmt. Heute noch gilt er in Tirol als eine Art fortschrittlicher Gegenheld zum «konservativen» Andreas Hofer. In Bozen und Innsbruck erinnern Straßennamen an den Sterzinger Sozialrebellen, dessen Schicksal auch von der Literatur, u. a. von Felix Mitterer, mehrfach aufgegriffen wurde.

Mit der Niederschlagung der Bauernaufstände war freilich in religiösen und sozialen Fragen noch lange kein Friede wiederhergestellt, ganz im Gegenteil. Protestantische Lehren, vor allem die Täuferbewegung, die die Erwachsenentaufe forderte, fanden auch in Tirol Anhänger. Im Gegensatz zu anderen habsburgischen Ländern, wo sich die adeligen Stände oft mehrheitlich von der traditionellen Kirche abwandten, verbreitete sich der neue Glaube hier vor allem in den unteren Volksschichten bei Bauern und Handwerkern und wurde von der Obrigkeit blutig verfolgt. Die Anhänger der neuen Lehren wurden häufig hingerichtet, als «Ketzer» verbrannt oder waren zur Auswanderung gezwungen, vorwiegend nach Mähren, wo liberalere Gesetze herrschten. Aus St. Lorenzen am Eingang des Pustertals kam einer der bekanntesten Täuferführer, Jakob Huter, der im Jahr 1536 in Innsbruck verbrannt wurde. Die ausgewanderten Tiroler (und nicht nur Tiroler) Täufer, die sich nach ihrem «Glaubensgründer» Huterer nannten und im 17. Jahrhundert auch Mähren verlassen mussten, emigierten weiter nach Siebenbürgen und Südrussland, um sich schließlich im 19. Jahrhundert in England, in den USA und in Kanada niederzulassen, wo sie mit produktions- und konsumgemeinschaftlichen Wirtschaftsformen ihre Religion und ihre Gesellschaftsform bis heute bewahrt haben.

Nachdem Erzherzog Ferdinand 1526 die ungarische und die böhmische Krone zugefallen waren und er 1531 auch zum deutschen König gewählt worden war, verschob sich der Schwerpunkt der politischen Interessen des habsburgischen Regenten in die östlichen Herrschaftsgebiete, zumal das südlich gelegene Mailand ja dem Kaiser und damit der spanischen Kontrolle unterstand. Tirol lag nun sowohl aus spanischer als auch aus österreichischer Perspektive am Rand der jeweiligen Herrschaftskomplexe. Umgekehrt wurden infolge der neuen Hofstaatsordnung Ferdinands I. aus dem Jahr 1527 alle habsburgischen Erbländer stärker an Wien gebunden, so dass auch die bisher nur dem Landesfürsten unterstehenden Behörden (Regiment und Kammer) von nun an mit den übergeordneten Zentralstellen (Hofkanzlei und Hofkammer) in Wien zu kommunizieren hatten. Damit war ein weiterer Schritt in die Richtung eines «österreichischen» Staatsbildungsprozesses getan. Die einzelnen Länder fanden sich als subsidiäre Gewalten innerhalb eines größeren Ganzen wieder.

Zugleich war nach den turbulenten Jahren der Bauernrevolten eine neue Landesordnung vonnöten. Einerseits sollte das bisher von den Ständen erreichte Mitspracherecht bewahrt, andererseits den allzu revolutionären Forderungen, wie sie auf dem Innsbrucker Landtag von 1525 vorgebracht worden waren, die Spitze genommen werden. Die von Regierungsräten und Ständevertretern erarbeitete «Landßordnung der fürstlichen Grafschaft Tirol» wurde 1532 kundgemacht und bildete bis ins 18. Jahrhundert hinein im Wesentlichen die Grundlage der politischen Verfassung der Grafschaft. Sie verschob das Mächtegleichgewicht wieder stärker zugunsten des Landesfürsten. Trotzdem blieben den Ständen, zu denen nun auch wieder der Prälatenstand vollberechtigt zählte, ihre bisherigen «Freiheiten» erhalten. Die Zugeständnisse an die Bauern waren, was grundherrschaftliche Abgaben betrifft, weniger weitreichend, als sie die revolutionäre «Bauernordnung» gefordert hatte, doch spielte der Bauernstand weiterhin im Landtag eine wichtige Rolle.

In Bezug auf die Beziehungen zu den Hochstiften Brixen und Trient wirkten sich die Bauernunruhen erneut zugunsten der landesfürstlichen Macht aus. Da die Unruhen vorwiegend von den Untertanen der Bischöfe ausgegangen waren, die in ihren radikalsten Forderungen sogar die Aufhebung der Hochstifte verlangt hatten, band der landesfürstliche «Schutz» die Fürstbischöfe noch stärker an die weltliche Macht und machte sie von ihr abhängig. Häufig standen die künftigen Fürstbischöfe daher auch im Dienst der Habsburger und fühlten sich dem Landesfürsten gegenüber entsprechend verpflichtet.

So war der Trienter Fürstbischof Bernhard von Cles (1514–1539) bereits Geheimer Rat Maximilians gewesen und galt als Oberster Kanzler Ferdinands I. als die «andere Hand» des Königs. Er unterstützte die Kirchenpolitik Maximilians maßgeblich. Im Jahr 1530 mit der Kardinalswürde ausgezeichnet, erwarb sich Cles um die Erneuerung des Trienter Bistums und der katholischen Kirche große Verdienste. Mehrmals visitierte er seine Diözese, gab der Stadt Trient ein Stadtrecht, erneuerte die Münze, ließ den Dom und den Bischofssitz, das Castello del Buonconsiglio, im Geiste der Renaissance ausbauen, legte eine umfangreiche Bibliothek an und stand mit gelehrten Humanisten seiner Zeit in Verbindung. Im Jahr seines Todes 1539 übernahm er nach der Resignation von Fürstbischof Georg von Österreich (1526–1539), einem illegitimen Sohn Maximilians, kurzfristig auch die Leitung des Bistums Brixen. Hier waren die Folgen des Bauernkriegs noch sehr viel deutlicher zu spüren. Eine ähnlich bedeutende Rolle spielte auch Cles' Nachfolger in Trient, Cristoforo Madruzzo (1539–1567), ein Renaissancefürst, dessen Memoria in Trient bis heute lebendig ist. In seine Ära fällt das 1545 eröffnete große Kirchenkonzil von Trient (1545–1563), auf dem die infolge der Reformation aufgebrochenen religiösen Fragen geklärt werden sollten. Ausgehend von diesem Konzil bereitete die katholische Kirche ihre große Erneuerung im Sinne einer gezielten Gegenreformation vor. Der Süden des Landes, vor allem die Stadt Trient, erlebte in diesen Jahren einen beträchtlichen Aufschwung und kehrte mit dem Konzil in das Zentrum der «großen Politik» zurück.

Die Einführung der Post und das Aufblühen der Kultur

Was die wirtschaftlichen Verhältnisse im Übergang zur Neuzeit betrifft, so ist an erster Stelle die Einführung der Post zu nennen. Zur rascheren Kommunikation zwischen den tirolischen und burgundischen Gebieten beauftragte Maximilian die aus der Lombardei stammenden Brüder Janetto und Francesco Tasso (Taxis) mit der Einrichtung eines Kurier- und Botendienstes zwischen Innsbruck und Mecheln bei Brüssel. Dieser erste «Postkurs» – eine der frühesten europäischen Postrouten überhaupt – nahm im Jahr 1495 seinen Betrieb auf. Der organisierte Pferdewechsel an in regelmäßigen Abständen eingerichteten Poststationen ermöglichte eine ununterbrochene Weiterleitung der Nachrichten. In fünf bis sechs Tagen konnte auf diese Weise der Austausch von Briefen zwischen Innsbruck und Brüssel erfolgen. Zunächst nur für die herrschaftliche Kommunikation gedacht, wurde dank der wachsenden Alphabetisierung und zunehmenden Mobilität der Bevölkerung dieser Dienst bald auch von Privatpersonen in Anspruch genommen. Die Erweiterung und der Ausbau der Kurse im Rahmen der Reichspost ging zügig voran, bald war auch Wien mit Mailand und den wichtigsten Städten der Länder in das neue Postsystem eingebunden. Für die künftige Personenbeförderung durch Wagen auf ausgebauten Straßen waren damit die Grundstrukturen geschaffen.

Auch der Warentransport nahm im Laufe des 16. Jahrhunderts stetig zu, was sich auf Grund der aufgezeichneten Zolleinnahmen gut rekonstruieren lässt. Wurden um 1500 etwa 5000 Tonnen über den Brenner und den Reschen verfrachtet, so wuchs die Zahl der transportierten Güter im Jahr 1560 auf 8000 Tonnen an, fünfzig Jahre später waren es bereits 12 000 Tonnen. Von größter Bedeutung war in diesem Zusammenhang die Stadt Bozen mit ihren viermal jährlich stattfindenden Messen, Treffpunkt der Kaufleute aus Oberitalien, Süddeutschland und Österreich, wo ein reger Handel mit Südfrüchten, Öl, Gewürzen und «italienischen» Gewerbeprodukten einerseits sowie Metall und Metallwaren, Tuchen, Fellen und Pelzen andererseits betrieben wurde. Entsprechend hoch war auch die Zahl der Gastwirte in Bozen und in anderen Durchzugsorten: Der heute noch bestehende Gasthof «Elefant» in Brixen, benannt nach dem 1551 aus Spanien transportierten Dickhäuter Soliman (als Geschenk des portugiesischen Königshauses an Maximilian II. von Habsburg), sei stellvertretend für viele andere hier angeführt. Auch der Binderberuf (insbesondere in Bozen) für die Fässer zum Transportieren des Weines, wovon noch heute die Bindergasse zeugt, bot gute Verdienstmöglichkeiten. Vom Wein abgesehen, blieb die Landwirtschaft noch weitgehend auf Selbstverbrauch ausgerichtet. In der Valsugana und in der Gegend um Rovereto wurden Maulbeerbäume für eine nicht unerhebliche Seidengewinnung angepflanzt, im Raum um Bozen waren von der Regierung initiierte ähnliche Maßnahmen weniger erfolgreich.

Nach wie vor der wichtigste Faktor für die Wirtschaft Tirols war der Bergbau, der vor allem in der damals mit 20000 Einwohnern bevölkerungsreichsten Stadt des Landes Schwaz betrieben wurde, aber auch in Sterzing und Gossensaß sowie in Prettau im Ahrntal; dazu zählte auch der Haller Salzabbau. In der zweiten Hälfte des 16. Jahrhunderts kam die Zeit des unbegrenzten Bergsegens an sein Ende. Dazu trug maßgeblich die Verschuldung des Landes und des Landesfürsten bei, allein für die Wahl Karls V. hatte das Augsburger Bankhaus Fugger 600000 Gulden vorgestreckt, die mit Schwazer Silber zurückerstattet werden mussten.

In kultureller Hinsicht bedeutete das frühe 16. Jahrhundert, insbesondere die Zeit Maximilians, für die Grafschaft eine Blütezeit, die weit über Tirol hinausstrahlte. Schon Sigmund «der Münzreiche» hatte an seinem Hof Literaten und humanistische Gelehrte versammelt, in der Ära Maximilians kam dem Hof als Brennpunkt kulturellen Lebens nach dem Vorbild italienischer Höfe noch größere Bedeutung zu. Maximilian ließ durch Hans Ried, Hofschreiber und Zöllner am Eisack bei Bozen, die in den Burgen und Schlössern des Landes vorhandenen Niederschriften alter Heldensagen in einer

Prachthandschrift, dem Amraser Heldenbuch, zusammentragen. Der Pustertaler Florian Waldauf, enger Vertrauter von Maximilian und von ihm in den Adelsstand erhoben, gründete – gewissermaßen als Vorform späterer gelehrter Sozietäten – die heute noch bestehende Stubengesellschaft in Hall. Hier trafen sich humanistisch Interessierte, um sich mit neuem Schrifttum auseinanderzusetzen. Auch die Reliquiensammlung in der Haller Pfarrkirche geht auf ihn zurück. Die berühmtesten Musiker ihrer Zeit hielten sich ebenfalls am Hof Maximilians auf – u. a. der Komponist und Organist Paul Hofhaimer, der schon unter Erzherzog Sigmund als Hofmusiker tätig war und später als Domorganist im Dienst des Salzburger Fürsterzbischofs Matthäus Lang stand. Zum Gedächtnis seiner eigenen Glorie als «idealer Fürst» beschäftigte Maximilian eine Reihe von Gelehrten, die nach seinen Anweisungen die volkssprachlichen Dichtungen *Theuerdank*, *Weißkunig* und *Freydal* schufen. Vom Prunkerker des Goldenen Dachls und von Maximilians überdimensionalem Grabmal in der Innsbrucker Hofkirche war bereits die Rede. Im Süden entsprach diesem neuen Hang zur Selbstrepräsentation mittels Architektur und Kunst der ebenfalls bereits erwähnte prunkvolle Ausbau des Castello di Buonconsiglio durch Fürstbischof Bernhard von Cles und seinen Nachfolger Cristoforo Madruzzo. Doch auch weniger bedeutende weltliche Adelsgeschlechter versuchten, durch den Ausbau ihrer Burgen und Schlösser mit der höfischen Kunst Schritt zu halten. Im heutigen Südtirol geben davon die Burg Reifenstein bei Sterzing, Lebenberg bei Meran, Englar und Kampan bei Kaltern und Prösels am Schlern anschaulich Zeugnis. Dass auch wohlhabende Gewerke sich architektonische Prachtbauten leisten konnten, zeigt das Beispiel von Veitjakob Tänzl, dem Bergbauunternehmer in Schwaz und Prettau, der sich mit Schloss Tratzberg bei Jenbach ein heute noch bestens erhaltenes Kleinod schuf.

Auch die kirchliche Kunst erreichte in der Zeit um 1500 einen neuen Höhepunkt. Beispielhaft sei hierfür an die Bozner Pfarrkiche mit ihrem spätgotischen Turm und ihrer 1513/14 vom Augsburger Steinmetzen Hans Lutz von Schussenried errichteten Kanzel erinnert. Dass auch außerhalb der städtischen Zentren auf künstlerische Ausgestaltungen Wert gelegt wurde, zeigen der nach seinem Maler Hans Schnatterpeck benannte Flügelaltar in der Pfarrkirche von Niederlana, aber auch die spätgotischen Kirchen von Völs am Schlern und die Rainkirche in Welsberg, die dem Pustertaler Bartlme Viertaler zu verdanken ist. Die Hofkirche in Innsbruck, im Auftrag von Ferdinand I. – zur Aufnahme von Maximilians Grabmal – unter der Leitung des Trienter Baumeister Andrea Crivelli in den Jahren zwischen 1553 und 1563 errichtet, weist bereits den Weg von der Spätgotik zur Renaissance.

9. KAPITEL

Heiliges Land?
Die Zeit der Gegenreformation

Die religiösen und politischen Gegensätze, die auf Luthers Protest gegen die Römische Kirche folgten, erschütterten im Laufe des 16. Jahrhunderts ganz Europa. Es ging dabei nicht mehr nur um die neuen religiösen Grundsätze, die letztlich auf die Unabhängigkeit von der Römischen Kirche zielten, sondern auch um die Erhaltung der ständischen Freiheiten gegenüber den Alleinherrschaftsansprüchen der Monarchen.

Im Heiligen Römischen Reich deutscher Nation, wie es seit der Zeit Maximilians genannt wurde, brachte der Augsburger Religionsfriede im Jahr 1555 zunächst eine Befriedung der politisch-religiösen Gegensätze: Die lutherische Lehre wurde als zweite christliche Konfession neben der römisch-katholischen anerkannt, ihren Anhängern ihr Besitzstand garantiert und freie Religionsausübung zugestanden. Die Vereinbarung wurde zwischen Ferdinand I. (1558–1564) und den Reichsständen auf dem Reichstag zu Augsburg beschlossen. Kaiser Karl V., der die «Einheit der Christenheit» nicht hatte retten können, zog sich ein Jahr später in ein spanisches Kloster zurück. Nach dem Prinzip *cuius regio, eius religio* (wessen Gebiet, dessen Religion) hatten künftig im Reich die Reichsstände bzw. die Landesfürsten über die Religionsausübung im eigenen Land zu entscheiden. Das bot den Habsburgern die Möglichkeit, in ihren Erbländern die «wahre» christliche Lehre, d.h. die katholische, wenn nötig mit Gewalt durchzusetzen. Wer von den Untertanen sich zum Augsburger Bekenntnis bekannte, erhielt das «Recht» auszuwandern. Vom Konzil in Trient, das mit Unterbrechungen zwischen 1545 und 1563 tagte, um die wesentlichen Prinzipien des «wahren Glaubens» auf ein bleibendes Fundament zu stellen, gingen für die katholisch gebliebenen Länder entscheidende Impulse aus. Mit Hilfe neu gegründeter Orden, u.a. mit dem von Ignatius von Loyola 1534 in Spanien ins Leben gerufenen Jesuitenorden, traten die katholischen Herrscherhäuser an, ihre Territorien zu rekatholisieren. Dabei setzte man, dem Vorbild der lutherischen deutschen Bibel folgend, nun auch von katholischer Seite auf Katechismen in der Volkssprache.

Eine langfristige Befriedung wurde so allerdings nicht erreicht, wenngleich die relativ tolerante Haltung Maximilians II. (1562 römisch-deutscher König, 1564 nach dem Tod Ferdinands I. auch Kaiser) die Zuspitzung der Konflikte zunächst noch verhindern konnte. In der Ära seiner Söhne, Rudolf II. (1576–1612) und Matthias (1612–1619), kamen die Gegensätze jedoch voll zum Ausbruch, zunächst im Kernland religiöser Unruhen und ständischen Widerstands, in Böhmen. Der aus den dortigen Konflikten hervorgegangene Dreißigjährige Krieg (1618–1648) hat in Mitteleuropa zu schweren Verwüstungen und Bevölkerungsverlusten geführt und nahezu ganz Europa in Mitleidenschaft gezogen.

Das Erstarken der landesfürstlichen Position unter Ferdinand II.

Auch das Land Tirol und die beiden Hochstifte Trient und Brixen gerieten in den Sog der religiösen Auseinandersetzungen und der Gegenreformation. Die Abdankung Karls V. hatte auf die politische Entwicklung im Land zunächst wenig Auswirkungen: König Ferdinand I. wurde zwar als Folge davon im Jahr 1558 von den Kurfürsten zum «Erwählten Römischen Kaiser» gekürt, doch das änderte nichts an seinem Status als Landesfürst in Tirol. Für diesen hatte sich seit der Zeit Maximilians der Titel «Gefürsteter Graf von Tirol» eingebürgert. Allmählich wurde diese Ehrenbezeichnung dann auch für die Grafschaft selbst verwendet, ohne dass dem jedoch jemals ein Rechtsakt vorausgegangen wäre.

Kaiser Ferdinand entsprach dem mehrfach geäußerten Wunsch der Landstände, dass einer seiner Söhne wieder bleibend im Land residieren solle: Er setzte auf testamentarischem Weg Tirol und die Vorlande als Herrschaftsbereich für seinen zweitgeborenen Sohn, Erzherzog Ferdinand II., fest. Diese neuerliche Teilung der habsburgischen Länder bedeutete für Tirol den Beginn einer neuen Ära politischer Selbständigkeit. Zwischen Kufstein und Lienz im Nordosten, Rovereto im Süden und dem Sundgau und dem südlichen Elsass im Nordwesten erstreckte sich nunmehr der gemeinsame Herrschaftskomplex des habsburgischen Regenten. Allerdings verblieb Ferdinand zunächst noch als Statthalter seines älteren Bruders Maximilian II. (1562 deutscher König, 1562 bzw.1563 König von Ungarn bzw. Böhmen) in Böhmen, bevor er 1567 im Rahmen eines feierlichen Huldigungslandtags als Landesherr in Innsbruck begrüßt werden konnte.

Trotz ihrer prinzipiellen Zufriedenheit mit dem neuen Landesfürsten – Ferdinand war in Innsbruck aufgewachsen – nutzten die Landstände, wie es der Tradition entsprach, auch diesmal die Gelegenheit, die Respektierung ihrer «Rechte und Freiheiten» einzumahnen. Scheel angesehen wurde vor allem die mittlerweile auch an den habsburgischen Höfen geübte Praxis, mittels gelehrter Juristen, die im Römischen Recht geschult waren, das bisherige Gewohnheitsrecht auszuhebeln. Besonders im Appellationsgericht von Innsbruck breitete sich vermehrt die Rechtspraxis gemäß den «modernen» Grundsätzen des Römischen Rechts aus. Es war für die Rechtsstreitigkeiten der Untertanen und für den Adel nördlich des Brenners zuständig. Das Gleiche galt auch für das Hofrecht von Bozen/Meran, welches als übergeordnete Rechtsinstanz für den Adel südlich des Brenners fungierte. Nicht zufällig wurde daher bereits von den Zeitgenossen im Römischen Recht das Fundament absolutistischer Regierungspraxis gesehen. Mit Nachdruck forderten die Landstände die Einsetzung von «einheimischen» Beamten in den wichtigen Regierungsämtern und eine Gerichtspraxis im Sinne des traditionellen Rechts. Auch die Sanierung der Finanzen war der Landschaft ein großes Anliegen, da die aufwändige Hofhaltung des neuen Landesfürsten große Steuersummen verschlang. Einigung zwischen Landesfürst und Ständen wurde schließlich mit einer Neufassung der Landesordnung im Jahr 1573 erzielt, nachdem den Ständen zunächst auf einem Landtag das Recht auf die Einhebung der bewilligten Steuern zugestanden worden war. Dieses teuer erkaufte Recht – die Stände hatten dafür eine beträchtliche Summe an Kammerschulden zu übernehmen – wälzte auch die Verwaltungskosten auf die Stände ab. Doch obwohl ihnen einzelne wirtschaftspolitische Zugeständnisse gemacht wurden, etwa bei den Zöllen und dem Salzmonopol, wirkte sich die neue Regelung längerfristig zum Vorteil der landesfürstlichen Stellung aus. Ferdinand wies sämtliche bislang unerledigte ständische Beschwerden zurück, er war auch nicht bereit, die Hofämter nur mit «einheimischen» Beamten zu besetzen. Einen Teilerfolg konnten die Stände allerdings für sich verbuchen, da der Einfluss des Römischen Rechts im Gerichtswesen zugunsten der bisherigen gewohnheitsrechtlichen Praxis vorübergehend zurückgedrängt wurde. In der «*New reformierte(n) Landsordnung der fürstlichen Grafschafft Tirol*» aus dem Jahr 1573 war von den weitreichenden Forderungen eines Michael Gaismair keine Rede mehr. In zahlreichen Punkten griff man nun wieder auf die Regelungen des Jahres 1532 zurück. Eine neu verfasste und beigefügte *Policey-Ordnung*, die dem Landesfürsten eine Art patriarchalische Kontrolle einräumte, enthielt für die tirolische Grafschaft eigene Regelungen, setzte dem übergeordneten Reichsrecht also ein eigenständiges Landesrecht entgegen.

Insgesamt kann für die Regierungszeit Ferdinands II. – wie überall innerhalb des Reichs und Österreichs – ein deutliches Erstarken der landesfürstlichen Position festgestellt werden. Dieser Prozess war verbunden mit einem Machtzuwachs für die höheren Stände. Nicht nur begünstigt durch das «Steuerwerk» von 1573 konnte der Prälaten- und Adelsstand auch infolge des Rechts auf Steuereinhebung die Lasten auf die niederen Stände abwälzen.

Trotz der Bemühungen des Landesfürsten, die Gebiete der beiden Hochstifte näher an die Grafschaft zu binden, galten die Regelungen von 1573 nicht für das Hochstift Trient und nur teilweise für das Hochstift Brixen. Die Gerichtshoheit hingegen lag auch für die Hochstifte bei der Regierung in Innsbruck. Vor allem mit den Oberhirten von Trient brachen in der Ära Ferdinands II. die traditionellen Konflikte zwischen Landesherrschaft und Fürstbischof erneut aus. Giovanni Ludovico Madruzzo (1567–1600), Neffe und zunächst Koadjutor des berühmten Kardinals Cristoforo Madruzzo, setzte, wenn auch vergeblich, auf Eigenständigkeit und Unabhängigkeit vom Landesfürsten. Die beiden Madruzzos verweigerten beispielsweise beim feierlichen Einzug Ferdinands II. zu Beginn des Jahres 1567 die Erbhuldigung, weil sie in ihm – wie vor ihnen bereits Cusanus – nur den Vogt des Fürstbischofs sahen. Ferdinand hingegen nutzte Unruhen in der Stadt Trient zu einem militärischen Eingreifen und forderte dem verschreckten Koadjutor die Anerkennung der Oberhoheit des Landesfürsten ab. Der Vertrag, der damals geschlossen wurde und dem Trienter Bischof eine Reihe von Zugeständnissen abtrotzte, war allerdings nicht rechtsgültig: Der zu diesem Zeitpunkt (1567) rechtmäßige Fürstbischof war noch Cristoforo Madruzzo und die Übereinkunft des Landesfürsten mit dem Neffen von Cristoforo wurde weder vom Papst noch vom Kaiser bestätigt. Dennoch blieben die Regelungen ein Zankapfel über viele Jahre hinweg, da sie die Unabhängigkeit des Trienter Fürstbischofs auf der Grundlage seiner Reichsstandschaft in Frage stellten. Weitere Verhandlungen, die Ludovico Madruzzo mit Ferdinand II. führte, nachdem er 1567 als Fürstbischof auf Cristoforo gefolgt war, brachten schließlich eine Kompromisslösung zustande. Dazu hatte nicht zuletzt die Erhebung von Ferdinands illegitimem Sohn Andreas zum Kardinal entscheidend beigetragen.

Das Verhältnis zwischen den Trienter Oberhirten und den Tiroler Landesfürsten blieb jedoch eine staatsrechtlich niemals genau geklärte Frage bis in die Zeit der Säkularisation hinein, weshalb der Rechtshistoriker Rudolf Palme diesen Kompromiss als ein «Stillhalteabkommen» bezeichnet hat. Weniger konfliktreich war die Lage in Brixen, da hier mit Johann Thomas von Spaur als Koadjutor von Cristoforo Madruzzo und späterem Fürstbischof (1578–1591) ein sehr viel kompromissbereiterer Oberhirte saß. Dieser war, insbesondere nach Madruzzos Tod im Jahr 1578, bereit, die Territorial- und Hoheitskonflikte um einige Talschaften auf dem Verhandlungsweg zu lösen.

Der Rechtsstreit zwischen Landesfürst und Fürstbischöfen wurde freilich zwischen Kontrahenten ausgetragen, die beide als Vorkämpfer für die Erneuerung der katholischen Religion und Kirche auftraten. Gemäß den auf dem Trienter Konzil ausgearbeiteten Reformvorschlägen gingen die Fürstbischöfe zielstrebig daran, Visitationen in ihren Hoheitsgebieten durchzuführen, um die «Moral» des Klerus zu heben. Allein in den Jahren 1570 bis 1613 gab es innerhalb des Bistums Brixen acht Visitationen, die den gesamten Weltklerus der Diözese betrafen und zutage förderten, dass rund 80 Prozent davon im Konkubinat lebten, was dem Geist des Konzils widersprach. Auch die Gründungen der Priesterseminare in Trient (1593) und Brixen (1608), in denen die künftigen Priester besser als bisher geschult werden sollten, gingen auf die Vorschriften des Trienter Konzils zurück.

Auch der Landesfürst sah eine seiner wesentlichen Aufgaben darin, die Untertanen wieder zum «rechtmäßigen» Glauben zurückzuführen, was nicht zuletzt bedeutete, die «Andersgläubigen» aus seinem Land zu entfernen. In den Bergwerkszentren, so neben Hall und Schwaz auch im Raum um Sterzing, hatten sich trotz strenger Kontrollen insbesondere Anhänger der Täuferbewegung halten können. Erzherzog Ferdinand ging mit allen ihm zu Gebote stehenden Mitteln gegen diese «Glaubensverdächtigen» vor, ließ seinerseits Pfarr- und Büchervisitationen vornehmen, Druckwerke konfiszieren und wies seine Beamten zur strengen Kontrolle über die Einhaltung der Fastengebote an. Wer sich nicht zum katholischen Glauben bekannte, musste das Land verlassen.

Zur Unterstützung all dieser gegen die Reformation gerichteten Maßnahmen hatte bereits Ferdinand I. Vertreter des Jesuitenordens ins Land geholt, um in Innsbruck eine Lateinschule zu errichten. Darunter befand sich auch Petrus Canisius, der Verfasser eines Volkskathechismus. Die Schule war bereits 1562 eröffnet und wenig später erweitert worden, bis 1570/71 kamen ein Jesuitenkolleg und die zu ihm gehörende Jesuitenkirche hinzu. Canisius wirkte zwischen 1571 und 1577 überdies als Hofprediger Erzherzog Ferdinands II. und sorgte in dieser Funktion für die Verbreitung seines Kathechismus bis in die hintersten Täler hinein. Die neue katholische «Volksbibel» trug maßgeblich zur Vertiefung der Volksfrömmigkeit bei. Canisius wurde 1864 selig und 1925 von der katholischen Kirche heiliggesprochen, sein Gedenken lebt in den nördlichen Landesteilen bis heute fort. Er zählte nicht nur zu den leidenschaftlichsten Gegnern reformierter Religionsbekenntnisse, sondern auch zu den erbittertsten Predigern gegen «Hexen» und «Zauberer», deren erbarmungslose Verfolgung ebenfalls bereits im 16. Jahrhundert voll eingesetzt hatte. So war es in den Jahren zwischen 1506 und 1510 im Landgericht Völs am Schlern unter dem Hauptmann «an Etsch und Eisack», Leonhard von Völs, zu einer Reihe von Hexenprozessen gekommen, bei denen etwa 30 Menschen zum Tode verurteilt wurden.

Im Gegensatz zu anderen habsburgischen Ländern, in denen die oft mehrheitlich protestantischen Stände eine starke Opposition gegen die Landesfürsten bildeten, blieb der Adel in Tirol überwiegend der römischen Kirche verbunden. Das machte die Rekatholisierung des Landes sehr viel leichter. Einen wesentlichen Beitrag dazu leisteten auch die neuen, auf Wirken des Landesfürsten errichteten Ordensniederlassungen: Seit 1564 kamen die Franziskaner auch nach Innsbruck, als ihr bekanntester Vertreter ist Johannes Nasus, späterer Weihbischof von Brixen, als Hof- und Wanderprediger zu erwähnen. Und gegen Ende seiner Regierungszeit ließ Ferdinand II. in Innsbruck ein Kapuzinerkloster errichten, das bald auch in kleinere Orte hinein ausstrahlte; die Gründung diente als Vorbild für andere Adelige, beispielsweise die Brüder Markus und Engelhart von Wolkenstein, die Ende des Jahrhunderts mit dem Bau eines Kapuzinerklosters in Bozen begannen, dessen Kirche 1603 geweiht wurde.

Für seine Schwestern Magdalena und Helena gründete Ferdinand II. ein Damenstift in Hall; seine zweite Ehefrau und Witwe Anna Katharina Gonzaga bemühte sich um Niederlassungen der

Serviten und Servitinnen. Die intensive Rekatholisierung führte dazu, dass es in Tirol, von wenigen Ausnahmen abgesehen, bereits im Übergang zum 17. Jahrhundert kaum noch Protestanten oder Täufer gab. Nur im Defreggental im heutigen Osttirol und im Zillertal, die beide zum Erzstift Salzburg gehörten, hielten sich im Untergrund Protestanten, bis auch sie zu einem späteren Zeitpunkt ausgewiesen wurden. Das heutige Südtirol kann zu Beginn des 17. Jahrhunderts als durchgehend katholisch bezeichnet werden, auch wenn die Zuschreibung «Heiliges Land», mit dem man im 18. Jahrhundert das Kronland Tirol gern bezeichnete, erst sehr viel später aufkam.

Erzherzog Ferdinand II. starb im Jahr 1595. Sein Gedächtnis ist insbesondere im nördlichen Tirol bis heute sehr lebendig, hat er sich doch mit dem im Stil der Renaissance durchgeführten Ausbau von Schloss Ambras und seiner dort verwahrten Kunst- und Wunderkammer ein bleibendes Andenken geschaffen. Sein Hof war ein weit über Tirol hinaus wirkendes kulturelles Zentrum, in dem Gelehrsamkeit im Sinne des Humanismus, Musik und Tanz gepflegt wurden. Damals wurden auch erste tirolische Landesbeschreibungen verfasst; dem in Lana ansässigen Jakob Andreas von Brandis ist eine erste Geschichte der Landeshauptleute von Tirol zu verdanken. Große Verdienste hat sich Ferdinand auch durch seine im Jahr 1586 erlassene Schulordnung erworben, der zufolge in größeren und kleineren Orten nun auch deutsche Schulen und Pfarrschulen eingerichtet werden sollten. Auch wenn der Zweck dieser Schulen darin bestand, die Jugend im «rechten Glauben» zu unterweisen, war damit doch das Erwerben elementarer Kenntnisse im Lesen und Schreiben auch für die bäuerliche Bevölkerung verbunden. Die Schulordnung trug erheblich zur zunehmenden Alphabetisierung der Bevölkerung bei.

Noch lebendiger im kollektiven tirolischen Gedächtnis ist freilich Ferdinands erste Ehefrau Philippine Welser geblieben, die dem reichen Augsburger Kaufmannsgeschlecht der Welser entstammte und mit der Ferdinand eine lange Zeit geheim gehaltene morganatische Ehe führte. Ihr für die damalige Zeit ausgesprochen modernes Badezimmer mit Badewanne aus verzinntem Kupferblech auf Schloss Ambras ist ein touristischer Anziehungspunkt bis heute, auch hat sie als Kennerin von Heilpflanzen ein kostbares Arzneibuch hinterlassen, sogar ein heute noch benutztes Kochbuch wird ihr zugeschrieben. Dass Ferdinand als Privatperson mit dieser «bürgerlichen» Ehe nicht seinen ansonsten so strengen Grundsätzen folgte, schadete seinem Ansehen in Tirol nicht, insbesondere nachdem infolge zäher Verhandlungen mit dem Papst deren Gültigkeit anerkannt und einer seiner Söhne, Andreas, sogar zum Kardinal erhoben wurde. Ferdinands zweite Gemahlin, Anna Katharina aus dem Mantuaner Herzogshaus Gonzaga, ist heute so gut wie vergessen, obwohl sie als fromme Katholikin mit ihren Stiftungen im Sinne der Gegenreformation wirkmächtiger als Philippine Welser gewesen ist.

Die Statthalterschaft Maximilians III.

Da Ferdinands Söhne aus seiner Ehe mit Philippine Welser nicht erbberechtigt waren, fiel die Grafschaft nach seinem Tod im Jahr 1595 an das habsburgische Gesamthaus zurück. Kaiser Rudolf II. bestand gegenüber der steirischen Linie seines Hauses darauf, dass die tirolischen und vorderösterreichischen Lande nicht geteilt werden sollten, und behielt sich selbst die Oberhoheit vor. Die Stände forderten wie schon so oft einen eigenen Landesfürsten. Sie machten davon auch die Erbhuldigung und die – einmal mehr vom Oberhaupt geforderten – Steuerleistungen abhängig. Nach zähen Verhandlungen übernahm Erzherzog Maximilian III., einer der jüngeren Brüder des Kaisers, zunächst interimistisch, de facto aber bis zu seinem frühen Tod 1618, im Jahr 1602 als Statthalter des Kaisers die Regentschaft. Maximilian war ursprünglich für den geistlichen Stand bestimmt gewesen und in den Deutschen Orden eingetreten, wo er rasch zum Hoch- und Deutschmeister aufgestiegen war. Da von ihm keine Erben zu erwarten waren, konnte sich auch die steirische Linie des Hauses mit seiner Herrschaft in Tirol und den Vorlanden abfinden. Die relativ kurze Zeit seiner Regentschaft war gegenüber seinem Vorgänger durch eine sparsamere Hofhaltung und größere Toleranz in religiösen Dingen gekennzeichnet. In seine Zeit, in der immer wieder Kriege gegen das Osmanische Reich geführt und auch in Tirol entsprechende Steuern dafür eingehoben wurden, fällt auch eine neue Zuzugsordnung auf der Grundlage des Landlibells von 1511. Sie traf genauere Regelungen für die jeweiligen Aufgebote im Kriegsfall und sah auch eine bessere Ausbildung der waffenfähigen Mannschaft in Friedenszeiten vor. Die beiden höheren Stände (Prälaten und Adel), denen in den Landtagen immer mehr Gewicht zukam, blieben dabei von den Kriegsdiensten befreit.

Die Rekatholisierungspolitik ging in diesen Jahren nun vermehrt von den Hochstiften aus. Insbesondere der Brixner Bischof Christof Andreas von Spaur (1601–1613) sorgte in seinem Sprengel gemäß den Forderungen des Trienter Konzils für eine geistige Erneuerung der Kirche. In Trient blieb dies angesichts der häufigen Abwesenheit des Fürstbischofs Carlo Gaudenzio Madruzzo (1600–1629) dem tatkräftigen Weihbischof Pietro Belli vorbehalten, während sich Madruzzo sehr viel mehr um die künstlerische Selbstdarstellung seiner Familie in Stadt und Bistum Trient kümmerte. Statthalter Maximilian achtete streng darauf, dass dabei die *Ius sacra*, also die geistlichen Belange, von den Fürstbischöfen nicht überschritten wurden. Mit Christof Andreas von Spaur kam es nach langen Verhandlungen erneut zu schriftlich fixierten Abgrenzungen zwischen den beiden Gewalten, dem Maximilianeischen Vertrag von 1605. Die Hauptstreitpunkte waren die Verpflichtung zur Huldigung gegenüber dem Landesfürsten und die Gerichtsbarkeit über die Geistlichkeit. Reichsrecht bzw. Gewohnheitsrecht und Kanonisches Recht standen in diesen Vereinbarungen einmal mehr gegeneinander.

Die seit der Zeit des Cusanus nie endgültig gelöste Frage nach dem politisch-rechtlichen Vorrang der weltlichen vor der geistlichen Gewalt führte erneut zu pragmatischen Kompromissen: Die Huldigungsfrage beispielsweise wurde erst gar nicht in die Vereinbarungen aufgenommen; hinsichtlich der Gerichtsbarkeit behielt man das gewohnheitsrechtliche Vorgehen des *Forum mixtum* bei, der Zuständigkeit beider, je nachdem ob es sich um geistliche oder weltliche Belange handelte.

Leopold V. und Claudia de' Medici

Nach dem Tod Maximilians III. gelangte 1618 mit Erzherzog Leopold V. die steirische Linie des habsburgischen Hauses, der auch der ein Jahr später folgende neue Kaiser Ferdinand II. (1619–1637) angehörte, in Tirol und in den Vorlanden zur Herrschaft. Diesmal handelte es sich jedoch um einen Erzherzog, der sich nicht mit der Rolle eines Statthalters begnügte. Vielmehr strebte Leopold die Position eines unabhängigen Landesfürsten an. Dabei kam ihm die Unterstützung der Stände zugute, die ebenfalls die Selbständigkeit des Landes im Auge hatten. Bei Amtsübernahme musste Leopold auf seine kirchlichen Ämter verzichten – er war zuvor Bischof in Passau und in Straßburg gewesen. Die Resignation von allen kirchlichen Würden war auch deshalb nötig, weil Leopold eine reiche junge Braut zu heiraten beabsichtigte: Claudia de' Medici war eine im Jahr 1604 geborene Tochter des Florentiner Großherzogs Ferdinand I. und bereits Witwe eines Herzogs von Urbino, der ihr ein stattliches Vermögen hinterlassen hatte. Sie und Erzherzog Leopold wurden 1626 in einer prunkvollen Hochzeitszeremonie getraut, im selben Jahr – das Haus Medici hatte dies zur Bedingung für die Eheschließung gemacht –, in dem Kaiser Ferdinand II. in die volle rechtliche Übereignung Tirols an seinen jüngeren Bruder einwilligte. Leopolds Regentschaft, die wenig später auch auf die Vorlande ausgedehnt wurde, dauerte allerdings nicht lange; er starb bereits im Jahr 1632. Zuvor hatte er noch über das Steuerbewilligungsrecht der Stände hinweg außerordentliche Abgaben eingezogen. Für die künftige absolutistische Ausrichtung der landesfürstlichen Obrigkeit wurden auf diese Weise immer deutlichere Zeichen gesetzt: Nur noch selten trat jetzt der gesamte, der «offene» Landtag zusammen; Regierung und Hof kommunizierten, je nach Zuständigkeit, nur noch mit den landschaftlichen «Ausschüssen».

Obwohl nach Leopolds Tod die Herrschaft und die Vormundschaft für seine minderjährigen Söhne Ferdinand Karl und Sigmund Franz an den Kaiser fielen, übernahm de facto die junge Witwe Claudia die Regentschaft in Tirol und den Vorlanden, was sich insbesondere für den Süden Tirols positiv auswirkte. Seit längerem schon hatten hier nämlich italienische Kaufleute bei Hofe um die Bestellung eines eigenen Richters in Bozen für ihre Marktangelegenheiten angesucht, der ihrer Sprache mächtig sei und unter Zuziehung einiger Kaufleute in strittigen Handelssachen entscheiden sollte. Claudia, die Florentinerin, die nach Tirol nicht nur toskanisches Hofleben und italienische Kultur, sondern auch wirtschaftliche Kenntnisse und Sympathie für ihre Landsleute mitbrachte, stand diesem Ansinnen von Anfang an positiv gegenüber. Sie setzte 1635 schließlich auch die Errichtung eines eigenen Handels- und Wechselgerichts in Bozen durch – gegen den Widerstand des bisherigen Richters, der Verluste an Einfluss und Einkünften befürchtete, und auch der «deutschen» Bozner Bürger, die nachteilige Wechselspekulationen erwarteten. Der italienisch-deutsche Gegensatz, der sich hier erstmals zeigte, betraf auch andere wirtschaftliche Angelegenheiten: So wurde von den «deutschen» Weinbauern die Konkurrenz der «italienischen» Maulbeerbaumzucht zur Herstellung von Seide gefürchtet, die mittlerweile im Süden des Landes erste Erfolge verzeichnete. Der deutsch und italienisch besetzte Bozner Merkantilmagistrat diente für vergleichbare Gerichtsordnungen in deutschen Städten als Vorbild und zog angesichts der Rechtssicherheit, die die neue Wechselordnung bot, für den Handel einen bemerkenswerten Aufschwung nach sich. Das zu Beginn des 18. Jahrhunderts in Bozen im frühbarocken Stil errichtete Gebäude des Merkantilmagistrats ist gut erhalten und dient heute als Sitz der Bozner Handelskammer.

Die Wirren des Dreißigjährigen Krieges konnten von Tirol weitgehend ferngehalten werden, wohl aber dienten die Verkehrsverbindungen als Aufmarsch- und Durchzugsgebiet für die kaiserlichen Truppen. Die größte Gefahr drohte im Jahr 1631, nachdem der Schwedenkönig Gustav II. Adolf den Feldherrn des Kaisers, Johann von Tilly, mit seiner Armee im September bei Breitenfeld in Sachsen vernichtend geschlagen hatte und daraufhin Richtung Süden zog. Damals waren die Vorlande und damit auch Tirol unmittelbar vom Krieg bedroht und die Befestigungsanlagen vor allem im Nordwesten mussten gesichert werden. Geld und Soldaten wurden dringend benötigt. Trotz hoher Steuerauflagen konnten die Stände das Erforderliche nicht ausreichend aufbringen. Immer wieder waren Medici-Gelder, Darlehen aus Florenz und Claudias Mitgift eine wertvolle Hilfe, um vor allem die Feste Ehrenberg bei Reutte, das Einfallstor nach Tirol im Nordwesten, für die Landesverteidigung besser instand zu setzen.

Zur «Landesdefension» hatten auch die Hochstifte beizutragen. Es kam allerdings immer wieder zu Auseinandersetzungen über die Höhe der entsprechenden Abgaben, da sie über die unmittelbaren Kriegsabgaben hinaus auch für die «Türkenhilfe» und die «Hofschuldentilgung» zur Kasse gebeten wurden. Der Streit eskalierte im Jahr 1633, als Claudia auch den Hochstiften eine Extrasteuer für die Hofunkosten, namentlich zur Erziehung der jungen Prinzen, auferlegte. Beide Oberhirten, Carlo Emanuele Madruzzo in Trient (1630–1658) und Wilhelm von Welsberg in Brixen (1629–1641), waren nicht bereit, diese Sondersteuer anzuerkennen. Daraufhin ließ Claudia u.a. den Brixner Besitz in Tirol beschlagnahmen und drohte sogar mit der Besetzung des Hochstifts. Der Streit konnte erst zwei Generationen später Anfang der neunziger Jahre des 17. Jahrhunderts rechtlich beigelegt werden. Eine der prominentesten Figuren in diesem Konflikt mit den Fürstbischöfen und insgesamt in der Durchsetzung von absolutistischer Hoheitsgewalt durch die Landesfürstin war der aus Schwaben stammende Hofkanzler Wilhelm Biener. Er machte sich auch unter den Ständen und den tirolischen Regierungsbeamten zahlreiche Feinde. Nach Claudias Tod wurde er denn auch gefangen genommen und 1650, nachdem er wiederholt gegen die prunkvolle Hofhaltung von Claudias Nachfolger Ferdinand Karl protestiert hatte, in einem Geheimprozess zum Tode verurteilt – ein Justizmord, der damals bereits viel Aufsehen erregte und eine Reihe von literarischen Bearbeitungen nach sich gezogen hat.

In wirtschaftspolitischer Hinsicht setzte die Landesfürstin auf die Gratwanderung zwischen einem möglichst freien Warenhandel und der nötigen Kontrolle ausländischer Kaufleute. Die Förderung von Handel und Gewerbe war ihr ein großes Anliegen, 1642 wurde Mals im Vinschgau zum Markt erhoben, im Raum um Rovereto und in der Haller Au versuchte auch sie mit dem Anbau von Maulbeerbäumen die Seidenraupenzucht in Tirol heimisch zu machen.

Den durch teure Hofhaltung und Krieg zerrütteten Finanzen begegnete Claudia durch eine Reform der Behördenorganisation und den Arbeitseinsatz von Bettlern und Hausierern. Streng ging sie als Gerichtsherrin gegen «unzüchtige» Personen vor, ein Polizeimandat aus dem Jahr 1636 sollte dafür Sorge tragen, dass auf den Gassen und Plätzen «Rumors- und Unzuchthandlungen» abgestellt würden. In einer Zeit, in der Hexen- und Dämonenglauben weit verbreitet war und körperliche Strafen zum Alltag zählten, kann Claudia jedoch trotz ihrer strengen Moralvorstellungen als milde Regentin bezeichnet werden. Im Zweifelsfall machte sie auch von ihrem Begnadigungsrecht Gebrauch. Dass sie ihren Auftrag, höchste Gerichtsherrin im Land zu sein, ernst nahm, beweisen die vielen Gerichtsfälle, die sie persönlich behandelt hat. In kultureller Hinsicht hat Claudia vorwiegend italienische Akzente gesetzt; Theater, Komödien und Hofmusik wurden regelmäßig zur Aufführung gebracht, die italienische Oper hielt in Innsbruck Einzug, trotz leerer Kassen wurden die Hofburg und der Hofgarten und andere Ansitze ausgebaut; zudem brachte Claudia Feinheiten der italienischen Küche nach Tirol.

Von großer Bedeutung war für sie aber auch das Bemühen, den Besitz ihrer *Lannden* gegenüber dem neuen Gegner im Dreißigjährigen Krieg, Frankreich, zu behaupten. Sie verbündete sich mit dem Kaiser und dem spanischen König und stellte große Summen toskanischen Geldes – freilich vergeblich – für die Rückeroberung des habsburgischen Elsass und Breisachs zur Verfügung. Tirol selbst konnte so, wie bereits erwähnt, von Kriegshandlungen freigehalten werden, doch die linksrheinischen Besitzungen, Elsass, Sundgau, zuletzt auch Breisach, blieben für Habsburg verloren. Die Ablösezahlungen, die Claudia im Zuge der Friedensverhandlungen dafür zugesichert wurden, verbrauchte ihr Sohn Ferdinand Karl, der 1646 die Herrschaft übernahm, innerhalb kurzer Zeit für seine Hofhaltung.

Zwei Jahre nach dessen Regierungsantritt starb Claudia de' Medici 44-jährig. Als eine bedeutende Tiroler Landesfürstin ist sie im kollektiven Gedächtnis bis heute präsent, vor allem im Süden. Weibliche Herrschaft wie im Falle der Claudia de' Medici war im Europa der Frühen Neuzeit durchaus üblich – unabhängig und unbeirrt von der gleichzeitig heftig geführten *Querelle des Femmes*, bei der vorwiegend männliche Gelehrte über die (mangelnden) Fähigkeiten des weiblichen Geschlechts ihre Federn kreuzten.

Die Gebiete, die im Westen nicht schon durch den Krieg verloren waren, wurden unter Ferdinand Karl wegen dessen Finanznot veräußert und damit die bis heute gültige Grenze Tirols bei Finstermünz/Martina festgelegt. Auch dem Fürstbischof von Brixen wurden einige Gerichte im Pustertal verpfändet. Die kurze Zeit der Regentschaft von Ferdinand Karl ging durch seinen frühen Tod bereits 1662 zu Ende. Auch seinem jüngeren Bruder Sigmund Franz waren nur drei Jahre Regierungszeit vergönnt. Der gegenreformatorische Eifer ließ unter Claudias Söhnen merklich nach, doch im Gegensatz zu seinem Vorgänger, dessen glanzvolle Hofhaltung die Schulden des Landes weiter erhöht hatte, bemühte sich Sigmund Franz um die Sanierung der Finanzen.

Bevölkerungswachstum, Versorgungsengpässe und der Ausbau des Schulwesens

Bereits in der zweiten Hälfte des 16. Jahrhunderts setzte der Niedergang des Bergbaus ein, zum einen, weil die Vorkommen allmählich erschöpft waren, zum anderen, weil das importierte Silber aus Südamerika zu einem massiven Preisverfall führte. Die Zahl der einheimischen Unternehmerfamilien und der Bergknappen ging zurück, der steigende Kapitalbedarf hatte zur Folge, dass sich die landesfürstliche Kammer und finanzkräftige Unternehmer wie die Augsburger Fugger der Gruben bemächtigten. Das Bergwerk in Schwaz wurde, um die Knappen nicht brotlos werden zu lassen, vom Landesfürsten übernommen. Die wertlos gewordenen Gruben bei Sterzing mussten von den Fuggern ebenfalls an den Landesfürsten abgetreten werden. Etwas weniger dramatisch stellte sich die Lage im Kupferbergwerk in Prettau dar, wo Christoph von Wolkenstein-Rodeneck zu Beginn des 17. Jahrhunderts noch gewinnbringend wirtschaften konnte. Der lange Jahre für wirtschaftliche Prosperität des Landes sorgende Bergsegen kam im Laufe des 17. Jahrhunderts an sein Ende, was auch bedeutete, dass die vormals im Bergbau Beschäftigten nun wieder in die Landwirtschaft zurückdrängten. Lediglich die Salzgewinnung blieb zunächst wirtschaftlich rentabel, die Produktion stieg sogar von 10 000 Tonnen im Jahr 1510 auf 15 000 Tonnen im Jahr 1618 an. Doch die Wirren des Dreißigjährigen Krieges brachten auch für den Salzabsatz einen beträchtlichen Rückschlag.

Die zahlreichen religiös bedingten Auswanderungen (man schätzt die Ausgewanderten auf etwa 6000 Personen, etwa 600 Anhänger der Täuferbewegung wurden hingerichtet), aber auch verschiedene Epidemien (insbesondere das Fleckfieber), die vielfach von Soldaten eingeschleppt wurden, brachten zunächst Bevölkerungsverluste mit sich. Doch insgesamt wuchs die Bevölkerung, die im Laufe des 16. Jahrhunderts schon um 50 Prozent gestiegen war, und das vor allem in den ländlichen Gebieten. Dies führte zu Versorgungsengpässen im getreidearmen Tirol, nicht zuletzt weil die Getreidepreise im gleichen Zeitraum um mehr als das Doppelte gestiegen waren. Vom Wein als einzigem nennenswerten Exportartikel profitierten im Wesentlichen nur die reichen Weinbauern und Weinhändler entlang der Etsch. Ihre Vorbehalte gegenüber der Konkurrenz des billigeren Trientiner Weins zeigten sich, wie schon erwähnt, an ihren Bedenken gegenüber dem «italienisch» dominierten neuen Handelsgericht in Bozen.

Die wirtschaftliche und soziale Stellung der Bauern blieb innerhalb der landesfürstlichen Gebiete dank der freien Erbhofrechte relativ günstig, während das Freistiftrecht in den kirchlich beherrschten Gebieten zwar nicht mehr in seiner ursprünglichen Schärfe gehandhabt wurde, wohl aber höhere Abgaben mit sich brachte. Hierbei wirkte sich die Geldentwertung eher günstig aus, da der Grundzins dadurch niedriger wurde. Auch die steigenden Preise für Nahrungsmittel trafen weniger die Bauern, die meist Selbstversorger waren, als die städtischen Unterschichten und die arbeitslos gewordenen Bergknappenfamilien. Die Zersplitterung der Güter, wie sie vor allem im Vinschgau und in ladinischen Tälern charakteristisch war, verbunden mit der Übervölkerung, brachte auch in diesen Gegenden Armut und Versorgungsprobleme mit sich. Für viele Bauern entstand die Notwendigkeit eines Zusatzverdiensts, oft außerhalb des Landes. Von den wirtschaftlichen Vorteilen, die die Kaufleute in der Stadt Bozen infolge des von Claudia de' Medici verliehenen Privilegs für sich verbuchen konnten, war bereits die Rede. Bescheidene Ansätze von Seidenraupenzucht fanden sich im Raum um Rovereto. Auch das Post- und Verkehrswesen wurde weiter systematisch ausgebaut, Ende des 16. Jahrhunderts verband der Hauptpostkurs Innsbruck über die Stationen Steinach, Sterzing, Brixen, Kollmann, Bozen, Neumarkt bereits mit Trient. Von dort aus führte der Weg weiter nach Venedig. Fuhrleute und Postmeister fanden dadurch neue, wirtschaftlich lukrative Berufsfelder.

Neben den von der Kirche geführten lateinischen Schulen entstanden in den größeren Orten vermehrt die von Städten und Gemeinden getragenen deutschen Schulen – eine Konkurrenz, die sich positiv auf die Entwicklung des Schulwesens auswirkte. Die städtischen Gymnasien wurden ebenfalls geistlichen Orden anvertraut, so die Gymnasien in Innsbruck und Hall den Jesuiten; 1625 wurde dem Jesuitenorden auch in Trient ein Gymnasium anvertraut, das bis zur Auflösung des Ordens 1773 bestand. Die von Ferdinand II. 1586 erlassene Schulordnung regelte die Stellung der Lehrer und gab bereits erste pädagogische Hinweise für den Unterricht. Gültige Zahlen über den Schulbesuch gibt es für diesen Zeitraum noch nicht, da Schulmatrikeln noch nicht geführt wurden und in den adeligen Häusern der Privatunterricht üblich war. Für Sterzing hat der landeskundlich tätige Schulmann Anton Noggler erste Schätzungen angestellt – ausgehend von 159 Häusern, d.h. von etwa 1000 Einwohnern zu Beginn des 16. Jahrhunderts, und der Zahl von 75 Schülern, die für das Jahr 1517 in der Sterzinger Lateinschule belegt sind, kann man von einem Anteil von etwa 7 Prozent der Schuljugend ausgehen, welche tatsächlich die Schule besuchten. Eine deutsche Schule ist für Sterzing erst ab dem Jahr 1580 bezeugt. Für Bozen und Bruneck sind ebenfalls lateinische Lehrer nachgewiesen, die Domschule von Brixen zur Ausbildung des Klerus gab es ja bereits seit dem Mittelalter.

In künstlerischer Hinsicht hinterließ vor allem Ferdinand II. seine Spuren, allerdings stärker im Norden des Landes. Für seine bedeutende Kunst- und Wunderkammer baute er im Stil der Renaissance das heute noch weithin sichtbare Schloss Ambras aus. Das landesfürstliche Vorbild reichte auch in den Süden des Landes hinein: Unter Fürstbischof Andreas von Österreich (1591–1600), dem Sohn Ferdinands II. und der Philippine Welser, wurde die Brixner Hofburg zu einem vollendeten Renaissancebau umgestaltet. Auch andere Adelige bemühten sich um entsprechende Prunkbauten zur Ehre ihres Hauses, beispielhaft erinnert sei an die Churburg der Grafen von Trapp im Vinschgau, an die Trostburg der Wolkensteiner im Eisacktal, an Schloss Maretsch in Bozen, das durch die Freiherren von Römer in den siebziger Jahren des 16. Jahrhunderts umgestaltet worden war, an Schloss Prösels, den Sitz des Hauptmanns «an Etsch und Eisack», Leonhard von Völs, oder an Castell Madruzzo nahe Trient: Überall wurden die mittelalterlichen Burganlagen von ihren adeligen Inhabern im Stil der Renaissance umgebaut und erweitert.

Wie überall in Europa entwickelten sich in der Frühen Neuzeit auch in Tirol die Höfe der Landesfürsten und Fürstbischöfe zu kulturellen Zentren, nicht nur, was die Bautätigkeit betrifft. Hier wurden bei höfischen Festen Musik, Tanz und Spiel gepflegt, wofür wiederum entsprechende Bauten benötigt wurden. So ließ bereits Erzherzog Leopold das Ballspielhaus in Innsbruck errichten, und unter Ferdinand Karl wurde das erste freistehende Operntheater im deutschen Sprachraum – heute Tiroler Landestheater – erbaut. Als Christine, die Tochter des protestantischen schwedischen Königs Gustav II. Adolf, auf ihrem Weg nach Rom in Innsbruck feierlich zum katholischen Glauben konvertierte, gönnte sie sich im Hoftheater einen Tag nach der Konversion die Uraufführung der Oper *L'Argia* aus der Feder des italienischen Hofkapellmeisters Antonio Cesti. Die Ex-Königin genoss diese «mit aufmerksamer Freude», ein weiteres Indiz dafür, wie sehr in der ersten Hälfte des 17. Jahrhunderts italienischer Stil und italienische Kultur in Tirol bereits Einzug gehalten hatten.

10. KAPITEL

Am südlichen Rand der *Monarchia Austriaca*

Das 18. Jahrhundert begann in Süd- und Mitteleuropa mit einem militärischen Konflikt um die Frage, wer die Nachfolge nach dem letzten spanischen Habsburger antreten sollte, und zwar mit dem Spanischen Erbfolgekrieg (1700–1714). Ein französischer und ein österreichischer Prätendent waren beide gleichermaßen erbberechtigt: Eine Verbindung Frankreichs mit Spanien war aber bei den anderen europäischen Mächten ebenso unerwünscht wie ein Zusammenschluss aller habsburgischen Gebiete zu einem einzigen Machtkomplex wie zur Zeit Karls V. Darüber hinaus machte sich Kurfürst Max Emanuel II. von Bayern, dessen früh verstorbener Sohn ein möglicher Kompromisskandidat gewesen wäre, Hoffnungen auf die Erhebung Bayerns zum Königreich. Schließlich einigte man sich auf die Teilung der spanischen Ländermasse. Der habsburgische Einflussbereich dehnte sich nun weit nach Italien hinein aus. Kurz vor Beendigung des Krieges, im April 1713, wurde ein neues habsburgisches Hausgesetz beschlossen. Es sah die Untrennbarkeit und Unteilbarkeit aller habsburgischen Länder sowie die Möglichkeit der weiblichen Erbfolge vor. Die vollständige Eingliederung auch Tirols in diesen Herrschaftskomplex, der zeitgenössisch *Monarchia Austriaca* genannt wurde, war damit für die Zukunft besiegelt. Darüber hinaus waren die Grundlagen dafür geschaffen, dass Maria Theresia, die Tochter von Kaiser Karl VI. (1711–1740), nach seinem Tod die Nachfolge in den habsburgischen Ländern antreten konnte.

Die Eingliederung der tirolischen Linie in das habsburgische Gesamthaus

Mit dem Tod von Erzherzog Sigmund Franz im Jahr 1665 war die tirolische Linie des habsburgischen Hauses erloschen. Zunächst hatte noch die Witwe des vormaligen Landesfürsten Ferdinand Karl, Anna de' Medici, nach dem Vorbild ihrer Tante Claudia durchaus Ambitionen für die Landesherrschaft gezeigt. Wie schon bei vergleichbaren früheren Anlässen fiel die Grafschaft aber wieder an das habsburgische Gesamthaus zurück.

Kaiser Leopold I. (1658–1705), der Sohn Ferdinands III., traf daher auch bald nach dem Tod von Sigmund Franz in Tirol ein, um die Huldigung der Stände entgegenzunehmen. Die Übertragung der Landesherrschaft an einen habsburgischen Erzherzog war diesmal nicht vorgesehen, so dass es erstmals zu einer direkten Eingliederung Tirols in den immer stärker zusammenwachsenden österreichischen Herrschaftskomplex kam.

Die tirolischen Behörden in Innsbruck (Regierung, Kammer, Geheimer Rat) bestanden zwar weiter, doch wurden nun wichtige Entscheidungen nicht mehr im Land selbst, sondern in Wien getroffen.

Hier war in der Zwischenzeit auch die Errichtung von wichtigen «staatlichen» Zentralstellen (Regiment, Hofkammer, Hofkriegsrat, Hofkanzlei) vor sich gegangen. Doch erfolgte die absolutistische Anbindung an die Wiener Zentralstellen nicht als plötzlicher Bruch, sie vollzog sich langsam und schrittweise. Die Landtage und Ausschusslandtage wurden weiterhin einberufen, wobei es, wie schon so oft, vor allem um die Höhe der von den Ständen zu erbringenden Leistungen ging. Die zahlreichen Kriege, die Leopold führte, verlangten auch dem Land Tirol und den Hochstiften immer wieder Kontributionen ab. Die Bereitschaft, diese auch tatsächlich zu leisten, war bei den «Türkenkriegen» allerdings sehr viel geringer ausgeprägt als im Kampf gegen Frankreich, von dem ja auch die mit Tirol verbundenen Vorlande betroffen waren. Dennoch konnten direkte kriegerische Auseinandersetzungen von Tirol selbst zunächst ferngehalten werden.

Als Ersatz für den Verlust einer eigenen Hofhaltung und die damit verbundenen finanziellen und wirtschaftlichen Einbußen kam Leopold I. einem langgehegten Wunsch der Stände entgegen, in Innsbruck eine Universität zu errichten. Um diese finanzieren zu können, verfügte der Landesfürst eine Sondersteuer auf das Haller Salz um 12 Kreuzer pro Fuder. Bereits im Wintersemester 1669 nahmen die Jesuiten, denen die Errichtung anvertraut worden war, den Unterricht in den beiden philosophischen Jahrgängen auf, zwei Jahre später konnte der Studienbetrieb an der theologischen und der juridischen Fakultät, weitere zwei Jahre später auch an der medizinischen beginnen. Im Jahr 1673 erhielt die Universität durch kaiserliches Dekret das Promotionsrecht, vier Jahre später, am 26. April 1677, folgte die offizielle kaiserliche Stiftungsurkunde der Universität mit vier Fakultäten. Die Hörerzahl betrug im ausgehenden 17. Jahrhundert etwa 350 Studenten, wobei die Mediziner, für die es keine Zahlen gibt, nicht mitgerechnet sind. Der Einzugsbereich umfasste nicht nur die tirolischen Landesteile, sondern auch die Gebiete der Hochstifte Brixen und Trient, wo es ja die entsprechenden höheren Lehranstalten, die zum Besuch einer Universität berechtigten, seit langem schon gab.

Da der Kaiser und Landesfürst kaum selbst im Land anwesend war, ernannte er 1679 seinen Schwager, Herzog Karl von Lothringen, zu seinem Stellvertreter und *Gubernator*. Aber der als hochrangiger militärischer Befehlshaber in den «Türkenkriegen» vielfach eingesetzte Lothringer blieb ebenfalls zumeist dem Land fern. Sein Nachfolger wurde 1705 Karl Philipp von Pfalz-Neuburg, ebenfalls ein Schwager Leopolds. Die neue Bezeichnung *Gubernator* verweist bereits deutlich auf das zentralistisch-absolutistische Regierungsmodell, das – wie in den anderen habsburgischen Ländern auch – die bisherige politische Selbständigkeit des Landes zugunsten einer stärkeren Anbindung an den Gesamtstaat aushöhlte.

Tirol zwischen den Fronten

Der Spanische Erbfolgekrieg setzte der jahrhundertelangen Friedenszeit in Tirol ein jähes Ende, denn das Land lag ja zwischen den umkämpften spanischen Territorien in Oberitalien (es ging vor allem um das Herzogtum Mailand) und Bayern, dessen Kurfürst Maximilian II. Emanuel ein Verbündeter Frankreichs war. Bereits im Jahr 1701 wurden die Stände angehalten, die Durchzugskosten für die nach Süden – gegen Frankreich – ziehenden kaiserlichen Truppen unter dem Oberbefehl Prinz Eugens von Savoyen zu übernehmen. Als die Truppen bei Rovereto standen und nicht mehr weiter vorrücken konnten, weil die Franzosen die offenen Ausgänge aus den Alpentälern kontrollierten, führte Prinz Eugen das Heer übers Gebirge im Osten des Lagertals in die venezianische Ebene. Gleichzeitig stießen andere Truppenteile ebenfalls über gebirgige Saumpfade durch das Terragnolotal und den Borcolapass nach Süden vor. So konnte Prinz Eugen die kaiserliche Position in Oberitalien zunächst behaupten.

Zwei Jahre später, im Sommer 1703, beschloss der bayerische Kurfürst Max II. Emanuel einen Vorstoß nach Tirol, um sich mit den französischen Truppen im Süden zu vereinigen. Die Stände, die bereits widerwillig die Verproviantierung der kaiserlichen Truppen übernommen hatten, sahen sich trotz kaiserlicher Warnungen im Vorfeld erst relativ spät zum Handeln genötigt: Zur Sicherung der Südgrenze wurde deshalb auf der Grundlage des Landlibells von 1511 der aus allen wehrpflichtigen Männern, die nicht dem regulären Militär angehörten, bestehende Landsturm aufgeboten. Der Fürstbischof von Trient, damals Johann Michael von Spaur (1696–1725) und die Landschaft Tirols arbeiteten hierbei eng zusammen. Doch die zusätzlich von Wien entsandten Truppen wurden nicht ausreichend mit Landesmitteln versorgt und hielten sich am Gut der Landbevölkerung schadlos, weshalb sie bald wieder zurückbeordert wurden. So war das Land gegen den bayerischen Einfall schlecht gerüstet, der Nordosten (Kufstein, Rattenberg, Schwaz) konnte nahezu widerstandslos von den Bayern erobert werden. Am 2. Juli 1703 zog der Kurfürst in Innsbruck ein und forderte das Land zur Unterwerfung auf. Das Misstrauen gegenüber der Obrigkeit, die keine funktionierende Landesverteidigung zuwege gebracht hatte, weckte jedoch die Widerstandsbereitschaft der Bevölkerung. Es kam an verschiedenen Orten zu Aufständen und Unruhen. So wurde etwa in Stein am Ritten ein Pfleger, der zur Unterwerfung aufgerufen hatte, von aufgebrachten wehrbereiten Bauern ermordet. Die Landesmiliz organisierte sich mit lokalen Führern und unterstützt vom ständischen Hauptverantwortlichen, Landeshauptmann Sebastian Graf Künigl (1695–1739), gewissermaßen selbst und marschierte bereits am 27. Juni in Richtung Brenner, um das Land von der bayerischen Besetzung zu befreien. Das obere Eisacktal und Teile des Inntals wurden tatsächlich zurückerobert, der bayerische Vorstoß am Brenner konnte zum Stillstand gebracht werden. Einen noch bedeutenderen Erfolg errang das Landesaufgebot nahe Landeck, bei der Pontlatzer Brücke, wo ein Kontingent bayerischer Truppen über den Reschen nach Süden ziehen sollte. Am 1. Juli wurde eine etwa 300 Mann starke Abteilung aus französisch-bayerischen Grenadieren, Füsilieren und Dragonern vernichtend geschlagen. Dabei war den Tirolern ihre Ortskenntnis zu Gute gekommen und auch ihre Kampfmethoden (Steinlawinen, herabfallende Baumstämme verbunden mit Scharfschützenfeuer) waren für die bayerischen Soldaten völlig ungewohnt. Dieses Gefecht war zwar nur ein Einzelerfolg, wirkte sich aber auf die Verteidigungsbereitschaft der Bevölkerung sehr positiv aus. Inzwischen war zur Unterstützung der Landmiliz auch wieder reguläres österreichisches Militär hinzugestoßen. Angesichts der gebündelten Widerstandskraft des Landes war der Kurfürst Ende Juli zum Rückzug gezwungen, auch die Besatzung der Befestigungsanlage im Norden (Scharnitz) war schon aufgegeben worden. Im Süden musste die von den Franzosen besetzte Stadt Trient ebenfalls geräumt werden, da die Verbindung zwischen Bayern und den in Oberitalien stationierten Truppen nicht gelungen war. Am 27. Juli zogen kaiserliche Einheiten und die vorwiegend aus dem

Süden des Landes kommenden Schützen, die den Landsturm unterstützt hatten, wiederum in Innsbruck ein. Der Rückzug der bayerischen Truppen wurde bis nach Bayern hinein von Plünderungen und Racheakten begleitet. Das Gefecht an der Pontlatzer Brücke wurde bald zu einem wichtigen Erinnerungsort in der Tiroler Gedächtniskultur. In der heutigen Maria Theresienstraße in Innsbruck wurde von den Ständen zum Dank für die Errettung aus der Kriegsnot eine Annasäule errichtet, zum Gedenken an den 26. Juli 1703, den Tag der Hl. Anna, an dem der Kurfürst endgültig das Land verlassen hatte. Hundert Jahre später sollte das Gedenken an den damaligen Sieg als historischer Beweis für die tirolische Wehrhaftigkeit und Selbstbehauptung im Kampf gegen Bayern und Franzosen im Rahmen der Napoleonischen Kriege erneut eine bedeutende Rolle spielen.

Noch lange nach dem Rückzug der Bayern herrschten im Land chaotische Zustände, enorme Schäden waren zu bewältigen, und die Wiederherstellung der Ordnung gestaltete sich schwierig, zumal die Bevölkerung ihre «Befreiung» sehr viel mehr in der eigenen Widerstandskraft als in der Unterstützung durch die verschiedenen Obrigkeiten begründet sah. Die vom Landesfürsten und Kaiser eingesetzte provisorische Regierung, Direktorium genannt, war nicht imstande, für Ruhe zu sorgen. Es kam immer wieder zu Aufruhr und Plünderungen, die Trostburg im Eisacktal fiel einem solchen Anschlag zum Opfer. Neben Entschädigungsforderungen wurde eine Reform des Zuzugs- und des Abgabenwesens verlangt.

Der allgemeine Landtag vom Februar 1704 führte zwar nicht zur Erfüllung aller Forderungen, doch gab es, jedenfalls aus der Sicht der «unteren Stände», einige Verbesserungen in der Verwaltung des Landes. Ein Jahr später kam mit dem bereits erwähnten Karl Philipp von Pfalz-Neuburg ein neuer *Gubernator* ins Land, der auch in Innsbruck residierte; der Klerus wurde in die Steuerleistungen mit einbezogen und die Zuzugsordnung reformiert. Vor allem aber wurden nun, nach der Bewährung der Schützen in den Landsturmkämpfen von 1703, sieben Schützenkompanien zu je 200 Mann gebildet und als weiterer wichtiger Pfeiler in die reguläre

Landesdefensionsordnung eingebaut. Neben der Reduzierung der Stellungspflichtigen zielte die Reform auch auf eine effizientere Ausbildung und Organisation. 25 Jahre später wurde die Zuzugsordnung erneut reformiert: Im Schützenwesen war nun auch die freie Wahl der Anführer (Schützenmeister) garantiert und ein vom Herrscher zu bestellender Obrist-Schützenmeister vorgesehen. In jedem Gericht sollte künftig zumindest ein Schießstand eingerichtet werden. Die Aufnahme in diese Kompanie stand jedem kampffähigen Mann unabhängig vom sozialen Stand offen. Dies trug zum Selbstverständnis einer den «oberen Ständen» gleichgestellten Bauernschaft im Land nicht unmaßgeblich bei.

Die Zentralisierung nimmt zu

Im Jahr 1705, mitten in den Wirren des Spanischen Erbfolgekriegs, starb Kaiser Leopold I.; Nachfolger wurde sein Sohn Joseph I. (1705–1711). Unter seiner Regentschaft setzte sich die absolutistische Anbindung an die Wiener Zentralstellen weiter fort. Er war auch der erste Landesfürst, der keinen Huldigungslandtag abhielt und in seiner kurzen Regierungszeit keinen offenen Landtag einberief. Zur Erreichung der für den Krieg benötigten Mittel genügten ihm offensichtlich die Ausschusslandtage, wo den Ständen ohne ihr Mitspracherecht die erforderlichen Abgaben einfach aufgezwungen wurden. Ein sichtbares Zeichen für diesen Wandel von einer selbständigen tirolischen Grafschaft zu einer abhängigen österreichischen Provinz wurde mit der Unterstellung der Kammer in Innsbruck unter die Wiener Hofkammer gesetzt. In ähnlicher Weise war in Wien durch den Präsidenten des Hofkriegsrats, Prinz Eugen, auch die Kriegsverwaltung reformiert worden. Die Unterstellung des bisherigen Militärdirektors und Leiters der Landesverteidigung für die Vorlande und Tirol unter den Wiener Hofkriegsrat waren die Folge. Eine relative Aufwertung hinsichtlich der Finanzverwaltung im Land erfuhren die Stände dadurch, dass sie ermächtigt wurden, von steuersäumigen Gebieten mittels Exekution und ohne Rechtsklage die benötigten Abgaben einzuholen. Es wurden daraufhin in Innsbruck und Bozen Steuerbereitungskommissionen eingerichtet, die jedoch zunächst wenig effizient arbeiteten. Aus diesen Kommissionen ging 1720 die «perennierende ständische Aktivität» hervor, eine aus Vertretern aller vier Stände zusammengesetzte Behörde, die unter dem Vorsitz des Landeshauptmanns bis in die Zeit Josephs II. hinein in zweiwöchigen Abständen tagte und besonders in Steuerfragen für die Durchführung der Beschlüsse des Landtags und der Ausschüsse zuständig war. Die «ständische Aktivität» von Bozen war jener von Innsbruck unterstellt. Weitgehend frei von staatlicher Einmischung blieben die geistlichen Fürstentümer Brixen und Trient. Ein besonders gutes Einvernehmen bestand zwischen Joseph I. und dem Fürstbischof von Brixen, damals Kaspar Ignaz Graf Künigl (1702–1747). Der Brixner Oberhirte verstand es, die Selbständigkeit seines Territoriums sowohl gegenüber der Grafschaft als auch gegenüber dem österreichischen Staat zu behaupten. Auch die Reichsunmittelbarkeit Trients wurde von Joseph I. nicht angetastet. Die Landschaft hingegen wartete vergeblich auf die Anerkennung ihrer traditionellen «Rechte und Freiheiten» – die mehrfach dem Hof vorgelegten diesbezüglichen Petitionen ließ Joseph I. unbeantwortet.

Der unerwartete Tod Josephs I. im Jahr 1711 mischte auch im Spanischen Erbfolgekrieg die Karten neu: Josephs jüngerer Bruder Karl, bisher von England und Holland unterstützter Anwärter auf den Spanischen Thron, war nun zugleich legitimer Nachfolger in allen österreichischen Erbländern. Überdies war auch Karls Kaiserwahl durch die Kurfürsten zu erwarten, da die Kaiserwürde ja mit dem Haus Habsburg eng verbunden war. Damit drohte nun tatsächlich eine Vereinigung zwischen dem Reich, Österreich und Spanien. Die Seemächte sahen sich deshalb dazu veranlasst, die Seite zu wechseln und nunmehr die französische Anwärterschaft auf den spanischen Thron zu unterstützen. Der Krieg ging daher unter für Habsburg sehr viel schwierigeren Konditionen weiter, bis der 1711 gewählte Kaiser Karl VI. (1711–1740) in den Friedensschlüssen von Utrecht (1713) und Rastatt (1714) gezwungen war, zugunsten des französischen Anwärters auf die spanische Krone zu verzichten. Als Ersatz dafür konnte Österreich die bisher spanischen Niederlande und die spanischen Herrschaften in Italien übernehmen. Der siegreiche Bourbonenkönig musste im Gegenzug garantieren, dass Frankreich niemals mit Spanien vereinigt werden würde.

Tirol war von diesen internationalen Verwicklungen unmittelbar betroffen: Zum einen fungierte *Gubernator* Karl Philipp von Pfalz-Neuburg als Vermittler zwischen den Kurfürsten und dem Kaiser, zum anderen wählte der bislang in Spanien residierende Karl auf seinem Weg nach Österreich und ins Reich den Weg über Trient und Tirol. Dies hatte zur Folge, dass Karl bereits für den 20. November 1711 einen Erbhuldigungslandtag einberief, bei dem er auch die Anerkennung der bisherigen «Rechte und Freiheiten» des Landes in Aussicht stellte. Es sollte das letzte Mal sein, dass ein Landesfürst diese Garantien gab – keiner von Karls Nachfolgern hielt eine entsprechende Maßnahme mehr für nötig.

Auch Karl setzte die bisher geübte Praxis fort, ohne ständische Bewilligung die erforderlichen Kriegslasten im Rahmen von in Innsbruck und Bozen abgehaltenen Ausschussversammlungen einzufordern. Auf diese Weise trug das Land nicht nur zu den Kosten der letzten Jahre des Erbfolgekrieges bei, sondern es unterstützte auch den gleichzeitig im Osten wütenden neuerlichen «Türkenkrieg». Dessen siegreicher Ausgang (Friede von Passarowitz, 1718) ließ Österreich auch im Osten Europas zu einer Großmacht werden. 1720 kam es wieder zu Durchmärschen durch Tirol, als ein weiterer Krieg gegen Spanien um den Besitz Siziliens und Sardiniens ausgetragen wurde und die Kontributionen des Landes immer selbstverständlicher über den Kopf der Stände hinweg eingezogen wurden.

Ein entscheidender Schritt in die Richtung einer Integration in den Gesamtstaat war das bereits erwähnte habsburgische Grundgesetz, die von Karl VI. erlassene Pragmatische Sanktion von 1713, welche die Untrennbarkeit und Unteilbarkeit der habsburgischen Länder und die weibliche Nachfolge vorsah. Um diesem Gesetz die entsprechende Geltung zu verschaffen, setzte Karl VI. alles daran, es bei den anderen europäischen Mächten, aber auch im Innern der

Monarchia Austriaca von den jeweiligen Ständen anerkennen zu lassen. In Tirol fand zu diesem Zwecke ein offener Landtag statt. Auch in diesem Fall hatte der Kaiser und Landesfürst zunächst gehofft, eine Ausschussversammlung würde genügen. Da jedoch sowohl der Landeshauptmann, damals immer noch Sebastian Johann Georg Graf von Künigl, als auch die Regierung diese wichtige Angelegenheit breiter diskutiert wissen wollten, stimmte der Kaiser einer großen Landesversammlung für den 9. Dezember 1720 zu. Es erschienen jedoch sehr viel weniger Abgesandte, als berechtigt gewesen wären, obwohl die Stände sich der großen Bedeutung des Gesetzes sehr wohl bewusst waren: Dieses wurde als eine «unerhörte» Neuerung empfunden, die ein selbständiges Landesfürstentum nicht mehr vorsah. Außerdem stand zu befürchten, dass Tirol von den anderen Ländern dominiert werden würde; schlimmstenfalls waren sogar Kriegsleistungen für diese denkbar. Dennoch stimmte der Landtag zu, unter dem Vorbehalt, seine Entscheidungen bei allfälligen Huldigungslandtagen, die dann de facto nicht mehr stattfanden, zu widerrufen. Diese Zustimmung war die letzte bedeutsame Maßnahme, die von einem «offenen Landtag» beschlossen wurde. Bis 1790 gab es keine offene Landesversammlung mehr.

Auch weiterhin war die Steuereinhebung ein permanenter Streitpunkt, da die «ständische Aktivität» ihrer Aufgabe, entsprechende Erhebungen bei nicht erfolgten Steuerzahlungen durchzuführen, nicht wirklich gerecht wurde. Interne Streitigkeiten verhinderten immer wieder ein einigermaßen gerechtes Steuerwerk. Karl VI. legte mit einem Patent vom März 1722 schließlich fest, dass grundsätzlich jeder Gutsbesitzer im Land der Landsteuer unterworfen sei. Eine entsprechende Vermögensschätzung, wie sie andernorts, etwa in der Lombardei, mittels eines Katasters bereits mit Erfolg erarbeitet wurde, sollte auch in Tirol die Voraussetzungen für eine gerechte Aufteilung der Steuerleistung schaffen, konnte jedoch zu Lebzeiten Karls nicht mehr durchgeführt werden.

Auch andere Verwaltungsreformen, wie sie angesichts der Zentralisierungsbestrebungen nötig geworden wären, wurden (noch) nicht in Angriff genommen. Allzu massiv wollte Karl in die bisherige Ordnung der Dinge nicht eingreifen, weil ihm die Anerkennung der Pragmatischen Sanktion zu wichtig war, als dass er offene Auseinandersetzungen mit den Ständen riskiert hätte. Ein bleibendes Verdienst hat sich Karl VI. jedoch durch die bereits erwähnte Schießstand-Ordnung von 1738 erworben, die unter dem Druck der drohenden Kriegsgefahr in den Jahren des Polnischen Erbfolgekriegs (1733–1738) zustande gekommen ist: Neuerlich war es Frankreich, das, von Spanien unterstützt, gegen Österreich zu Felde zog und dabei den Süden des Landes unmittelbar bedrohte. Neben den nun schon fast obligatorisch zu bezeichnenden Kontributionen rückten Tiroler Schützenkompanien und Aufgebote der Landmiliz zur Landesverteidigung in Richtung Süden vor. Als der Friede von Wien 1738 diese Auseinandersetzungen beendete, hatten sie für Tirol die institutionelle Verankerung des Schützenwesens mit sich gebracht.

So trug Tirol aktiv zum Prozess der österreichischen Staatswerdung bei, als dessen Ergebnis es sich selbst einige Jahrzehnte später als abhängige Provinz unter anderen Provinzen wiederfand. Umso paradoxer mutet es an, dass in den späten zwanziger Jahren des 18. Jahrhunderts, als der Landtag immer schwächer wurde, das neue barock-repräsentative Landhaus in Innsbruck errichtet wurde.

Städtewachstum und wirtschaftliche Stagnation

Die Bevölkerung war in den Jahren bis 1740 erneut angewachsen, die erste verlässliche Zählung aus dem Jahr 1754 weist für das Land, einschließlich der Hochstifte 593 000 Einwohner aus: Der Süden mit weitgehend italienischsprachiger Bevölkerung zählte etwa 206 600, die deutschsprachige Bevölkerung 387 000 Bewohner. Die Größenunterschiede zwischen den geistlichen Territorien von Trient und Brixen zeigen sich auch in der Einwohnerzahl: etwa 27 000 in Brixen gegen 147 000 Einwohner in Trient. Die Siedlungsdichte war in den Tallagen und im Süden wesentlich höher, auch wenn die unmittelbar an die Flüsse angrenzenden Gebiete noch immer wegen der Überflutungsgefahr gemieden wurden. Am dünnsten besiedelt waren die Seitenhänge der Täler und die Gebirgszonen, wo, jedenfalls im deutschsprachigen Teil, Einzelhöfe, vielfach Schwaighöfe, in denen vor allem Käse produziert wurde, charakteristisch waren.

Die Wirtschaft des Landes war auch im frühen 18. Jahrhundert vorwiegend agrarisch ausgerichtet, dennoch reichte besonders in Kriegszeiten die Leistungsfähigkeit der bäuerlichen Landwirtschaft für die Ernährung des Landes nicht aus, was auch auf dessen gebirgigen Charakter zurückzuführen ist. Zu den traditionellen Getreidesorten kam der Anbau von Mais hinzu. Neben der bescheidenen Seidenproduktion entstanden nun auch erste Flachs verarbeitende Leinwandmanufakturen, die sich meist jedoch nicht lange halten konnten.

Handel und Verkehr erfuhren insofern einen Wandel, als Karl VI. im Jahr 1719 den Hafen von Triest zum Freihafen erklärte, um, ganz im Geist des Merkantilismus, den Transithandel nicht mehr über Venedig, sondern über «österreichisches» Territorium zu leiten. Der Güteraustausch zwischen dem deutschen Süden und dem italienischen Norden sollte durch Zollermäßigungen und mittels Verbesserungen von Straßen zwar noch immer über den Brenner stattfinden, dann jedoch durch das Pustertal und Kärnten und nicht mehr über Bozen und Trient geführt werden. Die Bozner Kaufleute, die von dieser Routenänderung besonders beeinträchtigt waren, setzten sich dagegen vergeblich zur Wehr. Mehrmals sprachen Abgesandte der Landschaft beim Kaiser vor, um ihn auf die verschlechterte Lage insbesondere für den Süden Tirols hinzuweisen; trotz anderslautender Versprechungen konnten sie jedoch lediglich Mautsenkungen in Tirol erreichen.

Die wichtigsten Exportgüter waren immer noch Wein und Salz. Dazu kamen im frühen 18. Jahrhundert Seidengarne, Textilien sowie im Land gefertigte Holz- und Eisenwaren. Da Getreide und Vieh jedoch weiterhin eingeführt werden mussten, blieb die Außenhandelsbilanz negativ. Mit einer gewissen Berechtigung konnte nun im Gegensatz zu früheren Jahrhunderten von einem «armen

Land» gesprochen werden, ein Argument, das die Stände regelmäßig angesichts der kaiserlichen Forderungen ins Treffen führten. Die Bedeutung des Bergbaus war, von wenigen Ausnahmen wie Prettau im Ahrntal oder dem traditionsreichen Schwaz abgesehen, stark zurückgegangen, während die Saline in Hall ihren Absatz weiter steigern konnte.

Für die bäuerliche Bevölkerung galt zwar im Normalfall die Eigenversorgung, doch auf Grund von immer häufiger werdenden Güterteilungen gab es vermehrt kleine und kleinste Hofanlagen, die ihre Familien nicht mehr ernähren konnten. Erst das Verbot von Güterteilungen im Laufe des 18. Jahrhunderts sollte diesem Missstand Einhalt gebieten. Viele Bauern sahen sich daher genötigt, zusätzliche Arbeit zu suchen. Dies führte besonders im Vinschgau und im Süden des Landes zu saisonalen Abwanderungen, oder aber aus den Bauern wurden sogenannte Söllleute. Diese sich als landwirtschaftliche Hilfskräfte verdingende Gruppe vermehrte sich rasch und bildete bald einen ländlichen Handwerker- oder auch Händlerstand heraus.

Der größte Teil des Grundeigentums lag – neben den kirchlichen und klösterlichen Gütern – in den Händen des Adels. Angesichts der Kleinräumigkeit von Grund und Boden verfügte er aber niemals über so großflächigen Latifundienbesitz wie in zahlreichen anderen österreichischen Ländern. Da auch der adelige Grundbesitz von Verkleinerungen durch Erbteilung betroffen war, drängten adelige Grundherren vor allem aus Nordtirol zunehmend in die hochrangigen Beamtenstellen der Landesverwaltung. Dagegen konnte der Südtiroler Adel seine wirtschaftliche und politische Selbständigkeit in höherem Maße bewahren.

Zunehmend fanden sich handwerkliche Betriebe der Metall- und Holzverarbeitung auch in den Dörfern, vor allem entlang der Verkehrswege. Die vormals so mächtigen Zünfte verloren angesichts der Erweiterung der Städte über ihre Mauern hinaus ihre Monopolstellung. Damit verbunden war eine allmähliche Umstrukturierung der Bevölkerung, der nicht-agrarische Anteil nahm stetig zu. Dies zeigte sich auch am Wachstum der Städte, die Einwohnerzahl von

Innsbruck war um die Mitte des 17. Jahrhunderts auf etwa 5500 Bewohner angewachsen, die Einwohnerzahl von Stadt- und Landgericht Bozen belief sich bereits im Jahr 1700 auf 7000 Bewohner.

Insgesamt muss für die Zeit bis 1740 jedoch von einer wirtschaftlichen Stagnation ausgegangen werden. Noch immer war die landesfürstliche Kammer hoch verschuldet. Die bescheidenen Versuche Leopolds I., die Finanzen des Landes zu sanieren, fruchteten nicht angesichts der immer wieder neu erhobenen Abgaben infolge seiner zahlreichen Kriege. Auch Karl VI. brachte keine grundlegende Sanierung zustande. Da die merkantilistische Politik gerade nicht auf die Förderung des Handels ausgerichtet war, konnte auch auf diesem Gebiet kein Überschuss abgeschöpft werden. Einzelmaßnahmen wie die Senkung der Zölle wurden immer nur von Fall zu Fall getroffen. Sie schufen keine anhaltende wirtschaftliche Verbesserung, zumal die zentralstaatliche Politik die Interessen des Landes häufig außer Acht ließ. Hinzu kam, dass die merkantilistische Politik vor allem auf Produktion in Gewerbebetrieben und auf Export setzte und darüber die Landwirtschaft vernachlässigte. Die österreichische Wirtschaftspolitik setzte sich über die spezifischen Tiroler Bedürfnisse hinweg.

Was das kulturelle Leben betraf, so brachte die Zeit von Leopold I. zwar das Ende einer glanzvollen landesfürstlichen Hofhaltung mit sich, doch die Gründung der Universität mit dem mit ihr verbundenen Zuzug an Studenten konnte den Verlust des Hofes einigermaßen wettmachen. Mit ihren schulischen Aufführungen leisteten die Jesuiten zudem einen wichtigen Beitrag zum Theaterleben in Innsbruck; von der Gemahlin des Landesfürsten Kaiser Leopold, Erzherzogin Leonore von der Pfalz, wurden sie dabei unterstützt. Diese Form von weltlichem Vergnügen fand in den Fürstbistümern von Brixen und Trient keine Entsprechung. Dagegen lebte hier wie dort die einfache Bevölkerung die ihr von der Gegenreformation so nahe gebrachte Religiosität in Passionsspielen, Wallfahrten und anderem religiösem Brauchtum aus. Die jesuitische Kunst stand ebenfalls ganz im Zeichen der Religion, und die anderen Orden standen ihnen in nichts nach – man denke nur an die wertvollen Bibliotheken und die prunkvolle Ausgestaltung von Bibliotheksräumen, etwa im Zisterzienserstift Stams oder im Augustiner Chorherrenstift Neustift bei Brixen.

Die Bedeutung der Religiosität zeigte sich auch im nun immer stärker vom Barock geprägten Kirchenbau: Zu den vielbeschäftigten und bekanntesten Architekten im Süden des Landes zählten die verschiedenen Mitglieder der aus Como stammenden Baumeisterfamilie Delai: Giuseppe Delai war u. a. für die barocke Neugestaltung des Brixner Doms unter Fürstbischof Kaspar Ignaz Künigl verantwortlich, von ihm stammen auch die Kalvarienbergkirche in Kaltern, die Elisabethkirche in Sterzing, die Gnadenkapelle am Bozner Dom sowie die späte Barockisierung der Wallfahrtskirche Maria Weißenstein bei Bozen, deren erster Barockbau von Giovanni Battista Delai ausgeführt wurde. Am späteren Umbau der Kirche von Maria Weißenstein, heute noch in Südtirol ein beliebter Wallfahrtsort, wirkte auch der aus der bekannten Barockbaumeisterfamilie Nordtirols stammende Johann Martin Gumpp mit; Giacomo und Andrea Delai gestalteten die Liebfrauenkirche bei Kloster Säben, Andrea und Pietro Delai den Zentralbau auf dem Kalvarienberg bei Bozen; auf Giovanni Battista Delai geht die Erweiterung des dortigen Kapuzinerklosters zurück. Insbesondere im Süden des Landes wurden mehr Wallfahrtskirchen als Pfarrkirchen errichtet, Ausnahmen sind die Margarethenkirche von Sterzing, die Kirchen von Riffian und Siebeneich, die ebenfalls Pietro und Giovanni Battista Delai zu verdanken sind. Zu den schönsten und eindrucksvollsten Barockbauten zählen die beiden bereits erwähnten Werke der Profanbaukunst: das neue Landhaus in Innsbruck und der Merkantilmagistrat in Bozen. Das vom Innsbrucker Architekten Georg Anton Gumpp verantwortete Landhaus zeigt den bayerisch-nordtirolischen Einfluss, während beim Bozener Prunkbau, entworfen von dem Veroneser Architekten Francesco Perotti und ausgeführt von Giovanni Battista und Giuseppe Delai, der italienische Einfluss dominierte.

11. KAPITEL

Reform und Widerstand

Kaiser Karl VI. hatte sich im Laufe seiner Regierungszeit bei allen wichtigen europäischen Höfen und den Landständen der habsburgischen Erbländer mit zahlreichen politischen und finanziellen Zugeständnissen um die Anerkennung der Pragmatischen Sanktion bemüht. Von Ausnahmen wie Preußen, Bayern und Sachsen abgesehen, waren die meisten Staaten bereit, die Regelung zu respektieren. Karls einziger Sohn Leopold lebte nur wenige Monate. Sehr früh setzte der Kaiser daher auf die Nachfolge einer möglichen Tochter. Als Maria Theresia am 13. Mai 1717 geboren wurde, war eines von Karls wichtigsten politischen Zielen, das Erbe für seine Nachfolgerin zu sichern und damit auch die Unteilbarkeit und Untrennbarkeit der unter dem Szepter Habsburgs stehenden Gebiete anzuordnen. Sein Tod 1740 kam unerwartet, Maria Theresia (1740–1780) war zum Zeitpunkt ihres Herrschaftsantritts erst 23 Jahre alt. Für seine Nachfolge im Heiligen Römischen Reich, das nach wie vor eine Wahlmonarchie war, hatte Kaiser Karl nicht sorgen können, und als Kaiserin des Reiches war eine Frau gemäß der damaligen Rechtslage nicht denkbar – auch wenn die Herrschaftsausübung durch eine Frau im Rahmen von familieninternen Erbregelungen bzw. Vormundschaften durchaus üblich war, wie die Tiroler Beispiele Margarete Maultasch oder Claudia de' Medici zeigen.

Der Österreichische Erbfolgekrieg

Für den Fall eines Interregnums sah die Reichsverfassung in Vertretung des Kaisers das Vikariat der Kurfürsten von Bayern-Pfalz und Sachsen vor. Dass ausgerechnet diese beiden Fürsten die Ehemänner der beiden Töchter Josephs I. waren, die sich auf der Grundlage der habsburgischen Erbgesetze ebenfalls – zumindest in den österreichischen Erbländern – als erbberechtigt ansahen, machte die Lage für Maria Theresia nicht einfacher: Friedrich August von Sachsen als Gemahl von Maria Josepha und Karl Albrecht von Bayern als Gatte von Maria Amalia erklärten die Pragmatische Sanktion für null und nichtig. Sie waren zum Kampf gegen Maria Theresia bereit. Auch Friedrich II., der Kurfürst von Brandenburg und König in Preußen, hatte das habsburgische Grundgesetz nicht anerkannt. Er grub alte Ansprüche auf schlesische Gebiete aus und machte deren «Rückerstattung» durch Maria Theresia zur Bedingung für die Anerkennung der Pragmatischen Sanktion. Auch gelang es Maria Theresias Gemahl Franz Stephan von Lothringen zunächst nicht, die Kaiserwürde im Reich zu erlangen, womit die dreihundertjährige Verbindung der Habsburger zum höchsten Reichsamt ihr vorläufiges Ende fand. Maria Theresia sah sich vor allem in den ersten Jahren ihrer Herrschaft mit verschiedenen Gegnern konfrontiert, die gleich an mehreren Fronten den Kampf gegen sie eröffneten. Nun erwies sich der Mangel einer schlagkräftigen, nach neuester Technik ausgerüsteten «österreichischen» Armee, die schon Prinz Eugen eingemahnt hatte, als großer Nachteil. Auf Grund der fehlenden klaren Abgrenzung zwischen dem Reich und dem österreichischen Länderkonglomerat war Maria Theresia auf Reichsebene zusätzlich auf die Unterstützung der anderen Reichsstände angewiesen. Diese verhielten sich jedoch abwartend-neutral, und so verdankte Maria Theresia die Rettung ihres Erbes hauptsächlich ungarischen Truppen, die gewillt waren, das Erbe ihrer jungen Königin zu verteidigen.

Auch andere Staaten mischten mit: Frankreich unterstützte die bayerischen Ansprüche, da es sich die Gewinnung der österreichischen Niederlande erhoffte; Spanien und Sardinien schlossen sich mit dem Ziel dem Bündnis an, die österreichischen Gebiete in Oberitalien «zurück» zu erobern. Auf der Seite Österreichs standen England und die Niederlande, die traditionellen Gegner Frankreichs.

Die ersten Siege der gegen die junge Herrscherin Verbündeten – Friedrich II. besetzte Schlesien, der bayerische Kurfürst Karl Albrecht ließ sich in Prag zum König von Böhmen ausrufen – zogen die Krönung Karl Albrechts zum Kaiser (als Karl VII., 1742–1745) im Jahr 1742 nach sich: Maria Theresia sah sich plötzlich einem Kaiser aus dem Hause Wittelsbach gegenüber. Die bisherige stillschweigende Vermischung von Reichs- und Österreich-Angelegenheiten war nicht mehr möglich, und die meisten österreichischen Erbländer gehörten nach wie vor dem Reich an. Erst der frühe Tod von Karl Albrecht im Jahr 1745 beendete diese schwierige Situation und machte den Weg frei für die Wahl von Franz Stephan (als Franz I., 1745–1765) zum Kaiser des Heiligen Römischen Reiches. Auch Preußen war nun bereit, den habsburg-lothringischen Kaiser anzuerkennen. Nachdem Karl Albrechts Nachfolger Maximilian von Bayern auf alle Ansprüche verzichtet hatte und auch Sachsen aus dem Krieg ausschied, wurde 1748 in Aachen Frieden geschlossen. Im Wesentlichen stellte er den Vorkriegszustand wieder her, der Maria Theresias Ansprüche legitimierte, Schlesien allerdings musste die österreichische Monarchin an Friedrich von Preußen abtreten. Die Wiedergewinnung der reichen Provinz war in der Folge ein entscheidendes Ziel von Maria Theresias Politik. Erst nach einem neuerlichen Krieg – dem Siebenjährigen Krieg (1756–1763), bei dem überdies Frankreich und England um ihre Hegemonie als Kolonialmächte kämpften und Frankreich unterlag – mussten die Hoffnungen auf Schlesien endgültig begraben werden. Der Verzicht Maria Theresias auf alle seit den 1740er Jahren an Preußen abgetretenen Gebiete wurde schließlich im Frieden von Hubertusburg (1763) festgeschrieben. Da ihr die Reichsstände in dieser Situation nicht unterstützend zur Seite gestanden hatten, verlegte sie den Schwerpunkt ihrer Politik ganz auf die habsburgischen Erbländer und den österreichischen Staatswerdungsprozess.

Die Friedenszeit zwischen 1748 und 1756 nutzte Maria Theresia für ihre erste entscheidende Staatsreform im Innern. Die vorangegangenen Kriege hatten ihr die Nachteile des föderativen Systems vor Augen geführt, welches den einzelnen Ländern, allen voran

Böhmen und Ungarn, so große Selbständigkeit einräumte. Weitere Reformen wurden nach Beendigung der Kriege in den sechziger und siebziger Jahren durchgeführt, eine dritte noch viel radikalere Reformwelle begann dann in den achtziger Jahren unter Maria Theresias Sohn und Nachfolger Joseph II. (1780–1790).

Außenpolitisch war noch vor dem Siebenjährigen Krieg eine Umkehr in der europäischen Bündnispolitik weg von England hin zu Frankreich erfolgt. Eingeleitet durch ein Defensivbündnis im Jahr 1756 wurde diese Allianz durch die Hochzeit von Maria Theresias Tochter Marie Antoinette mit dem französischen König Ludwig XVI. im Jahr 1770 besiegelt. Als 1789 in Frankreich die Revolution ausbrach und das Königtum gestürzt wurde, blieb dieses Bündnis allerdings nicht mehr lange bestehen. Die französische Nationalversammlung erklärte Österreich und Preußen im April 1792 den Krieg. Eines der Argumente für die Kriegserklärung war die mangelnde Bündnistreue des bisherigen Vertragspartners. Aus diesem Revolutionsexport entwickelte sich ein nahezu 25-jähriger Krieg, der ganz Europa in seinen Bann zog. Es ging in diesem Krieg nicht mehr nur um dynastische Erbansprüche und den damit verbundenen Machtzuwachs; vielmehr handelte es sich nun – zumindest in dessen frühen Phasen – auch um einen Kampf zwischen unterschiedlichen politischen Rechtssystemen: Mit der Parole «Freiheit-Gleichheit-Brüderlichkeit» hatte Frankreich dem bisherigen politischen System, das auf der Ungleichheit der Menschen beruhte, den Kampf angesagt.

Zurück zu Maria Theresias Herrschaftsantritt im Jahr 1740 und seinen Folgen für unseren Raum: Der Österreichische Erbfolgekrieg hatte Tirol zwar nicht direkt betroffen, wohl aber erneut bedeutende Geldopfer gefordert. In den ersten Jahren, da es dem Land ohnehin schlecht ging, führte er sogar zu vorübergehendem Mangel an Nahrungsmitteln. Vereinzelte Stimmen stellten sogar Maria Theresias Herrschaft in Frage und schlugen einen Anschluss an die Schweiz vor. Dass die neue Landesfürstin in ihrer bedrängten Lage zu einem Huldigungslandtag nach Tirol reisen würde, wurde in

Tirol gar nicht mehr erwartet. Maria Theresia weilte überhaupt nur zweimal in ihrer Grafschaft: 1739 auf der Durchreise nach Florenz, wo sie an der Seite ihres Mannes, damals bereits Großherzog von Toskana, von den Florentinern empfangen wurde, und 1765 anlässlich der Hochzeit ihres Sohnes Leopold mit einer spanischen Prinzessin. Diese Hochzeit, während der Maria Theresias Mann Franz Stephan unerwartet verstarb, wurde in Innsbruck vollzogen. Das adelige Damenstift, geleitet von ihrer Tochter Maria Elisabeth (in Tirol später «Kropferte Liesl» genannt), das Maria Theresia damals stiftete, sollte das Andenken ihres Mannes im Gebet wachhalten und zugleich einen Ersatz für den nicht mehr vorhandenen Hof zur Verfügung stellen.

Der verlängerte Arm des österreichischen Staates reichte bereits während der ersten Reformära weit nach Tirol hinein. Zum Zweck der Vereinheitlichung der Verwaltung und einer systematischeren Steuereinhebung wurden auch in Tirol die bisher dominierenden Machthaber «vor Ort», der Landtag und die Stände, in ihren Befugnissen beschränkt und eine neue Behörde eingerichtet. Die zunächst Repräsentation und Kammer, seit 1763 *Gubernium* genannte Institution unterstand direkt dem neu eingerichteten *Directorium in publicis et cameralibus* in Wien und war von diesem abhängig. Der wenig effizient operierende Geheime Rat wurde aufgelöst und das bisherige Recht der ständischen Steuerbewilligung auf die Grundsteuer beschränkt. Durch die administrative Abtrennung der vorderösterreichischen Gebiete von Tirol im Jahr 1752 ging die jahrhundertelange Verbindung zwischen Tirol und den Vorlanden zu Ende.

Administrative Reformen Maria-Theresias

Die wichtigste administrative Reform war jedoch die 1754 erfolgte Kreiseinteilung, die, um den Schein von Kontinuität zu wahren, auf der Grundlage der vormaligen Vierteleinteilung beruhte. Letztere hatte in Kriegszeiten zur Aushebung des militärischen Aufgebots gedient und wurde daher nicht als radikale Neuerung empfunden, zumal die den Kreisen vorstehenden Verwaltungsbeamten zu Beginn Viertelhauptleute genannt wurden. Es war dies ein geschickter Schachzug, alte Namen zu belassen, sie jedoch mit neuen Inhalten zu füllen. Auch in anderen österreichischen Regionen, darunter geradezu beispielhaft in der Lombardei, wurde im Zuge der Reformen in ähnlicher Weise vorgegangen. Tatsächlich bildeten aber nun die neuen Kreisämter mit dem später auch so bezeichneten Kreishauptmann an der Spitze die unterste Stufe der staatlichen Verwaltung. Sie kontrollierten in direkter Abhängigkeit von der Innsbrucker Zentralbehörde Städte und Gerichte im Land. Das heutige Südtirol war in die Kreise Burggrafenamt und Vinschgau (mit Meran), Kreis an Etsch und Eisack (einschließlich Bozens) und Kreis Pustertal gegliedert, das nördliche Eisacktal ragte in den Kreis Unterinntal hinein, im Nordwesten grenzte an den Vinschgau der Kreis Oberinntal und im Südwesten schloss sich an das Gebiet des Hochstifts Trient der Kreis der Welschen Konfinen (einschließlich Roveretos) an, die Territorien des Hochstifts von Brixen lagen – nach wie vor zerstreut – zwischen den Kreisen an Etsch und Eisack und im Pustertal.

Das Neue an dieser Reform bestand darin, dass mit staatlichem Mandat ausgestattete, zum Teil auch bereits professionell ausgebildete Beamte den bisherigen lokalen Autoritäten gewissermaßen vorgesetzt wurden. Das führte immer wieder zu Reibungen und Widerständen, zumal die neuen bürokratischen Organe nicht immer in entsprechend sensibler Weise ihre neue Kontrollfunktion ausübten.

Eine der bedeutendsten Maria-Theresianischen Reformen war die 1774 erlassene Allgemeine Schulordnung, mit der überall in den kaiserlich-königlichen Erbländern, so auch in Tirol, die Schulpflicht für Kinder zwischen 6 und 12 Jahren eingeführt wurde. Ihr lag ein dreistufiges Modell zugrunde: In den Pfarrorten und kleineren Städten wurden ein- bis zweijährige sogenannte Trivialschulen eingerichtet. In ihnen sollte die bäuerliche Bevölkerung in den elementaren Kenntnissen des Lesens, Schreibens und Rechnens – und natürlich auch in der Religion – unterwiesen werden. Für die größeren Orte waren dreijährige Hauptschulen mit zusätzlichen Unterrichtsgegenständen wie Kaufmännisches Rechnen, Geschichte und Geografie vorgesehen. Die Lehrerausbildung sollte in den sogenannten Normalschulen – in Tirol zunächst je eine in Innsbruck und Rovereto – erfolgen. Ab den 1780er Jahren wurden Lehrer auch in Meran und Bozen ausgebildet. Die finanzielle Hauptlast für diese Neuerung hatten die Gemeinden zu übernehmen, doch auch kirchliche Institutionen trugen zum Unterhalt der Lehrer und der Schulen bei: Häufig hielt man den Unterricht mangels geeigneter Lokalitäten in den Wohnhäusern des Pfarrers ab, der selbst auch als Lehrer in Erscheinung trat. Denn eine geeignete Lehrerschaft musste erst herangebildet werden; und die Nachfrage insbesondere bei der bäuerlichen Bevölkerung war zunächst äußerst bescheiden. In den ersten Jahren nach der Einführung der Schulordnung besuchten erst etwa die Hälfte der Kinder pflichtgemäß die Schulen, weil ihre Mitarbeit bei der Landwirtschaft für wichtiger gehalten wurde als das Lesen und Schreiben. Entscheidend an dieser Schulreform war zum einen die Vereinheitlichung von bislang sehr unterschiedlich entwickelten Bildungsanstalten, vor allem im Volksschulbereich, zum anderen die «Verstaatlichung» eines Bereichs, der vorher weitgehend in den Händen der Kirche gelegen hatte. Maria Theresia hatte bereits erkannt, dass die Schule «allzeit ein Politicum» sei. Auch Joseph II. sah später in einer alphabetisierten Bevölkerung den direkten Zugriff auf die Untertanenschaft am besten gewährleistet.

Wichtige Reformen erfolgten in der Ära Maria Theresias auch in wirtschaftspolitischer Hinsicht. Hier ganz in der Tradition ihres Vaters stehend, der bereits im merkantilistischen Sinn neue Zollstätten an den Grenzen des Landes errichtet hatte, vollzog Maria Theresia den Übergang von den mittelalterlichen Binnenzöllen zum modernen Grenzzollsystem. Sie hob die bestehenden Privilegien für Fuhrleute auf den Transitstraßen auf und unterstützte die Trockenlegung der Feuchtgebiete des Etschtals durch die Etschregulierung zwischen dem Vinschgau und Rovereto und besonders im Raum um Bozen. Vor allem aber setzte sie das Werk ihres Vaters fort, indem sie nach dem lombardischen Vorbild auch in Tirol Grund und Boden hinsichtlich Lage, Umfang und Wert verzeichnen ließ, um eine gerechte Steuerbemessung vornehmen zu können. Denn von nun an gab es auch für Adel und Klerus keinen Sonderstatus mehr. Diese Aufzeichnungen, Maria-Theresianischer Kataster genannt, zählen zu den wichtigsten Quellen für die Wirtschaftsgeschichte des Landes.

Ein weiterer bedeutsamer Schritt in Richtung Vereinheitlichung und Zentralisierung war die Zusammenlegung des Amtes des dem *Gubernium* vorstehenden Gouverneurs mit dem des Landeshauptmanns. Die Gelegenheit dazu bot sich, als ein Nachfolger für den bisherigen engen Vertrauten Maria Theresias, den Bozner Oberamtspfleger und Präsidenten des *Guberniums*, Graf Kassian Ignaz von Enzensberg, gefunden werden musste. Mit dessen Gattin hat Maria Theresia einen bemerkenswerten, vor kurzem edierten Briefwechsel geführt. Der Kärntner Johann Gottfried Graf Heister wurde im Jahr 1774 nicht nur zum Gouverneur, sondern auch zum Landeshauptmann ernannt. Damit war auch das oberste Amt der ständischen Selbstverwaltung zu einer subsidiär-staatlichen Institution geworden. Die Aushöhlung der bisherigen «Rechte und Freiheiten» für die staatliche Vereinnahmung fand hierin ihren deutlichsten Ausdruck.

Erstaunlicherweise hielt sich der Widerstand der ständischen Vertretungen, deren Zustimmung zu den Reformmaßnahmen gar nicht erst abgefragt wurde, lange Zeit in Grenzen. Die Opposition ging angesichts der wachsenden Kontrolle und Reglementierung mehr von den unteren Volksschichten aus. Als im Jahr 1760 in Kaltern die Passionsspiele verboten wurden, führte dies zu Unruhen, und auch in einigen Orten des Burggrafenamts kam es zu Aufständen, vor allem deshalb, weil die Bevölkerung die Abgaben nicht zu leisten bereit war. Hier war aufgrund des Transithandels vermehrt schlechtes Geld in Umlauf geraten und staatlicherseits keine Abhilfe geschaffen worden; auch die neuen Zölle erregten Unmut. Zudem kam es gelegentlich zu Amtsmissbrauch und zu Übergriffen durch Werbesoldaten. All dies führte dazu, dass 1762 in Obermais ein regelrechter Aufstand ausbrach, der auch die Meraner Nachbargemeinden erfasste und schließlich nach seiner Niederschlagung mit mehreren Todesstrafen endete.

Die Kirchenreform Josephs II.

Noch sehr viel radikaler als Maria Theresia ging ihr Sohn und Nachfolger Joseph II. (Kaiser 1765–1790, Mitregent in den österreichischen Ländern 1765–1780, Alleinherrscher 1780–1790) in seinen Reformbestrebungen vor. Nachdem das staatliche Verwaltungssystem zur Zeit seiner Alleinherrschaft bereits einigermaßen etabliert war, setzte er insbesondere auf die Vereinheitlichung des Rechts in den österreichischen Erbländern und auf eine grundlegende Kirchenreform, die ein rigoroses Staatskirchentum zum Ziel hatte. Dass er dabei auf gewachsene Strukturen wenig Rücksicht nahm, zeigen die zahlreichen Klosteraufhebungen. Er traf damit besonders jene «beschaulichen» Orden, die keinerlei soziale Aufgaben erfüllten. Nachdem mit dem Verbot des Jesuitenordens dessen Niederlassungen in Trient, Innsbruck und Hall bereits 1773 aufgelassen worden waren, hob Joseph II. in den Jahren zwischen 1782 und 1787 auch im heutigen Südtirol eine ganze Reihe von bedeutenden Orden und Klöstern auf, darunter die Dominikaner in Bozen, die Dominikanerinnen in Algund, die Klarissen in Meran, die Benediktinerinnen von Sonnenburg (wo einst die kämpferische Verena von Stuben Äbtissin gewesen war) sowie die Kartause von Schnals. Insgesamt belief sich die Zahl der Aufhebungen auf circa 30 Niederlassungen. Das infolge der Aufhebungen gewonnene Vermögen floss in den sogenannten Religionsfonds, dessen Gelder in die regelmäßigere Verteilung von Pfarreien und in die Verbesserung der Elementarschulbildung fließen sollten. In diesem Sinne wurde auch die Neuorganisation der kirchlichen Strukturen von Joseph in Angriff genommen: Zum einen kam es zur bereits erwähnten Pfarrregulierung, die einigermaßen einheitliche Größen von Pfarreien schuf (was u.a. durch die Klosteraufhebungen nötig geworden war), andererseits «überflüssige» Nebenkirchen beseitigte, womit die Aufhebung von rund 300 Kirchen und Kapellen verbunden war. Auf großen Widerstand, insbesondere bei der römischen Kurie, stieß auch Josephs Versuch der Diözesanregulierung, die die Kongruenz von administrativen und kirchlichen Strukturen zum Ziel hatte. Auf der Grundlage des Wiener Konkordats von 1448 schuf Joseph II. neue Bistümer und stieß damit die Vertreter der kirchlichen Würdenträger im Reich vor den Kopf. Da neben den Bistümern Trient und Brixen noch weitere neun Diözesen (Chur, Salzburg, Freising, Augsburg, Chiemsee, Görz, Feltre, Padua und Verona) in tirolisches Gebiet hineinragten, blieben hier vergleichbare Versuche erfolglos. Lediglich einige «welschtirolische» Gebiete im Süden, darunter die Valsugana, wurden nun der Diözese Trient zugeschlagen, Brixen erhielt Zuwachs durch einen kleinen Anteil an der Diözese Görz. Doch Joseph II. begnügte sich nicht damit, in die Rechte der kirchlichen Würdenträger einzugreifen, es war ihm auch die Alltagspraxis der Gläubigen mit ihren Prozessionen, Wallfahrten, ihrem Wunderglauben ein Dorn im Auge. Als aufgeklärter Monarch griff der Kaiser und Landesfürst sogar in die Gottesdienstordnung ein, sowohl was Zeitpunkt und Ablauf der Messe betraf als auch die Art des Glockenläutens sowie die Andachtsübungen. Er schaffte zudem eine ganze Reihe von kirchlichen Feiertagen, damit die einzigen arbeitsfreien Zeiten der arbeitenden Bevölkerung, ab und verbot zahlreiche religiöse Bräuche wie das Rosenkranzbeten, das Wetterleuchten, das Ausräuchern der Häuser sowie die Prozessionen. Gerade diese Reformvorschriften riefen allerdings den massiven Widerstand der Gläubigen hervor, so dass der Kaiser sich gezwungen sah, 1790 am Ende seines Lebens eine Reihe von Maßnahmen wieder zurückzunehmen. Zur angeblichen Verbesserung der Ausbildung von Priestern richtete er ein unter staatlicher Kontrolle stehendes Generalseminar in Innsbruck ein, wogegen sich die Oberhirten der beiden Hochstifte zunächst erfolglos zur Wehr setzten. Erst Josephs II. Bruder und Nachfolger Leopold II. (1790–1792) hob das Generalseminar wieder auf. Besonders schwer wurde die Aufhebung der Universität und deren Umwandlung in ein «Lyzeum» aufgenommen: Joseph lehnte grundsätzlich aus seiner Sicht unnützes Gelehrtenstudium ab, er fand, dass es genüge, dem Staat brauchbare Priester, Juristen und Ärzte zu verschaffen. Alles andere führe nur zur Entstehung einer arbeitslosen Akademikerschicht. Auch diese Maßnahme musste von seinem Nachfolger wieder zurückgenommen werden. Die berühmten «Patente», die Joseph II. im Geist von Naturrecht und Aufklärung erließ, riefen besonders den Widerstand der Fürstbischöfe hervor. So bekämpfte der Brixner Oberhirte Joseph von Spaur (1779–1791) gemeinsam mit dem ständischen Ausschuss entschieden das Toleranzpatent, das Protestanten die freie Religionsausübung gestattete, obwohl es in Tirol bzw. in den Gebieten der Hochstifte kaum noch Protestanten gab.

Ein Hauptziel der Reformen war bereits zu Maria Theresias Zeiten der Aufbau einer professionellen Armee gewesen. Immer wieder stand daher auch eine allgemeine Konskriptionspflicht zur Diskussion, wogegen sich die Stände in Tirol unter Berufung auf das Landlibell von 1511 lange Zeit erfolgreich zur Wehr setzten. Lediglich ein National- und Landregiment wurde eingerichtet, abgesehen von den Scharfschützen, für die ja bereits mit der Schießstandsordnung von Karl VI. der entsprechende Rahmen geschaffen worden war. Sonstige Rekrutierungen und Einquartierungen sollten dem Lande erspart werden. Joseph II. setzte sich jedoch über die Wünsche des Landes hinweg und verordnete 1785 eine erste allgemeine Militärkonskription, selbst die Hochstifte blieben davon nicht ausgenommen. Schon bei der zweiten Aushebung ein Jahr später erhob sich ein solcher Protest, dass der Gouverneur und Landeshauptmann Johann Gottfried Graf Heister (1774–1787) dringend zum Einlenken riet. Noch vor seinem Tod zog Joseph II. die allgemeine Konskription zurück, sein Nachfolger Leopold II. schaffte sie im März 1791 überhaupt ab.

Rückkehr zur alten Ordnung unter Leopold II.

In dieser Situation, in der sich in nahezu allen Bevölkerungsschichten Unzufriedenheit regte – namentlich beim Klerus, der ja den stärksten Einfluss auf die Untertanen hatte –, brach die Nachricht von der Französischen Revolution herein. Gouverneur und Landeshauptmann Wenzel Graf Sauer (1787–1790), ohnehin wegen seiner bürokratischen Strenge im Land unbeliebt, befürchtete eine offene Revolte. Einmal mehr stand die Frage im Raum, ob man überhaupt bereit sei, Josephs II. Nachfolger, Leopold II., seit 1765 Großherzog der Toskana, den Treueeid zu leisten. Doch Leopold II. war im Gegensatz zu seinem Bruder ein gemäßigt aufgeklärter Monarch und gewillt, manche der Verfügungen seines Bruders, wie bereits erwähnt, zurückzunehmen, wodurch er bald die Sympathien der Bevölkerung gewann. Bereits im März 1790 kam er auf seinem Weg von Florenz in die Residenzstadt Wien über Trient, Bozen, Brixen und das Pustertal nach Tirol und konnte sich daher in eigener Anschauung von der Lage im Land ein Bild machen. Während der Gouverneur, Wenzel Graf Sauer, aus Angst vor Unruhen vergeblich alle Festlichkeiten verbot, gelang es einer Reihe von Bozner Bürgern, allen voran Andreas Baron Dipauli, den künftigen Regenten zur Abhaltung eines «offenen Landtags» zu bewegen. Ein solcher hatte seit 1720 nicht mehr stattgefunden. Gegen die massiven Widerstände des Gouverneurs wurde tatsächlich am 22. Juli mit mehr als 500 Abgeordneten ein «offener Landtag» einberufen, der dann bis in den September hinein tagte und bei dem insgesamt 2000 Bitten und Beschwerden vorgelegt wurden. Leopold hatte im Vorfeld bereits wissen lassen, dass er in den Ständen die Säulen der Monarchie sehe und er bereit sei, dem Land seine alten Rechte wiederzugeben, wobei schon aufgrund des mittlerweile etablierten staatlichen Behördenapparats eine Rückkehr zur alten Landesverfassung nicht mehr möglich war. Eine der wichtigsten Errungenschaften war bereits vor dem Landtag die Abschaffung der Konskription gewesen. Insbesondere die Abgesandten der Hochstifte wandten sich mit

Nachdruck gegen die kirchlichen Reformmaßnahmen Josephs II.: Die Priesterausbildung sollte wieder ausschließlich in kirchlicher Hand liegen – in der Tat wurde das Innsbrucker Generalseminar wieder geschlossen –, die freiheitlichen Gesetze des verstorbenen Kaisers hätten der Moral im Land geschadet, die Aufsicht über das Elementarschulwesen sei eine rein kirchliche Angelegenheit und ähnliches mehr. Die «Bozner Partei» wehrte sich gegen die zentralistische Vereinnahmung des Landes und plädierte für die Trennung der Ämter von Landeshauptmann und Gouverneur, eine Forderung, der Leopold ebenfalls zustimmte. Auch die Universität wurde von ihm wiedereröffnet. So wichtig der «offene Landtag» in der kollektiven Erinnerung des Landes – insbesondere auch von den Abgesandten der Hochstifte – als erster Erfolg gegen die verhassten Reformen geblieben ist, so sehr hat die spätere Geschichtswissenschaft diesen Erfolg relativiert. Vieles von dem, was Maria Theresia und Joseph II. begonnen hatten, blieb weiterbestehen – durchaus im Sinne einer Entwicklung hin zur modernen Staatlichkeit. Als Leopold II. am 1. März 1792 plötzlich starb, hatte sich die Lage gegenüber Frankreich zugespitzt, und die inneren Probleme traten vor den äußeren Bedrohungen zurück. Bereits im Monat darauf, am 20. April 1792, erklärte die französische Nationalversammlung dem Nachfolger Leopolds II., seinem Sohn Franz (als römisch-deutscher Kaiser 1792–1806, als Kaiser von Österreich 1804–1835), der zu diesem Zeitpunkt noch nicht zum Kaiser gewählt und gekrönt worden war, den Krieg.

Tirol war bereits beim ersten französischen Einmarsch im Frühjahr 1792 in die österreichischen Niederlande mit einem Kontingent von etwa 1000 freiwilligen Scharfschützen vertreten. Bald wurde das Land auch unmittelbar in die Kriegshandlungen einbezogen, zunächst lediglich auf Grund des Durchmarschs österreichischer Truppen nach Oberitalien und einmal mehr durch außerordentliche Steuern. 1796 rückte die Front des Krieges dann im Süden an die Grenzen Tirols heran. Noch rascher als die französischen Truppen waren die revolutionären Ideen in die angrenzenden Gebiete eingedrungen. Auch in Tirol bildeten sich Jakobinerclubs und revolutionäre Zirkel, so in Innsbruck, in Trient und Rovereto, denen eine republikanische Umgestaltung der Habsburgermonarchie vorschwebte. Damals wurde bereits zum ersten Mal der Ruf nach einer eigenen Provinz Trentino – nach der Säkularisation des Hochstifts – erhoben, doch blieben diese Initiativen Einzelerscheinungen. Umso rigoroser wurden staatlicherseits Zensur und Überwachung eingesetzt.

Die Koalitionskriege

Der erfolgreiche Feldzug des jungen Generals Napoleon Bonaparte in Oberitalien führte dazu, dass Tirol an seinen südlichen Grenzen ernsthaft bedroht wurde. Ein österreichischer Hofkommissär, Ludwig Graf Lehrbach, wurde von Wien ins Land geschickt, um die Verteidigung zu organisieren. Bald zeigte sich der Mangel an Befestigungen und militärischem Aufgebot. Wie bereits 1703 verließ sich der mit der Verteidigung befasste ständische Ausschuss auf die Schützenkompanien, die an die Südgrenze entsandt wurden. Im Land selbst sorgte man für Lebensmittelvorräte und Munition. Gemäß dem Landlibell von 1511 sollten darüber hinaus auch alle wehrfähigen Männer im Landsturm für den Ernstfall geschult werden. In dieser Notlage entschieden ständische Vertreter in Bozen auf Vorschlag des Abtes von Stams, das Land durch ein Gelöbnis mit dem Herzen Jesu zu verbinden, ein «Verlöbnis» einzugehen, um für die Verteidigung den göttlichen Beistand zu erbitten, ein Akt politischer Religiosität, der am dritten Sonntag im Juni 1796 mit einem feierlichen Hochamt begangen wurde. Schon bald kam es zu einer Verbindung mit der schon bisher geübten traditionellen Praxis der Sonnwendfeuer am 24. Juni. Der göttliche Beistand blieb allerdings zunächst aus, denn Napoleon konnte mit seinen Truppen im September über Trient hinaus bis kurz vor Salurn vordringen, ein Vormarsch, der mit zahlreichen Plünderungen, Erschießungen gefangener Schützen und Übergriffen auf Kirchen verbunden war. Erst im November konnten die Franzosen von einem Kontingent von 10000 Schützen im Etschtal in mehrtägigen Kämpfen wieder zurückgeworfen werden. Damit war der Krieg jedoch noch lange nicht entschieden: Der Sieg über die Österreicher in Oberitalien bei Rivoli Mitte Januar 1797 ermöglichte einen weiteren Vormarsch der französischen Truppen Richtung Norden. Diesmal konnten Napoleons Soldaten bei Salurn nicht mehr aufgehalten werden, und der Süden des Landes, Bozen und Brixen wurden von den Franzosen besetzt. Nun brach die Bewährungsprobe für den Landsturm an. Von Sterzing aus rückten der Tiroler Landsturm und Reste von regulärem österreichischem Militär gegen die Franzosen vor und konnten sie tatsächlich bei der berühmten Schlacht von Spinges am 2. April 1797 am Eingang des Pustertals aufhalten, allerdings unter hohen Verlusten. In Spinges haben auch Frauen mitgekämpft, darunter Katharina Lanz, das historisch schwer fassbare «Mädchen von Spinges», die in der kollektiven Erinnerung vor allem im Süden bis heute weiterlebt. Andere Frauen wie die aus Primiero im Trentino stammende Giuseppina Negrelli, die ebenfalls mit den Männern gemeinsam zu den Waffen gegriffen haben, erhielten erst durch die jüngere Frauenforschung eine historische Würdigung.

Vom zweiten Koalitionskrieg 1798/99–1801/2, in den nun auch Russland und England involviert waren, war Tirol lediglich im Nordwesten betroffen: Nauders und Glurns im Vinschgau wurden im März 1799 von den Franzosen eine Woche lang besetzt. Doch auch hier war Tirol nur ein Nebenschauplatz; dass die Franzosen auch aus dem besetzten Vorarlberg und dem Süden Tirols wieder abzogen, war dem Frieden von Lunéville 1801 zu verdanken. Mit diesem Friedensschluss wurde der Weg freigemacht für die Säkularisation der geistlichen Reichsfürstentümer, die dann beim Reichsdeputationshauptschluss 1803 endgültig entschieden wurde. Die beiden Hochstifte von Trient und Brixen, die ja schon zuvor immer enger an Tirol angebunden gewesen waren, wurden nun unmittelbar der Grafschaft Tirol einverleibt. Vergeblich versuchte der letzte vom Domkapitel im Jahr 1800 gewählte, jedoch noch nicht investierte Fürstbischof, Emanuel Maria Graf Thun-Hohenstein, von seinem Görzer bzw. Wiener Exil aus, die Auflösung des Hochstifts zu verhindern. Der Brixner Oberhirte Karl Franz Graf Lodron hingegen fügte sich in sein Schicksal. Beiden blieb ihr geistliches Amt als Bischof erhalten, doch die über viele Jahrhunderte währende politische Selbständigkeit von Brixen und Trient ging damit endgültig zu Ende. Franz II. als Landesfürst erhielt – u.a. als Ersatz für abgetretene linksrheinische Gebiet – mit Trient ein Gebiet von circa 4100 Quadratkilometern und etwa 145 000 Einwohnern, mit Brixen ein Gebiet von 900 Quadratkilometern und etwa 27 000 Einwohnern zugesprochen. Die vormaligen hochstiftischen Städte und Bezirke waren nur unzulänglich bei den landständischen Gremien vertreten. Ihre Bemühungen, diesen Zustand zu ändern, fruchteten letztlich wenig, was sich im nationalistisch aufgeladenen 19. Jahrhundert als schwere Hypothek erweisen sollte.

Trotz des Friedensschlusses von Lunéville gingen die Kämpfe im dritten Koalitionskrieg 1805 gegen das nach wie vor erfolgreiche Frankreich weiter. Sie brachten für Österreich am 2. Dezember 1805 die vernichtende Niederlage der Schlacht von Austerlitz. Im Frieden von Preßburg am 26. Dezember 1805 verlor Österreich seine Gebiete in Süddeutschland und in Oberitalien. Die gefürstete Grafschaft Tirol fiel an das zum Königreich erhobene Bayern. Zunächst traf die neue politische Zugehörigkeit zu Bayern kaum auf Widerstand, zumal der neue König Max Joseph – ähnlich wie die habsburgischen Regenten zuvor – in Aussicht gestellt hatte, die Einheit des Landes und seine althergebrachte Verfassung zu respektieren. Der berühmte «Freiheitskampf» des Jahres 1809 setzte erst nach den aufklärerischen Reformen ein, die der mit Frankreich sympathisierende Minister Maximilian Graf Montgelas für das Königreich Bayern in seiner Gesamtheit – also auch für das neu hinzugekommene Tirol – in Angriff nahm. Ähnlich wie Joseph II. eine Generation zuvor zielte Montgelas auf die Reform der Verwaltung, auf eine stärkere Anbindung an das Zentrum, auf kirchenpolitische Reformen, die die Macht der Kirche einschränken sollten und Eingriffe ins religiöse Brauchtum mit sich brachten. Anders als zur Zeit Josephs II. ging mit diesen Zielen allerdings auch eine frühkonstitutionelle Verfassung einher. Sie sollte nicht nur die rechtliche Einheit garantieren, sondern auch eine neue «Volksvertretung» ins Leben rufen. Damit war die bisherige ständische Selbstverwaltung in Tirol nicht mehr gegeben, und nun erst begann sich der Widerstand zu regen. Er richtete sich insbesondere gegen die von den neuen Machthabern auferlegten Steuern, aber auch gegen die allgemeine Konskription.

Andreas Hofer und der Tiroler Volksaufstand

Der im historischen Gedächtnis sowohl im Norden als auch im Süden bis heute lebendige Aufstand brach zeitgleich mit der neuerlichen Kriegserklärung Österreichs gegen Frankreich im April 1809 aus. Der Bruder des Kaisers, Erzherzog Johann, hatte die «Insurrektion» in Tirol im Vorfeld vorbereitet. Erstmals spielte Andreas Hofer, der Sandwirt aus dem Passeiertal, eine wichtige Rolle. Es gelang den Tirolern, zunächst unterstützt von den österreichischen Truppen, Bayern und Franzosen mehrmals aus dem Land zu vertreiben. Da Österreich jedoch den Krieg verlor, im Juli bereits Waffenstillstandsverhandlungen geführt wurden und das österreichische Militär sich zurückzog, war die Rebellion zum Scheitern verurteilt. Dennoch gelang es einigen Anführern, darunter Andreas Hofer im Süden des Landes, neuerlich den Widerstand zu organisieren. In einer der berühmtesten «Bergiselschlachten», einem Begriff, mit dem in der neueren Forschung eher vorsichtig umgegangen wird, konnten die Bayern am 13. August 1809 zum dritten Mal aus dem Land vertrieben werden. Für einige Monate war nun mangels «legitimer» Herrschaft Andreas Hofer als militärischer Oberkommandant der eigentliche Herr im Land. Er selbst sah sich stets als «Stellvertreter des Kaisers». Da der Krieg außerhalb von Tirol für Österreich jedoch eine schwere Niederlage gebracht hatte und der Kaiser am 14. Oktober 1809 den Frieden von Wien akzeptieren musste, war der bewaffnete Widerstand gegen die zurückkehrenden Bayern aussichtslos. Dennoch führte Andreas Hofer, angefeuert vom radikalen Kapuzinerpater Joachim Haspinger und anderen

«Falken», die Tiroler Schützen und den Landsturm im November erneut in den Kampf gegen die zurückkehrenden Bayern. Die Folgen der Rebellion – heute in der Erinnerungskultur noch immer als umjubelter «Freiheitskampf» gefeiert – bedeuteten für das Land und die Mehrheit der beteiligten Landstürmer und Schützen vielfach den Verlust von Gesundheit, Gut und Geld, vereinzelt auch des Lebens. Noch Jahrzehnte nach 1809 wurden in Wien Gesuche um Wiedergutmachung gestellt, die meist unerledigt blieben. Der geflohene Hofer selbst wurde gefasst und am 20. Februar 1810 auf Befehl Napoleons in Mantua erschossen. Haspinger hingegen, der sich nach Österreich abgesetzt hatte, erhielt vom Kaiser bis zu seinem Tod im Jahr 1858 eine Pension ausbezahlt. Eine der Folgen des Aufstands – nicht dessen Ursache, wie häufig fälschlicherweise angenommen – war die Teilung Tirols: Das Gebiet nördlich von Klausen im Eisacktal und von Gargazon im Burggrafenamt blieb bei Bayern, der südliche Teil einschließlich Bozens und des südlichen Eisacktals kam zum 1805 von Napoleon neu gegründeten Königreich Italien. Es wurde von Napoleons Stiefsohn Eugen Beauharnais regiert und unterstand damit der direkten Kontrolle Frankreichs. Weite Teile des Pustertals (ab Niederdorf) und Osttirol fielen an die Illyrischen Provinzen, die ebenfalls Frankreich unterstanden. Auch ein kleines Gebiet um Kitzbühel an der Grenze zu Salzburg fiel vorübergehend an Bayern. Dass mit diesen Regelungen keine wirkliche Befriedung erreicht wurde, zeigte sich bereits vier Jahre später: 1813 drohte neuerlich ein Aufstand, der auch diesmal zunächst von Österreich unterstützt wurde. Zugleich kursierten Gerüchte, Erzherzog Johann wolle mit einigen Mitstreitern, die sich im «Alpenbund» zusammengefunden hatten, die Alpenländer zu einem Königreich «Rätien» vereinigen. Diese «Verschwörung» wurde jedoch, bevor sie ernsthaft beginnen konnte, von einigen Beteiligten in Wien an Staatskanzler Clemens Wenzel Graf Metternich verraten, der erfolgreich dagegen einschritt. Napoleons Niederlage bei der Völkerschlacht von Leipzig schuf dann völlig neue Gegebenheiten. Nach der Versöhnung mit Bayern wurde im Vertrag von Ried am 13. Oktober 1813 in Aussicht gestellt, das gesamte, wieder vereinte Land Tirol an das Haus Habsburg zurückzugeben. Am 3. Juni 1814 wurde Tirol offiziell von Bayern wieder an Österreich abgetreten; beim Wiener Kongress 1814/15 wurde diese Regelung bestätigt.

Wirtschaftliche Armut, kultureller Reichtum

In wirtschaftlicher Hinsicht galt Tirol bereits vor den gravierenden Folgen, die der Krieg hinterlassen hatte, noch immer als «armes» Land. Freilich fehlen für den Zeitraum der Reformen gründliche neuere wirtschaftshistorische Studien, die vielleicht ein objektiveres Bild ergeben würden. Die offiziellen Quellen, insbesondere die von den Ständen hinterlassenen, betonen immer wieder die Armut des Landes. Das nimmt angesichts des wiederkehrenden Streits um die Abgaben nicht wunder. Tatsächlich überschritt auch noch Anfang der 1860er Jahre der Wert der Ausgaben (etwa 3,2 Millionen Gulden) jene der Einnahmen (etwa 2,8 Millionen Gulden) beträchtlich. Die wichtigsten Exportgüter bildeten weiterhin Wein und Salz, im Laufe des Jahrhunderts kamen Holz- und Viehexport sowie Seidenwaren hinzu. Lebensbedarfsgüter, vor allem Getreide, mussten nach wie vor importiert werden. Allein der Getreideimport machte mit 1,2 Millionen Gulden etwa ein Drittel der Gesamtausgaben aus. Eine Verbesserung brachte der Anbau von Kartoffeln, die gegen Ende des 18. Jahrhunderts als zusätzliches Nahrungsmittel in die Tiroler Küche Eingang fanden. Die Ausrichtung der Tiroler Wirtschaft auf Exportgüter und die Bedeutung des Nord-Südverkehrs bewirkten – so der Historiker Josef Riedmann – eine Sonderstellung Tirols gegenüber den anderen österreichischen Ländern. Als im Jahr 1775 im merkantilistischen Sinne nahezu die gesamte Monarchie zu einem Zollverband zusammengeschlossen wurde, nahm man Tirol davon aus, weil die Zollpolitik hier weiterhin sehr viel stärker auf den Transithandel ausgerichtet war.

Joseph II. ließ eine Straße über den Arlberg anlegen und auch die anderen Verkehrsstraßen wurden den Erfordernissen des zunehmenden Verkehrs angepasst. Denn mittlerweile beförderten die neuen Postwagen auf den seit langem eingerichteten Fahrstraßen immer mehr Personen, nicht nur Waren. Auch das Transportvolumen nahm im Laufe des Jahrhunderts zu. Die Erträge aus dem Bergbau hingegen gingen noch weiter zurück. Mit Ausnahme von Schwaz, wo um 1740 noch 1900 Knappen beschäftigt waren, wirtschaftete nur noch das Kupferbergwerk in Prettau auch im 18. Jahrhundert gewinnbringend.

Weil der Rechtsstatus auch jener Bauern, die ihre Höfe nicht als freies Eigentum besaßen, um einiges besser war als in anderen österreichischen Ländern, wurde in Tirol das für die bäuerliche Bevölkerung so wichtige Untertanenpatent Josephs II. aus dem Jahr 1781 über die Aufhebung der Leibeigenschaft gar nicht erst verkündet. Denn die persönlichen Beschränkungen der Bauern bestanden bereits seit Jahrhunderten nicht mehr. Auch die Robotpatente Maria Theresias aus den 1770er Jahren, mit denen die bäuerlichen Frondienste erleichtert, schließlich unter Joseph II. überhaupt abgeschafft werden sollten, fielen in Tirol weniger ins Gewicht, da es diese Form von bäuerlicher Arbeitsleistung hier kaum noch gab. Eine der wichtigsten Regelungen für die bäuerliche Bevölkerung war das Höfegesetz Maria Theresias, eine Verordnung aus dem Jahr 1750 über die Unteilbarkeit der bäuerlichen Güter, da die «Verstuckung» häufig zu Verarmung geführt hatte. Zwanzig Jahre später folgte ein Patent, das den «geschlossenen Hof» als bis heute wirksame Regelung eingeführt hat. Sowohl Eigengüter als auch grundherrlich abhängige Güter durften nur insoweit geteilt werden, als die Besitzer der Teilgüter jeweils eine Familie ernähren konnten. Die josephinische Dienstbotenordnung von 1789 regelte die Rechte und Pflichten des bäuerlichen Gesindes. Dennoch nahm die Zahl derjenigen zu, die sich durch saisonale Arbeit als Maurer oder mit anderen Bauhandwerken ein Zubrot verdienten oder ihre eigenen Produkte – etwa die weit über Tirol hinaus sehr gefragten Holzschnitzereien aus dem Grödnertal und die Klöppelspitzen aus dem Ahrntal – im Ausland als Wanderhändler anboten.

Bescheiden blieben auch im 18. Jahrhundert protoindustrielle

Manufakturen und Gewerbebetriebe. Wo es diese gab, waren sie an den Bergbau oder an die Landwirtschaft gebunden, wie die Seidenproduktion im Süden oder aber die eisenverarbeitenden Betriebe, die im Stubaital besonders weit entwickelt waren. Ein bedeutendes Textilunternehmen gab es mit der Strele-Kompanie in Imst, wo auch Menschen aus dem Vinschgau beschäftigt waren und «protoindustriell» Flachs und später zudem Baumwolle verarbeitet wurden. Insgesamt war in dieser Hinsicht der Norden des Landes führend, während im Süden vor allem Weinbau und Weinhandel florierten. In der Gegend um Ala und Rovereto wurde auch Tabak angebaut.

Das kulturelle Leben erfuhr im 18. Jahrhundert, wie überall in Europa, einen bemerkenswerten Aufschwung. Von der Bedeutung der Innsbrucker Universität war bereits die Rede, im Zuge der allgemeinen Bildungsreformen wurde auch sie vermehrt der staatlichen Kontrolle unterstellt: Neue Lehrkanzeln, insbesondere an der juridischen Fakultät, wurden bereits unter Maria Theresia errichtet, auch die Einrichtung einer Universitätsbibliothek, die dann infolge der Aufhebung des Jesuitenordens und der anderen Klöster stark vergrößert wurde, reicht in diese Jahre zurück. In Bozen, Meran und Brixen bereiteten Gymnasien auf das Universitätsstudium vor, allmählich setzte sich auch die Reform des Elementarschulbereichs auf der Grundlage der Allgemeinen Schulordnung von 1774 durch, immer mehr Kinder lernten Lesen, Schreiben und Rechnen, und die Alphabetisierung der Bevölkerung nahm zu.

Von den gelehrten Gesellschaften, die damals entstanden, sei hier besonders auf die bis heute bestehende *Accademia degli Agiati* (Akadmie der Bedächtigen) in Rovereto verwiesen, die sich die Pflege von Beredsamkeit und Poesie zum Ziel setzte. Einer ihrer Gründungsväter war Abt Girolamo Tartarotti, ein Vorkämpfer gegen den Hexenwahn, der mit führenden Gelehrten seiner Zeit wie Ludovico Muratori oder Scipione Maffei in Verbindung stand. Er wollte den intellektuellen Austausch in seiner Heimatstadt, die ja außerhalb des fürstbischöflichen Einflussbereichs stand, fördern. Hier wurde auch bereits kritische Geschichtsforschung betrieben, weil Tartarotti die Gründungslegenden der Bistümer von Säben-Brixen und Trient in Zweifel zog, was eine heftige Debatte mit dem Universitätsbibliothekar der Universität Innsbruck, Anton Roschmann, auslöste. Eine vergleichbare Institution war mit der *Accademia Taxiana* in Innsbruck gegeben, bemerkenswert war der wissenschaftliche und literarische Austausch zwischen italienischsprachigen und deutschsprachigen Gelehrten, in dessen Sog auch aufgeklärte Ideen in Tirol Eingang fanden. So gab es Ende der siebziger Jahre auch Freimaurerlogen in Innsbruck und Bozen, letztere vor allem von Kaufleuten getragen. Allerdings waren diese Initiativen nicht von langer Dauer; ein geheimbündlerisches Nachspiel gab es Anfang der neunziger Jahre durch eine Reihe von Jakobinerklubs in Trient, Rovereto, Innsbruck und Schwaz.

Erwähnenswert ist in wissenschaftlicher Hinsicht auch das Werk der beiden Kartographen Peter Anich und Blasius Hueber, die im Auftrag der Wiener Regierung einen zwanzig Blätter umfassenden *Atlas Tyrolensis* (unter Einschluss der beiden Fürstbistümer) auf der Grundlage einer sehr genauen Vermessung des Landes herausbrachten. Der aus Trient stammende Jurist Anton von Martini war maßgeblich an den Kodifikationen zur Vereinheitlichung des «österreichischen» Rechts beteiligt.

Im Gegensatz zu Innsbruck verfügte Bozen bis in die achtziger Jahre des 18. Jahrhunderts über kein Theater. Erst in den Jahren zwischen 1784 und 1804 war hier ein bescheidenes Liebhabertheater u. a. im Merkantilgebäude geführt worden, für das 1804 von einem privaten Theaterunternehmen ein neues Gebäude mit 800 Plätzen beim Palais Pock (später Gasthaus Kaiserkrone) errichtet wurde. In Rovereto entstand 1784 unter Mitwirkung der *Accademia degli Agiati* ebenfalls ein *Teatro sociale*, während in Trient erst 1819, nach der Aufhebung des Hochstifts, ein Theater errichtet wurde. Mit all diesen Initiativen wurde auch in Tirol der Weg zu einer neuen «bürgerlichen» Öffentlichkeit beschritten.

12. KAPITEL

«Deutsche» und «italienische» Nation als verfeindete Nachbarn

Beim Wiener Kongress, der von September 1814 bis Juni 1815 tagte, wurde die politische Landkarte Europas (einschließlich seiner Kolonien) neu gezeichnet. Das Heilige Römische Reich als übergeordnete friedenssichernde Institution gehörte der Vergangenheit an. Nun hielt der 1815 geschaffene Deutsche Bund als Nachfolgeeinrichtung des Alten Reiches unter dem Vorsitz des österreichischen Kaisers die auf 39 reduzierten deutschen Staaten zusammen. In Italien wurden die vormaligen Adelsrepubliken Venedig und Genua nicht wiedererrichtet, wohl aber die meisten anderen vorrevolutionären Staaten. Zu Österreich kam als Ersatz für den Verlust der vorderösterreichischen Gebiete und der südlichen Niederlande ein neu geschaffenes Königreich Lombardo-Venetien in Oberitalien. An dieses grenzte das nunmehrige Kronland Tirol im Süden. Die Grenzen des Deutschen Bundes verliefen, wie vormals die Reichsgrenze, mitten durch die österreichischen Länder. Ungarn und die anderen slawischen Gebiete der Habsburger Monarchie gehörten ihm – mit Ausnahme von Böhmen, Mähren und dem kleinen verbliebenen Rest von Schlesien – nicht an. Da in diesen Ländern sowohl Deutsche als auch Tschechen und andere slawische Nationalitäten siedelten, sollte die Frage ihrer Zugehörigkeit zu «Deutschland» im Rahmen der Nationalitätenkonflikte eine immer wichtigere Rolle spielen. Die Gefürstete Grafschaft Tirol jedoch zählte im Rahmen des Kaisertums Österreich zum Deutschen Bund. Dazu gehörte auch der nunmehr Welschtirol bzw. Trentino genannte südliche Teil mit seiner mehrheitlich italienischen Bevölkerung.

In Frankreich wurde nach Revolution und Krieg die bourbonische Monarchie zwar wiedererrichtet, aber durch eine *Charte constitutionelle* beschränkt. Für den Deutschen Bund war die Verfassungsfrage beim Wiener Kongress hingegen offengeblieben. Wohl sollten in den Staaten des Bundes «landständische» Verfassungen (wieder)errichtet werden, doch weder im Bund als Ganzem noch in den einzelnen Teilstaaten wurden tatsächlich Verfassungen zur Grundlage des politischen Lebens gemacht. Lediglich in einigen süddeutschen Staaten, darunter im Königreich Bayern, wurden frühkonstitutionelle Verfassungen erlassen. Besonders für das Kaiserreich Österreich befürchtete der mächtigste Mann im Staat, Staatskanzler Clemens Fürst Metternich, nicht zu Unrecht im Fall einer «Volksvertretung» dessen Auseinanderbrechen in seine verschiedenen Nationalitäten. Aus diesem Grund blieb er jeglichen gesamtstaatlichen Verfassungsfragen gegenüber reserviert, was bedeutete, dass in Österreich die absolutistische Regierungsweise des Monarchen wiederhergestellt wurde. Einzelnen Ländern, darunter auch Tirol, wurde jedoch die Wiederherstellung ihrer vormaligen «landständischen» Verfassungen in Aussicht gestellt.

Seit 1811 verfügte das Kaisertum – als Ergebnis der Kodifikationsarbeiten seit den Zeiten Maria Theresias und Josephs II. – neben einem gesamtösterreichischen Strafrecht über ein modernes privates Recht, das Allgemeine Bürgerliche Gesetzbuch. Trotz aller seither erfolgten Modifikationen ist es in Österreich bis heute gültig. Für alle privatrechtlichen Belange lag diesem Recht – nicht viel anders als bei dem sehr viel prominenteren *Code Napoléon* – die Vorstellung von freien und gleichen Staatsbürgern (beiderlei Geschlechts) zugrunde, die rechts- und eigentumsfähig waren. Allerdings gab es nach wie vor im öffentlich-rechtlichen Sinn keinerlei politische Partizipationsmöglichkeiten für diese Staatsbürger.

Hierin lag einer der größten Widersprüche der sogenannten Restaurationszeit, die gern auch als Epoche des Biedermeier bezeichnet wird, weil sich die Bürger damals angeblich in ihre Privatwelt zurückgezogen haben. Das entscheidende Wesensmerkmal dieser Periode lag aber darin, dass zwar die politischen Mitsprachemöglichkeiten auf der Ebene des Gesamtstaats fehlten, auf Länderebene jedoch die traditionellen Eliten nach wie vor Gestaltungsräume im weitesten Sinne vorfanden. Diese wussten sie auch zu nutzen, wenngleich der vormalige Rechtsstatus der Stände, die «Herrschaft aus eigenem Recht» (Otto Brunner), bereits durch die Staatsreformen des 18. Jahrhunderts stark beschnitten worden war. Auf diese Weise schuf das Privatrecht die Voraussetzungen für die künftige wirtschaftliche und gesellschaftliche Modernisierung des Staates. Der Bereich des öffentlichen Rechts hingegen, der nun im Gegenzug neu definiert werden musste, blieb dem ständisch-feudalen Denken verpflichtet.

In diesem Widerspruch zwischen modernem (staats)bürgerlichem Privatrecht und ständisch-feudalen Strukturen im öffentlichen Recht lag für die künftige politische und rechtliche Entwicklung des Kaiserstaats im 19. Jahrhundert eines der schwerwiegendsten ungelösten Strukturprobleme. In gesellschaftlicher Hinsicht emanzipierten sich die Bürger, die Alphabetisierung und Bildung der Bevölkerung nahm weiterhin zu – am Vorabend des Ersten Weltkriegs, im Jahr 1910, wird die Alphabetisierungsrate in Tirol, von wenigen ländlichen Gebieten ganz im Süden abgesehen, wo die Rate niedriger war, bereits 97 Prozent betragen; in Gesellschaften und Vereinen, die meist bestimmten Zwecken wie der Verbesserung der Landwirtschaft dienten, nivellierten sich die Unterschiede zwischen Adel und Bürgertum.

Die Leitidee vom ethnisch homogenen Nationalstaat

Nachdem schlechte Ernten und finanzielle Nöte bereits in den Jahren vor 1848 in vielen Gebieten Europas und Österreichs die Unzufriedenheit in der Bevölkerung geschürt hatten, brachte die im Februar 1848 neuerlich von Frankreich ausgehende Revolution diese Widersprüche voll zum Ausbruch. Im Vielvölkerstaat Österreich mussten die von der bürgerlichen Öffentlichkeit immer lauter erhobenen politischen Forderungen nach verfassungsrechtlich garantierter Beteiligung des «Volkes» an der Staatsgewalt über kurz oder lang in die nationalen Forderungen nach der politischen Partizipation der verschiedenen «Völker» münden. Im Kaisertum Österreich waren also die Forderungen nach Verfassung und bürgerlichen Freiheiten von Anfang an mit dem Ruf nach nationaler Selbstbestimmung verbunden.

Die Leitidee des 19. Jahrhunderts, der ethnisch homogene Nationalstaat, kennzeichnete fortan, von den «fortschrittlichen» Staaten England und Frankreich auch aus machtpolitischen Gründen unterstützt, bis zum Ersten Weltkrieg die Politik Europas. Keine übergeordnete Friedensinstanz gebot künftig dem Machtstreben der einzelnen Staaten Einhalt. Die beim Wiener Kongress in Aussicht genommenen regelmäßigen Kongresse zur friedlichen Lösung von anstehenden europäischen Konflikten waren im Sande verlaufen. Der Krimkrieg (1853–1856), der aus der Sicht Englands und Frankreichs das Vorrücken Russlands auf dem Balkan verhindern sollte, ermöglichte die spätere Staatsgründung Italiens. Der preußisch-österreichische Krieg von 1866, bei dem mehrere süddeutsche Staaten auf der Seite Österreichs kämpften, führte zur Auflösung des Deutschen Bundes und damit zur Schwerpunktverlagerung der österreichischen Politik in den Osten und Südosten Europas. Der deutsch-französische Krieg von 1870/71 hatte die kleindeutsche Staatsgründung des Deutschen Kaiserreichs zur Folge und machte Frankreich erneut zur Republik. Beim Berliner Kongress 1878 – der Austragungsort symbolisierte klar die Verlagerung des europäischen Machtzentrums von Wien nach Berlin – wurden für den krisengeschüttelten Südosten Europas neue Regelungen getroffen, die jedoch keine wirkliche Befriedung mit sich brachten. Eine ganze Reihe von Staatsgründungen vollzog sich auf dem Balkan, aus dem das Osmanische Reich immer weiter zurückgedrängt wurde und auf dem Russland und Österreich nun um den größeren Einflussbereich rivalisierten. Zur gleichen Zeit eroberten die traditionellen (England, Spanien, Frankreich, Niederlande), aber auch die neuen Kolonialmächte (Deutschland, Italien) die letzten noch nicht kolonisierten Gebiete der Welt.

Die Balkankriege warfen bereits in den Jahren vor 1914 ihre Schatten voraus – und schließlich manövrierten sich die europäischen Staaten, angeführt von Österreich und Deutschland, in jene «Urkatastrophe» des Ersten Weltkriegs (1914–1918) hinein, aus der Europa, globalgeschichtlich gesehen, bleibend geschwächt hervorgehen sollte. Die Leitidee des 19. Jahrhunderts jedoch, der ethnisch homogene Nationalstaat, wurde – wider bessere Einsicht – auch über die Zäsur von 1918/19 hinweg als politisches Programm beibehalten und schuf damit die Voraussetzungen für die weiteren Katastrophen des «kurzen» 20. Jahrhunderts.

Überdies revolutionierten technische Innovationen wie Dampfmaschine, Eisenbahn, Telegraf, schließlich Telefon und Automobil nicht nur das Wirtschaftsleben und die sozialen Verhältnisse, sondern auch das tägliche Leben der Menschen. Infolge der Industrialisierung entstanden mit einer lohnabhängigen Arbeiter/innen/schaft neue soziale Schichten. Das wirkte sich auch auf die Landwirtschaft aus, denn immer mehr Menschen zogen in die Nähe von Produktionszentren und in die Städte. Bessere gesundheitliche Versorgung, besonders der Rückgang der Kindersterblichkeit bewirkte einen bis dahin nie gekannten demografischen Aufschwung. Mit der steigenden Mobilität der Menschen entwickelten sich in der zweiten Jahrhunderthälfte zunehmend Fremdenverkehr und Tourismus als wertvolle Einnahmequelle.

Vormärz in Tirol

Vor diesem größeren politischen Hintergrund ist die Geschichte unseres Raumes im 19. Jahrhundert zu sehen: Entsprechend den beim Wiener Kongress sanktionierten Bestimmungen grenzte Tirol nun im Süden an das 1815 neu errichtete österreichische Königreich Lombardo-Venetien. Von diesem aus strömte nationales Gedankengut zunehmend auch in den Süden des Landes ein – gab es hier doch eine völlig andere politische Konstellation als zur Zeit der venezianischen *Terraferma,* die ganz an der Serenissima orientiert gewesen war. Im lombardischen Teil des Königreichs gab es zwar eine weit zurückreichende «österreichische» Tradition durch das vormalige Herzogtum Mailand. Dennoch waren gerade hier, im Gedenken an das von Napoleon geeinte «italienische Königreich», erstmals nationale Wünsche wach geworden. Im Norden waren einige früher salzburgische Gebiete zu Tirol hinzugekommen und da Salzburg selbst mittlerweile ebenfalls an Österreich gefallen war, fand sich Tirol nunmehr als territorial geschlossenes österreichisches Binnenland wieder, während es vorher nur in kurzen Streckenabschnitten im Osten an österreichisches Territorium gegrenzt hatte.

Bereits lange vor der offiziellen österreichischen Besitzergreifung am 19. Juni 1814 durch den provisorischen Landeskommissär Anton von Roschmann hatte es im Land Beratungen über die Wiederherstellung der alten Landesverfassung gegeben. Vor allem die von den Bayern abgeschafften Stände und der Landtag sollten wiedererrichtet werden. Eine besonders aktive Gruppe, die sich für die alten «Rechte und Freiheiten» einsetzte, war die Bozner Partei unter der Führung des Bozner Juristen Joseph von Giovanelli, der gemeinsam mit seinem Vater bereits während des Hofer'schen Regiments 1809 eine wichtige Rolle gespielt hatte. Nicht zuletzt auf Grund der in den Jahren 1796/97 und 1809 bewiesenen Treue zum Kaiserhaus erhoffte man sich von der alt-neuen Verfassung nicht nur die Erweiterung der ständischen Befugnisse in Justiz- und Polizeigesetzgebung, sondern größere Mitspracherechte auch bei den Steuern und Abgaben.

In Wien und beim Landeskommissär Roschmann jedoch waren die Vorteile einer zentralistischen Anbindung an den Gesamtstaat inzwischen die dominierenden Gesichtspunkte, so dass die Wünsche der Tiroler aus Wiener Sicht nicht mehr als zeitgemäß erschienen. Denn mit dem Allgemeinen Bürgerlichen Gesetzbuch von 1811 und dem Strafgesetzbuch von 1803 waren, wie erwähnt, in privatrechtlicher und in strafrechtlicher Hinsicht völlig neue gesamtstaatliche Voraussetzungen geschaffen worden. Tirol galt diesen Vorstellungen zufolge als österreichische «Provinz», die denselben zentralstaatlichen Kriterien unterworfen sein sollte wie alle anderen Provinzen auch. Die Verfassung, die am 24. März 1816 von Kaiser Franz I. (1804–1835) erlassen wurde, sollte daher auch nicht als Bestätigung von lange tradierten Rechten, sondern als vom Kaiser erwiesene Gnade erscheinen. Dieser Unterschied in der politischen Auffassung begleitete die Verfassungskämpfe in Österreich und in Tirol das ganze 19. Jahrhundert hindurch.

Die vier Stände (Adel, Klerus, Städte, Landgemeinden) wurden zwar ebenso wie der Landtag wiedererrichtet, sie hatten aber vorwiegend beratende Funktion. Entsprechend negativ wurde die Verfassung im Land gesehen, als «Verböserung» anstelle von «Verbesserung», wie ein späterer Beobachter feststellte, und als «Schale ohne Kern», wie sie von den Zeitgenossen charakterisiert wurde. Das wichtige Amt des Landeshauptmanns wurde wie zur Zeit Maria Theresias mit dem eines staatlich ernannten Gouverneurs wieder zusammengelegt. Auch das Steuerbewilligungsrecht wurde nicht im erwarteten Umfang erreicht, die Steuern wurden im Gegenteil empfindlich angehoben, allerdings kam den Ständen das Recht zu, die Grund- und Bodensteuer einzuheben. Besondere Unzufriedenheit rief die mangelnde Respektierung der alten Wehrverfassung hervor: Das Milizsystem wurde ausgehebelt und das Schützen- und Schießstandwesen zu einer Art Freizeitbeschäftigung herabgewürdigt. Das im Jahr 1816 gegründete Tiroler Kaiserjägerregiment hingegen gehörte der regulären österreichischen Armee an.

Dennoch begab sich Kaiser Franz I. im Mai 1816 nach Tirol, um die Huldigung der Stände entgegenzunehmen, ein symbolischer Akt, der seit der Erbhuldigung Karls VI. im Jahr 1711 nicht mehr stattgefunden hatte. Doch auch dieser damals bereits anachronistisch anmutende Vorgang änderte nichts daran, dass die «Rechte und Freiheiten» des Landes der gesamtstaatlichen Einheit zum Opfer gefallen waren. Für die weitere Entwicklung war dies jedoch durchaus von Vorteil.

Die staatliche Durchdringung der Provinz, zu der nun auch Vorarlberg gehörte, mittels bürokratischer Verwaltung konnte an die vorrevolutionäre und die bayerische Zeit anknüpfen. Unterhalb des vom Gouverneur und Landeshauptmann geleiteten *Guberni-*

ums standen die wieder errichteten Kreisämter. Die Gouverneure stammten zum Teil aus anderen Ländern der Monarchie, zum Teil, wie im Fall von Clemens Graf Brandis, aus Tirol selbst. Im heutigen Südtirol gab es zwei Kreisämter: Bruneck und Bozen. Früher als in den anderen österreichischen Ländern wurden durch eine Reform des Jahres 1839 die noch bestehenden «privatherrlichen» Gerichte abgelöst sowie die Landgerichte neu geordnet und der staatlichen Justizverwaltung unterstellt.

Der oft von den Zeitgenossen und der späteren Geschichtswissenschaft beklagte «Rückzug ins Private» zeitigte aber auch in Tirol dank zahlreicher Initiativen im halb-öffentlichen Raum bleibende Früchte – allerdings sehr viel stärker im Norden als im Süden des Landes, der erst in den 1850er Jahren in dieser Hinsicht nachzog. So wurde 1823 unter der Patronanz von Erzherzog Ferdinand, dem späteren Kaiser Ferdinand I. (1835–1848), ein Verein gegründet, der sich die «Förderung der Landeskunde und Geschichte durch Aufbewahrung und wissenschaftliche Reihung der Seltenheiten der Natur und Kunst des Landes» zum Ziel setzte, wie es in den Statuten heißt. Aus dem Verein ging das Tiroler Landesmuseum Ferdinandeum hervor, bis heute eine Bildungs- und Forschungseinrichtung ersten Ranges, die über eine bedeutende Bibliothek verfügt. Zu ähnlich gemeinnützigen Zwecken wurde 1838 auf Anregung von Gouverneur Friedrich Graf Wilczek die sich um die Produktionssteigerung und Verbesserungen in der Landwirtschaft bemühende k.k. Landwirtschaftsgesellschaft für Tirol und Vorarlberg gegründet. Der Sitz des Zentralvereins lag in Innsbruck, doch in allen Kreisämtern gab es Bezirksvereine. Über ihre Zeitung, das «Wochenblatt», das in den Kreisen Trient und Rovereto in italienischer Sprache erschien, sollte die Bauernschaft über die neuesten Kenntnisse zu Düngung, Schädlingsbekämpfung und Ertragssteigerung durch bessere Anbaumethoden informiert werden. Auf die Zeit des Vormärz geht auch die Errichtung der ersten Tiroler Sparkasse in Innsbruck zurück – eine Bozner Sparkasse sollte 1854 folgen. Alle diese Initiativen zeigen, dass in der Friedenszeit bis 1848 dank der Zusammenarbeit von Staat und Ständen neue Einrichtungen geschaffen wurden, die dem Land zugute gekommen sind. Auch die Errichtung einer neuen Straße über das Stilfser Joch Anfang der 1820er Jahre, die Prad im Vinschgau mit Bormio im lombardischen Veltlin verband, zählt zu den Strukturverbesserungen in dieser Zeit.

Dennoch kennzeichnete die Jahrzehnte nach Revolution und Krieg ein bleibendes Misstrauen der Staatsgewalt gegenüber den Begriffen von «Volkssouveränität» und «Volksbewaffnung», die seit der Französischen Revolution in den politischen Diskurs Eingang gefunden hatten. Dass diese Begriffe in Tirol unter Berufung auf das alte Landesrecht keineswegs «demokratisch» besetzt waren, sondern zumindest auf konservativer Seite auf Vorstellungen traditioneller Rechtsvielfalt und politisch-gesellschaftlicher Ungleichheit beruhten, änderte an diesem Misstrauen wenig. Nach den Gewalterfahrungen der Jahre zwischen 1789 und 1815 bestand die Wiener Zentrale auf Überwachung des als revolutionär eingeschätzten Gedankenguts mittels Zensur und Polizeiaufsicht.

Auch die Exhumierung der Gebeine Andreas Hofers im Jahr 1823 durch einige Kaiserjägeroffiziere und ihre Überstellung von Mantua nach Tirol, womit der Kult vom «Freiheitshelden von 1809» erstmals einsetzte, betrachtete Metternich mit großer Skepsis. Das Hofer zu Ehren in der Innsbrucker Hofkirche aufgestellte Grabmal wurde daher unter strenger Wiener Kontrolle geplant und errichtet und durfte den «Oberkommandanten» nur als Bauer gekleidet in Szene setzen. Erst sehr viel später, als Hofers Vereinnahmung politisch opportun erschien, wurde ihm gemeinsam mit bedeutenden österreichischen Generälen in der Feldherrnhalle des Wiener Heeresgeschichtlichen Museums ein bleibendes Denkmal gesetzt. Wie stark die Furcht vor Volkserhebung und Krieg das offizielle politische und militärische Denken prägte, zeigt auch der Festungsgürtel, der unter Franz I. rund um das österreichische Kaiserreich errichtet wurde. Zu diesen damals militärtechnisch bereits überholten Festungsbauten gehört auch die heute noch weithin sichtbare Franzensfeste südlich von Sterzing in Südtirol.

Die kirchlichen Autoritäten standen hinsichtlich Überwachung und Kontrolle den weltlichen in nichts nach. Aus dem Zusammenspiel beider ging die Vertreibung von etwa 430 Zillertaler sogenannten Inklinanten hervor, die sich seit dem 18. Jahrhundert als Kryptoprotestanten im damals noch dem Fürsterzbistum Salzburg zugehörigen Tal gehalten hatten. Nun beriefen sich die Andersgläubigen auf das josephinische Toleranzpatent und wollten offen ihren protestantischen Glauben leben. Unterstützt von einer für damalige Zeiten höchst bemerkenswerten Medienkampagne, sprachen die klerikal-konservativen Gruppierungen im Tiroler Landtag damals erstmals von der «Glaubenseinheit» des Landes und setzten mit Hilfe der Bischöfe von Brixen (Bernhard Galura) und Salzburg (Friedrich Fürst Schwarzenberg) die Ausweisung der Protestanten beim Kaiser durch. Zunächst (1834) von Kaiser Franz I. zur Emigration aufgefordert, ordnete Kaiser Ferdinand I., nachdem sie sich dem Auswanderungsangebot verweigert hatten, am 12. Januar 1837 ihre Ausweisung innerhalb von zwei Wochen an. Der Gegensatz zwischen klerikal-konservativen Gruppierungen und Andersdenkenden, denen die Machtposition der Kirche im Land ohnehin ein Dorn im Auge war, brach anlässlich dieses publizistisch weit über Tirol hinaus aufsehenerregenden Falles religiöser Verfolgung erstmals mit aller Wucht aus.

Spaltung, nationale Zwietracht und religiöse Spannungen

Schwierig begann sich nun auch das Verhältnis zwischen «deutschen» und «italienischen» Tirolern zu gestalten. Die neue Situation, in der sich die Trentiner seit der Aufhebung des Trienter Hochstifts befanden, wurde in der Zusammensetzung des neuen Landtags nicht ausreichend berücksichtigt. Dazu kam, dass der südliche Teil Tirols, wie im vorigen Kapitel ausgeführt, von 1810 bis 1814 dem italienischen Königreich zugeschlagen worden war – die Grenze zum bayerischen Tirol war damals bei Klausen im Eisacktal und bei Gargazon im Burggrafenamt verlaufen. Die Erinnerung an die kurze Zeit eines geeinten italienischen Königreichs war bei der italienischsprachigen Bevölkerung sehr lebendig geblieben.

Dem Bevölkerungsverhältnis von circa 60 Prozent deutschsprachigen und circa 40 Prozent italienischsprachigen Tirolern wurde im Landtag so gut wie keine Beachtung geschenkt. Dort sahen sich sieben Deputierte aus Welschtirol 45 Abgeordneten aus Deutschtirol gegenüber, ein Missverhältnis, das den Widerstand des italienischen Teils herausforderte.

Es nimmt daher nicht wunder, dass die revolutionäre Welle, die 1848 nicht nur Paris und zahlreiche deutschen Städte, sondern auch Wien, Prag und Budapest erfasste, in den beiden Landesteilen auf unterschiedlichen Boden fiel. In Innsbruck feierten Bürger und Studenten der Universität die neuen Errungenschaften, ohne dass es dabei zu Unruhen gekommen wäre: Der Kaiser hatte gleich zu Beginn im März 1848 eine Verfassung und die Gewährung «bürgerlicher Freiheiten» in Aussicht gestellt, wobei Presse- und Meinungsfreiheit als die wichtigsten angesehen wurden. Einige Tiroler Studenten formierten sich unter der Führung des bekannten Literaten und Naturwissenschaftlers Adolf Pichler zu einer Tiroler Akademischen Legion und unterstützten ihre Wiener Kommilitonen, darunter, um auch einem Unbekannten einen historischen Namen zu geben, Joseph von Vilas, ein aus Neumarkt in Südtirol stammender Medizinstudent, der sich als Mitglied der Akademischen Legion sogar porträtieren ließ. Der inzwischen 72-jährige Kapuzinerpater Joachim Haspinger begleitete später als Feldgeistlicher diese Kompanie bei ihrem freiwilligen Auszug in den Krieg gegen Piemont-Sardininen.

Während auch in Bozen die «kaiserlichen Geschenke» gefeiert wurden, kam es in Trient zu massiven Unruhen und politischen Demonstrationen, bei denen der Tiroler Landtag in Gestalt einer Strohpuppe symbolisch verbrannt wurde. Die Spaltung des Landes begann sich in diesem Jahr 1848 deutlich abzuzeichnen: Einerseits fand der aus Wien nach Innsbruck geflohene Hof bei den «treuen Tirolern» für mehrere Monate Zuflucht, andererseits bemühten sich die Welschtiroler Abgeordneten, darunter der liberale Priester Giovanni a Prato, um größere Autonomierechte für den italienischen Teil Tirols bzw. überhaupt um die Vereinigung des italienischen Teils mit dem Königreich Lombardo-Venetien. Das hätte im Klartext die Abtrennung aus dem österreichischen Staatsverband bedeutet. Die Hoffnungen auf diese Lösung hatten gewaltsame Aufstände in Mailand und Venedig genährt sowie den Einfall König Karl Alberts von Piemont-Sardinien in die Lombardei im März 1848 nach sich gezogen, was umgekehrt die italienische Armee Österreichs unter Feldmarschall Wenzel Graf Radetzky auf den Plan gerufen hatte. Die Folge war ein mehrere Monate andauernder Krieg in Oberitalien, der sogenannte erste Risorgimentokrieg, den Radetzky bereits im Juli 1848 für sich entscheiden konnte.

Dem Tiroler Landtag blieben die Trentiner Abgeordneten aus Protest fern, wohl aber bemühten sie sich sowohl im Frankfurter Paulskirchenparlament als auch im Wiener Reichstag – beides konstitutionelle Versammlungen, die sich in Folge der Revolution gebildet hatten – Gehör zu finden und bei ihren «Deutschtiroler» Kollegen auf Verständnis zu stoßen. Dass dieses ausblieb, ja im Gegenteil, die deutschsprachigen Abgesandten Tirols die Welschtiroler Wünsche als unangemessene Forderungen, ja als Verrat an der Landeseinheit abzuwimmeln versuchten, spitzte die Lage weiter zu. «Beati possidentes», äußerte beispielsweise ein oberösterreichischer Abgeordneter, Franz Xaver Kohlparzer, ganz im Sinne der Deutschtiroler: «Wir besitzen Südtirol [gemeint ist Welschtirol] und somit behalten wir es. Das ist mein Völkerrecht.» In ähnlichem Sinne verlangten manche Deutschtiroler sogar den Ausschluss derjenigen Trentiner Deputierten, die sich für die Abtrennung der Kreise von Trient und Rovereto stark gemacht hatten. Der Marienberger Benediktiner und Historiker Beda Weber sammelte überall im Land Unterschriften gegen ein derartiges Ansinnen.

Rascher als erwartet gelang es den Truppen Radetzkys, die Piemontesen zu schlagen. Nach der entscheidenden Schlacht von Custozza am 25. Juli zogen die österreichischen Truppen Anfang August kampflos in Mailand ein und die österreichische Herrschaft wurde wiederhergestellt. Der Krieg gegen Piemont-Sardinien hatte auch die «nationale Mobilisierung» der Tiroler Schützen als sinnvoll erscheinen lassen, womit zum ersten Mal der «Geist von 1809» politisch instrumentalisiert wurde. Erzherzog Johann wurde, wie 1809, beauftragt, die Verteidigung zu organisieren: 144 Kompanien mit über 16000 Schützen zogen in den Monaten April bis Juni 1848 Richtung Süden aus. Nachdem im März 1849 Karl Albert von Piemont-Sardinien ein zweites Mal gegen Österreich in die Lombardei vorgerückt und erneut von Radetzkys Truppen besiegt worden war, musste nach langer Belagerung auch die Stadt Venedig kapitulieren. Das lombardo-venetianische Königreich wurde unter Österreichs Szepter wiedererrichtet. Insgesamt kehrte man nach diesen turbulenten Jahren – trotz einer 1849 bereits erlassenen Konstitutionsurkunde und einem Grundrechtskatalog – zur absolutistischen Regierungsweise zurück.

Die Länder wurden noch stärker als bisher an die Zentrale angebunden; die ständischen Verfassungen wurden, wo es sie denn, wie in Tirol, gab, außer Kraft gesetzt. Ein verbleibender ständischer Ausschuss, der unter dem Vorsitz des nunmehrigen Statthalters tagte, hatte lediglich beratende Funktion. An der Spitze der Statthalterei für «Tirol mit Vorarlberg» stand ein vom Kaiser ernannter Statthalter. Trotz aller Modernisierungsbestrebungen im sogenannten Neoabsolutismus, wie Freihandel und liberale Gewerbeordnung, wurde auf diese Weise der Wunsch nach politischer Teilhabe der politisch mündig gewordenen Bevölkerung nicht erfüllt. Ein bleibendes Ergebnis der Revolution war immerhin die nicht wieder zurückgenommene Grundentlastung. Mit der nun überall in Österreich geltenden Regelung wurde die endgültige Bauernbefreiung und damit auch die Kapitalisierung des Bodens ermöglicht. Der Bauer konnte nun zum alleinigen Eigentümer des von ihm bewirtschafteten Hofes werden. In Tirol wurden zur Durchführung dieses Gesetzes eigene Kommissionen eingesetzt, die die genauen Ablösungssummen zu erheben hatten – ein Drittel der Ablösungssumme hatten nämlich die Bauern aufzubringen (ein Drittel übernahm das Land, ein weiteres Drittel der vormalige Grundeigentümer). Wie überall in Österreich brach mit diesem Gesetz eine neue Ära in der bäuerlichen Landwirtschaft an, auch wenn sich manche Bauern über Jahre hinaus verschuldeten. Im gesamtösterreichischen Vergleich verlief diese Entwicklung in Tirol wegen der Kleinteiligkeit des bäuerlichen Grundes eher mühsam. Dennoch konnte das Geschäft bereits nach vier Jahren als abgeschlossen betrachtet werden, weil sich zahlreiche abgabepflichtige Bauern direkt mit den Grundherren einigten, denen gegenüber es eine persönliche Abhängigkeit ja hierzulande schon lange nicht mehr gab.

Hingegen war seit 1848/49 der Keim der nationalen Zwietracht im Land gelegt, der fortan unter der Oberfläche weitergärte und durch parteiisches Vorgehen der Behörden weiter angeheizt wurde, wie der folgende exemplarische Fall zeigt. In Vilpian im Burggrafenamt lebten Arbeiter aus dem Trentino mit ihren Frauen ohne Trauschein zusammen, was ihren deutschen Arbeitgeber empörte. Es kam zum Streit und zu Raufereien, bei dem eine italienische Frau und sechs weitere Italiener getötet wurden. Trotzdem wurde das Verfahren gegen die Täter eingestellt, weil die «deutschen» Vilpianer angeblich aus Notwehr gehandelt hatten. Im Trentino wurde diese Entscheidung als eindeutig politisch motiviertes, gegen die Welschtiroler gerichtetes Urteil interpretiert.

Religiöse Spannungen verschärften den nationalen Konflikt, war das Land doch in einen ultramontanen konservativen Norden und einen weitgehend liberalen Süden gespalten. Mit dem Süden ist in diesem Fall nur das Trentino gemeint (das damals auch als Südtirol bezeichnet wurde). Seit dem Konkordat von 1855, das Kaiser Franz Joseph I. (1848–1916) mit der römischen Kirche unter Papst Pius IX. (1846–1878) abgeschlossen hatte, wurde der katholischen Kirche im Bildungsbereich, in der Ehegesetzgebung und nicht zuletzt in der Verwaltung des Religionsfonds wieder sehr viel mehr Macht eingeräumt. Das kam den konservativen Kräften im Land sehr entgegen. Die immer wieder beschworene «Glaubenseinheit» wurde aus ihrer Sicht sowohl von den deutschtirolischen Liberalen als auch vom freiheitlich gesinnten «italienischen» Klerus in Welschtirol bedroht. Es stießen hier also auch unterschiedliche «Grenzkatholizismen» (Florian Huber) aufeinander. Die beiden Gruppierungen fanden sich zwar zu diesem Zeitpunkt noch in keiner parteipolitischen Organisation wieder (politisch agierende Vereine waren seit der neoabsolutistischen Wende generell verboten), die politisch-ideologischen Spannungen waren aber immer stärker in den verschiedenen Schichten der Gesellschaft spürbar.

Februarpatent und Protestantenpatent

Im April 1859 brach der zweite Risorgimentokrieg aus, wobei sich Piemont-Sardinien diesmal der Unterstützung Frankreichs versichert hatte. In der Lombardei kam es erneut zu Kampfhandlungen, bei denen die Tiroler Südfront im Frühsommer mit 50 Schützenkompanien verteidigt wurde. Diese kamen diesmal jedoch gar nicht zum Einsatz, da Kaiser Franz Joseph I. nach den ersten militärischen Niederlagen, an denen er selbst als Oberbefehlshaber nicht unschuldig war, einem Waffenstillstand zustimmen musste. Der Krieg kostete viel Geld und war in Österreich selbst äußerst unpopulär. Die Lombardei ging infolge des am 10. November 1859 geschlossenen Friedens von Zürich – mit Ausnahme der Festungen von Mantua und Peschiera – verloren. Das lombardo-venetianische Königreich blieb auf dessen venetianischen Teil beschränkt. Damit rückte das zwei Jahre darauf – 1861 – gegründete neue italienische Königreich unter Piemont-Sardiniens Führung unmittelbar an den Süden Tirols heran – eine Konstellation, die den nationalen Hoffnungen im Trentino neuerlichen Auftrieb gab. Auch die Beziehungen zwischen dem neuen Staat und Österreich blieben belastet, weil noch zu viele «unerlöste Gebiete» unter österreichischer Herrschaft standen.

Umgekehrt brachte der Krieg in Österreich selbst die Verfassungsfrage wieder auf die Agenda: Der Kaiser musste dem Druck der liberalen Forderungen, selbst aus seiner unmittelbaren Umgebung, nachgeben. Mit dem «Februarpatent» aus der Feder des liberalen Staatsministers Anton Freiherr von Schmerling wurde die Monarchie nach zehn Jahren Zentralisierungspolitik im Februar 1861 wieder auf föderative Grundlagen gestellt. Auch Tirol erhielt nun eine eigene Landesordnung, die gegenüber der ständischen, 1849 suspendierten, auf breitere «demokratische» Grundlagen gestellt wurde. Die Verbindung mit Vorarlberg blieb nur innerhalb der Staatsverwaltung bestehen, da auch für Vorarlberg eine eigene Landesordnung mit eigenem Landtag vorgesehen war. Die Zusammensetzung des neuen Landtags mit 68 Abgeordneten war zwar noch immer der traditionellen gesellschaftlichen Gliederung von vier «Kurien» verpflichtet – der Begriff «Stände» wurde vermieden –, doch war die Zahl der Vertreter der vierten Kurie, der Landgemeinden, stark vermehrt worden. 34 Deputierten der Landgemeinden und 16 Vertretern der Städte, Märkte und der mittlerweile entstandenen Handelskammern standen für den geistlichen Grundbesitz vier und für den adeligen Grundbesitz zehn Abgeordnete gegenüber. Zusätzlich hatten die Oberhirten von Salzburg, Trient und Brixen sowie der Rektor der Universität Innsbruck im Landtag Sitz und Stimme. Da die nationale Zugehörigkeit bei dieser Zusammensetzung kein Kriterium darstellte, es also keine Verteilung nach Nationszugehörigkeit gab, war das italienische Tirol nach wie vor unverhältnismäßig gering vertreten. Aus dem Trentino kamen während des gesamten Zeitraums bis zum Ende des Ersten Weltkriegs lediglich zwischen 22 und 26 Deputierte, wobei innerhalb der Kurie die jeweilige Zuordnung des adeligen Grundbesitzes wechseln konnte. Immer wieder wurde von den Welschtirolern der Wunsch nach einem eigenen Landtag bzw. nach der Trennung vom deutschsprachigen Landesteil erhoben. Zahlreiche Abgeordnete blieben daher auch häufig dem Landtag fern.

Dessen Kompetenzen waren gegenüber dem vormärzlichen Landtag erheblich erweitert worden. Der Landtag war für die Landwirtschaft, die aus Landesmitteln finanzierten Einrichtungen, teilweise auch für Gemeinde-, Religions- und Schulangelegenheiten zuständig, sogar die Landesverteidigung wurde in Tirol dem Land übertragen.

Einen ersten Konflikt musste der neue Landtag gleich zu Beginn bewältigen. Die liberale Regierung in Wien hatte unter der Federführung von Anton von Schmerling am 8. April 1861 das sogenannte Protestantenpatent erlassen, das für die Protestanten in der Monarchie völlige Gleichberechtigung vorsah. Da dieses Gesetz auch für Tirol Geltung haben sollte, formierte sich hier sogleich in den katholisch orientierten konservativen Gruppierungen massiver Widerstand. Sie sahen durch dieses Patent einmal mehr die «Glaubenseinheit» des Landes bedroht, während die liberalen Kräfte die neue Regelung begrüßten. Der Konflikt eskalierte zum einen im Land selbst, wo er bereits jetzt kulturkämpferische Ausmaße annahm. Auf jeder Seite traten wortgewaltige Vertreter auf: der Bischof von Brixen, Vinzenz Gasser, für die katholisch-konservative Partei, der liberale Bozner Bürgermeister Josef Streiter für die liberale Seite. Zum anderen führte die Weigerung des Landes, dieses Gesetz anzunehmen, zu Auseinandersetzungen auch mit der Wiener Regierung. Diese verhielt sich zunächst abwartend, bis das Land unter der Regierung des neuen konservativen Ministerpräsidenten Richard Graf Belcredi im Jahr 1865 tatsächlich das Zugeständnis erhielt, die Gründung von evangelischen Gemeinden augsburgischen oder helvetischen Bekenntnisses von der Zustimmung des Landes abhängig zu machen. Dabei gab es seit der Vertreibung der Zillertaler in Tirol kaum noch Protestanten, die «Bedrohung» durch Andersgläubige wurde also bei weitem überschätzt. Eine jüdische Gemeinde gab es seit dem frühen 17. Jahrhundert lediglich in Hohenems in Vorarlberg, in Tirol selbst lebten nur wenige Juden – der Tiroler Kampf gegen die «Akatholiken» war zu diesem Zeitpunkt also (noch) nicht gegen jüdische Gemeinden gerichtet.

Die Sonderregelung des Jahres 1865 verdankte Tirol seiner strategischen Bedeutung in einem neuerlich drohenden Krieg mit Italien, dem dritten Risorgimentokrieg. 1866 wurde dieser Konflikt als Zweifrontenkrieg auch gegen Preußen geführt und brachte sowohl den Verlust Venetiens als auch das Ende des Deutschen Bundes mit sich. Die endgültige Positionierung der nunmehrigen Doppelmonarchie – Ungarn war infolge des Krieges weitgehende Selbständigkeit zuerkannt worden – im Osten und Südosten Europas war mit diesem letzten Ausscheiden Österreichs aus «Deutschland» eng verbunden.

In Tirol war zur Sicherung der Grenzen im Süden bereits 1864 eine neue Landesdefensionsordnung erlassen worden. Im Ernstfall sollte sie die gesamte waffenfähige Bevölkerung zum Einsatz bringen. Die Tiroler konnten in Judikarien das Vordringen der Italiener aufhalten, während letztere durch die Valsugana bis nach Trient vordrangen. Auch diesmal wurde der Krieg aus politischen Gründen früher als erwartet beendet, zumal die Niederlage gegen Preußen bei Königgrätz am 3. Juli 1866 rasche Friedensverhandlungen nötig erscheinen ließ. Das Königreich Italien ging trotz militärischer Niederlagen siegreich aus diesem Krieg hervor und erhob in der Folge vermehrt politische Ansprüche auf die «unerlösten» Gebiete, also das Trentino und Triest.

So war es einerseits der nationale Konflikt, der sich im Land – trotz des zwischen Italien, Österreich und Deutschland im Jahr 1882 geschlossenen Dreibunds – zunehmend radikalisierte. Andererseits blieb auch das Verhältnis zur Wiener Zentralregierung bis in die 1890er Jahre hinein auf Grund der liberalen österreichischen Gesetzgebung stark belastet. Mit den Dezembergesetzen von 1867 kam es zu einer verfassungsrechtlich verankerten Gleichberechtigung aller Konfessionen, und mit den Maigesetzen von 1868 wurde der Einfluss der katholischen Kirche auf Schule und Ehe zurückgedrängt und das gesamte Unterrichtswesen dem Staat unterstellt – beides Entscheidungen, die in Tirol die konservativen Kräfte auf den Plan riefen. Erst 1875 wurde auch in Tirol die Bildung protestantischer Kultusgemeinden erlaubt. Der jahrelange Widerstand gegen das Reichsvolksschulgesetz von 1869 wurde erst 1892 aufgegeben. Im Trentino kam diesen Auseinandersetzungen sehr viel weniger Bedeutung zu, weil hier die nationale Frage und die Autonomiewünsche im Vordergrund standen. Es nützte auch wenig, dass der Grundsatz der «Gleichberechtigung der Volksstämme» in Schule, Amt und öffentlichem Leben, der in der Dezemberverfassung prominent verankert war, durchaus respektiert wurde – die Wünsche des Trentino nach nationaler Unabhängigkeit gingen weit darüber hinaus. Sichtbarer Ausdruck der nationalen Gegensätze waren die beiden beinahe gleichzeitig entstandenen politisch aufgeladenen Denkmäler in Bozen und Trient: Während der nach Süden blickende, vom Bildhauer Heinrich Natter 1889 aus Marmor gestaltete Walther von der Vogelweide als Inbegriff des germanischen Deutschtums bis heute den Walther-Platz in Bozen ziert, schaut der 1893 aufgestellte, von Cesare Zocchi in Bronze gegossene Dante Alighieri in Trient nach Norden, um die Gegner in ihre Schranken zu weisen.

Die «Fatti di Innsbruck» im Jahr 1904 und innenpolitische Veränderungen in Tirol

Wie sehr die nationalen Gegensätze die Stimmung im Land prägten, veranschaulicht ein Ereignis, das unter dem Stichwort «I Fatti di Innsbruck» im Jahr 1904 in die Geschichte eingegangen ist: ein Konflikt zwischen deutschen und italienischen Studenten an der Universität Innsbruck um die Errichtung einer italienischen Rechtsfakultät. Infolge des Verlusts der Lombardei und Venetiens waren die beiden Universitäten Pavia und Padua für Welschtiroler Studenten, insbesondere Studenten der Rechtswissenschaften, weggefallen. Seither hatten sich die Trentiner – erfolglos – um die Errichtung einer italienischen Rechtsfakultät an der Universität Innsbruck bemüht. Es wurden lediglich Kurse in italienischer Sprache an der Universität Innsbruck angeboten. Diese waren der deutschsprachigen Studentenschaft von Anfang an ein Dorn im Auge. Und obwohl der Reichsrat in Wien schließlich die Errichtung einer italienischen Universität in Triest im Finanzierungsplan des Jahres 1891/92 vorsah, kam es nie zu deren Realisierung. Stattdessen wurde von der Wiener Regierung nur eine Erhöhung der «Parallelkurse» in Innsbruck vorgenommen.

Zu Beginn des neuen Jahrhunderts formierte sich daher eine *Società degli studenti trentini*, der u. a. der Geograph und Reichsratsabgeordnete Cesare Battisti angehörte. Diese Gruppe forderte die Errichtung einer «Freien Universität» (*Libera Università*) in Innsbruck, was die Regierung veranlasste, im September 1904 zumindest der Errichtung einer *Facoltà provvisoria di diritto e Scienza Politica con lingua d'insegnamento italiano* (Provisorische Fakultät für Recht und Politische Wissenschaften in italienischer Unterrichtssprache) in Innsbruck zuzustimmen. Die Fakultät wurde auch tatsächlich am 4. November 1904 feierlich eröffnet. Diesen Teilerfolg feierten die italienischen Studenten am Abend desselben Tages in einem Gasthaus. Als die ersten von ihnen jedoch den Gasthof verließen, sahen sie sich mit einer Gruppe von circa 50 deutschnationalen Studenten konfrontiert, die anti-italienische Parolen von sich gaben, im Chor «Burschen heraus» riefen und die Verhaftung der italienischen Studenten forderten. Es kam zu Schlägereien und zum Gebrauch von Waffen, wobei die jeweils eine Seite die andere beschuldigte, zuerst Gewalt eingesetzt zu haben. Es gab in dieser Nacht einen Toten und zahlreiche Verletzte. Zu der im Jahr 1912 in Wien beschlossenen Errichtung einer italienischen Universität in Triest kam es nicht mehr.

Die innenpolitischen Veränderungen in den letzten Jahrzehnten des 19. Jahrhunderts wirkten sich auch auf Tirol aus: Nach der Senkung des Steuerzensus auf fünf Gulden für die Wahlberechtigung 1882, der Einrichtung einer Allgemeinen Wählerklasse 1896 und vor allem der Einführung des Allgemeinen, gleichen, direkten und geheimen (Männer)-Wahlrechts 1906 entwickelten sich auch hier die modernen Massenparteien: Aus dem Verbund der katholisch-konservativen Gruppierungen spaltete sich 1898 die Christlichsoziale Partei ab, die vor allem die Interessen der unteren Volksschichten vertrat, insbesondere nachdem in ihren Reihen im Jahr 1904 in Sterzing der bis heute mächtige Bauernbund gegründet worden war. Die mangels industrieller Arbeiterschaft im gesamtösterreichischen Vergleich sehr viel bescheidenere Sozialdemokratische Partei Tirols wurde 1890 gegründet. Im liberalen Lager, das sich vor allem aus dem Bürgertum der Städte rekrutierte, nahmen die deutschnationalen und antiklerikalen Tendenzen zu. Nur bei den Sozialdemokraten gab es zunächst ein Zusammengehen zwischen deutsch- und italienischsprachigen Tirolern. In allen anderen Gruppierungen hingegen spaltete der nationale Hader auch die Parteienlandschaften. Die Feierlichkeiten zum 100-jährigen Gedenken an das Jahr 1809 – unter Anwesenheit des Kaisers – gerieten auf diese Weise zu einer Manifestation des «deutschen» Tirol gegen das italienische. Andreas Hofer wurde von nun an nicht mehr nur als katholischer und kaisertreuer Held gefeiert, sondern auch erstmals zum anti-italienischen Patrioten umgedeutet.

Trotz der zunehmenden Bedeutung der Massenparteien fand die Demokratisierung der Wählerschaft, wie sie auf gesamtstaatlicher Ebene stattfand, auf Landtagsebene keine Entsprechung – der Landtag blieb bis zum Ende der Monarchie nach den vier Kurien gegliedert, und der Parteienkampf spielte sich innerhalb der Kurien ab, wobei die Christlichsozialen seit 1908 die stärkste Fraktion stellten.

Beginn des Fremdenverkehrs und Bildungsexpansion

Die Bevölkerung in Tirol war seit dem Ende des 18. Jahrhunderts stark angewachsen, eine Entwicklung, die sich bis ins 20. Jahrhundert fortsetzte. Im Trentino verlief das Wachstum auf Grund von zahlreichen Auswanderungen (insbesondere nach Nord- und Südamerika) etwas langsamer. Während die Einwohnerzahl im Jahr 1806 circa 650 000 betragen hatte, waren es im Jahr 1900 im gesamten Kronland schon circa 852 700 Bewohner. Zehn Jahre später wies die Volkszählung bereits circa 946 600 Einwohner aus. Dabei stellte das Trentino – gemäß der Volkszählung des Jahres 1910 – einschließlich des Bezirks von Ampezzo 393 100 Einwohner, das heutige Südtirol 242 700 Einwohner, die verbleibenden 310 700 Bewohner lebten in Nord- bzw. Osttirol. Die Sprachgrenze verlief in etwa bei Salurn im Etschtal, wobei sowohl südlich wie nördlich davon jeweils deutsche, italienische und vor allem auch ladinische Minderheiten lebten.

Mehr als die Hälfte der Einwohner war in Tirol noch am Vorabend des Ersten Weltkriegs in der Landwirtschaft beschäftigt. Seit den 1860er Jahren kam zum traditionellen Exportgut Wein auch die verstärkte Ausfuhr von Obst hinzu, weil nun insbesondere in den tiefen Lagen des Etschtals auch Obstbau betrieben wurde. Erst gegen Ende des 19. Jahrhunderts setzte allmählich der Prozess der Industrialisierung ein. Der Wirtschaftshistoriker Franz Mathis sieht die Gründe für diese Verspätung im Mangel an Rohstoffen, billigen Arbeitskräften und großstädtischen Märkten begründet. Ein einziger Großbetrieb mit über 1000 Beschäftigten, die Perlmooser Zementwerke in der Nähe von Kufstein, bildet diesbezüglich eine Ausnahme. Dieser Betrieb geht auf die Gründung einer vormärzlichen Zementfabrik durch den Bozner Franz Kink zurück. Die bereits erwähnte Strelesche Baumwollfabrik in Imst beschäftigte etwa 900 Mitarbeiter. Der wichtigste industrielle Sektor war darüber hinaus – in der langen Bergwerkstradition begründet – die metallverarbeitende Industrie, die sich ebenfalls vor allem im Norden Tirols entwickelte und konzentrierte. Das nur noch in bescheidenem Umfang gewonnene Kupfer wurde in Brixlegg und bei Kramsach weiterverarbeitet.

Im Süden des Landes war vor allem der Laaser Marmor von Bedeutung, und im Eisacktal entstanden angesichts der zunehmenden Erfordernisse für die nun üblich werdende Straßenpflasterung Granit- und Porphyrwerke, die gewinnbringend wirtschafteten. Auch gab es für die Holzverarbeitung eine beachtliche Anzahl kleinerer und mittlerer Sägewerke. Während im Norden, aber auch in höher gelegenen Tälern Südtirols Wolle zu Loden verarbeitet wurde, gedieh im Süden die Seidenraupenzucht, u. a. bei Schlanders im Vinschgau, im Eisacktal bei Brixen und vor allem im Raum um Rovereto, wo die Seide auch industriell verarbeitet wurde. Nach wie vor florierte überdies die Salzgewinnung in Hall. Diese verlor erst nach dem Ersten Weltkrieg an Bedeutung, als mit Südtirol-Trentino der wichtigste Absatzmarkt verloren ging. Ein neuer zukunftsweisender Wirtschaftszweig lag ab den 1880er Jahren in der Gewinnung von Elektrizität aus Wasserkraft, deren Kapazität sich seit der Jahrhundertwende rasch steigerte.

Eine der revolutionärsten Neuerungen war auch in Tirol die Eisenbahn, die nicht nur dem zunehmenden Personenverkehr diente, sondern auch zur Steigerung des Exportvolumens beitrug. Die ersten Teilstrecken nahmen, entsprechend den einfacher zu überwindenden topografischen Gegebenheiten, 1858/59 zwischen Innsbruck und Kufstein sowie zwischen Bozen und Verona den Betrieb auf. 1867 erfolgte die Eröffnung der Bahnstrecke über den Brenner, was einen enormen Aufschwung vor allem für den Fremdenverkehr mit sich brachte. 1871 folgte die Bahnlinie übers Pustertal, damals die kürzeste Verbindungsstrecke zwischen Tirol und Wien. Auch die Erschließung der Neben- und Seitentäler sowie der Berge setzte ein – so wurde 1906 die Vinschgauerbahn eröffnet, ein Jahr später verband die Rittner Bahn den Bozner Waltherplatz mit Klobenstein am Ritten. Beispielhaft für die Erschließung der Berge mittels Seilbahnen sei die berühmte Kohlererbahn erwähnt, die als erste Seilbahn Europas im Jahr 1908 errichtet wurde und von Bozen nach Kohlern führte, wenig später, 1912, wurde eine Seilbahn auf den Hausberg von Lana bei Meran, das Vigiljoch, eröffnet.

Zeitgleich mit der landschaftlichen Erschließung entwickelten sich im Laufe des 19. Jahrhunderts, insbesondere im klimatisch bevorzugten Süden, Fremdenverkehr und Tourismus zu einem der wichtigsten Erwerbszweige. Dazu trug zum einen die «Entdeckung der Berge» bei, die nun nicht mehr als abweisend und gefährlich, sondern als attraktive sportlich zu bezwingende Ziele, wenn nicht überhaupt, wie im Falle der Dolomiten, als wissenschaftlich ergiebiges Objekt, betrachtet wurden. Zum anderen war es auch das Bedürfnis der Menschen, in naturbelassener gesunder Luft Erholung zu suchen. Der Kurort Meran, der in der zweiten Jahrhunderthälfte immer wieder prominente Gäste wie die Kaiserin Elisabeth empfangen konnte, wirkte hier beispielgebend auch auf andere Kurorte wie Gries bei Bozen, Völs am Schlern, Gossensaß oder Levico im Trentino und Arco am Gardasee.

Im Jahr 1826 wurde die Universität Innsbruck, die in bayerischer Zeit wie vormals unter Joseph II. zu einem philosophisch-theologischen Lyzeum herabgestuft worden war, wiedereröffnet. Infolge der revolutionären Neuerungen der Jahre 1848/49 wurde das vormals philosophische Propädeutikum in den Rang einer selbständigen Fakultät mit neuen naturwissenschaftlichen Fächern wie Chemie und Pharmazie erhoben. 1857 konnte unter jesuitischer Führung – diese waren nach dem Wiener Kongress wieder zugelassen worden – eine theologische Fakultät errichtet werden, zwölf Jahre später erfolgte die Eröffnung der medizinischen Fakultät. Erst Ende des Jahrhunderts – im Jahr 1897 – wurden Frauen zum regulären Universitätsstudium zugelassen.

Die Maigesetze des Jahres 1868 und das Reichsvolksschulgesetz von 1869 stellten auch das Schulsystem wieder vermehrt unter staatliche Kontrolle, das zuvor insbesondere auf der Grundlage des Konkordats von 1855 weitgehend unter der Aufsicht der katholischen Kirche gestanden hatte. Noch in den siebziger Jahren des 19. Jahrhunderts lagen von wenigen Ausnahmen wie dem 1855 neu errichteten Staatsgymnasium in Innsbruck abgesehen die Gymnasien hauptsächlich in der Verantwortung geistlicher Orden. Eine große Neuerung bedeutete die Einführung von Realschulen, die als alternative Sekundarschulen mehr auf die Erfordernisse einer praktischen Berufsausbildung ausgerichtet waren. Rovereto und Bozen erhielten in den 1850er Jahren eine selbständige Realschule, in Innsbruck wurde die Realschule zu einer vollständigen sechsklassigen Oberrealschule ausgebaut. Die Handelskammer von Bozen errichtete 1862 eine eigene Handelsschule. Die Gymnasialausbildung war nach wie vor Knaben vorbehalten, während die gesamte weibliche Erziehung in der Hand von Frauenorden lag.

Im Jahr 1850 war eine eigene Landesschulbehörde ins Leben gerufen worden. In der Folge wurden die bisherigen Lehrerpräparandenkurse erweitert, seit 1850 gab es dann an der Hauptschule in Innsbruck eine zweijährige Ausbildung für Hauptschullehrer, in Brixen und Bozen jeweils einjährige Kurse für Volksschullehrer. Die Ausbildung von Lehrerinnen lag bis zum Reichsvolksschulgesetz 1869 ausschließlich in der Hand von Frauenorden, 1854 gründeten die Tertiarschwestern in Bozen die erste Lehrerinnenbildungsanstalt. Im Jahr 1904 wurde in Innsbruck von den Ursulinen nun auch eine höhere Schule für Mädchen, das Lyzeum, eingerichtet.

Obwohl die Landesschulbehörde immer wieder an die sechsjährige Schulpflicht erinnern musste und die Fabrikarbeit für schulpflichtige Kinder 1850 von der Statthalterei verboten wurde, erreichte die Alphabetisierungsrate, wie bereits erwähnt, am Vorabend des Ersten Weltkriegs immerhin circa 97 Prozent. Zählte man im Jahr 1900 noch etwa 150000 Personen, die weder lesen noch schreiben konnten, so waren es zehn Jahre später nur noch 17000.

Mit der steigenden Bildung der Bevölkerung war auch die Zunahme von literarischen und intellektuellen Bemühungen verbunden. In der Malerei ist ein wachsendes Interesse an historischen Themen festzustellen – insbesondere an Motiven des «Freiheitskampfes» von 1809 durch Maler wie Joseph Anton von Koch, Franz Defregger und Albin Egger-Lienz. In der Literatur äußerte sich dieses Interesse in der Sammlung von Sagen und Märchen, etwa durch den Meraner Ignaz Vinzens Zingerle, der als wahrer «Schatzgräber in der Sagen- und Märchenwelt Tirols» gilt (Josef Fontana). Zingerle gab auch seit 1849 die «Zeitschrift für Literatur, Kunst, Geschichte und Vaterlandskunde, Wissenschaft und Theater» heraus. Eine große Rolle spielte in der literarischen Welt zudem der Dichter und Professor für Mineralogie und Geologie an der Universität Innsbruck Adolf Pichler, in dessen Nachfolge sich um 1900 die Gruppe «Jung Tirol» herausbildete, die sich als liberale (und immer mehr auch nationale) intellektuelle Alternative zu den dominierenden klerikal-konservativen Kräften im Land verstand. Anfang 1909 artikulierte sich mit dem Lyrikband «Das jüngste Tirol» auch die literarische Moderne. Um den engen tirolischen Raum zu überschreiten, gründete der Schriftsteller und Verleger Ludwig von Ficker gemeinsam mit dem Bozner Dichter und Philosophen Carl Dallago den «Brenner», eine «Halbmonatszeitschrift für Kunst und Kultur», um die sich eine Gruppe «alternativer», gegen das «Fettbürgertum» auftretender Intellektueller scharte und die erst 1954 eingestellt wurde. Der Titel verdankte sich sowohl dem berühmten Pass, den es eben zu überschreiten galt, als auch dem literarischen Vorbild, der von Karl Kraus in Wien gegründeten Zeitschrift «Die Fackel».

13. KAPITEL

Der Erste Weltkrieg und die Teilung Tirols

Die k.u.k. Monarchie Österreich-Ungarn war ein Vielvölkerstaat. Das Manifest «An meine Völker!», das Kaiser Franz Joseph I. zu Beginn des Ersten Weltkriegs am 29. Juli 1914 veröffentlichen ließ, war in elf Sprachen abgefasst. Am Ballhausplatz in Wien war man sich bewusst, dass es der Monarchie gelingen musste, alle Nationen des Reiches anzusprechen, wollte man die Grenzen und den Bestand des Reiches sichern.

Als sich am 31. Juli 1914 die Nachricht von der allgemeinen Mobilmachung verbreitete, notierte der als Kommandant für die k.u.k. 1. Armee vorgesehene General der Kavallerie – und 1915 Verteidiger Tirols – Viktor Freiherr von Dankl in Innsbruck: «Gott sei Dank, das ist der große Krieg!» Auch in Tirol herrschte eine weithin feststellbare Euphorie. Im «Tiroler Volksboten» hieß es am 24. August 1914: «Mit nie gesehener Begeisterung rücken unsere Soldaten ins Feld. [...] Nicht selten haben wir junge, blühende Militäristen auf der Bahn sagen gehört: ‹Sterben tun wir gern, wenn wir nur siegen – und siegen tun wir!› Die meisten haben ihre Militärkappen mit Blumen besteckt, es ist, als ob es nicht in die Schlacht, sondern zur Hochzeit ginge.» Die Auswirkungen, die der Krieg auf den Alltag haben würde, wurden in Tirol zunächst unterschätzt und als ein Phänomen von befristeter Dauer begriffen, das rasch wieder dem gewohnten Alltagsrhythmus weichen würde.

Bis Ende 1914 wurden in Tirol an die 85 000 erwerbstätige Männer eingezogen, rund 15 Prozent der Erwerbstätigen insgesamt. Die Hälfte davon war verheiratet. Das bedeutete, dass von einem Tag auf den anderen an die 40 000 Familien in schwere Nöte gestürzt wurden. Die damit verbundenen Probleme und die drastische Verschlechterung der Lebensverhältnisse wären wohl leichter zu verkraften gewesen, wenn der erwartete schnelle Sieg eingetroffen wäre. Sein Ausbleiben konnte von der Propaganda und der zensierten Presse nur mühsam kaschiert werden. Im schroffen Gegensatz zu den Parolen vom «unaufhaltsamen Vordringen» stand die dürre Statistik der Verlustlisten. Die Tiroler Kaiserjägerregimenter wurden im Herbst in Galizien verheizt; der Tod von fast 10 000 Soldaten ließ sich in der Heimat nicht verheimlichen. Dort sank die Stimmung auf einen ersten Tiefpunkt. Da half auch die beste Propaganda nicht mehr. Doch es sollte noch schlimmer kommen: Am 23. Mai 1915 teilte Kaiser Franz Joseph seinen Untertanen mit: «Der König von Italien hat Mir den Krieg erklärt. Ein Treuebruch, dessengleichen die Geschichte nicht kennt, ist von dem Königreich Italien an seinen beiden Verbündeten begangen worden.»

Kriegseintritt Italiens

Seit 1882 war Italien mit Österreich-Ungarn und dem Deutschen Reich im Dreibund verbündet. Doch am 31. Juli 1914 hatte die Regierung in Rom die Neutralität Italiens erklärt, auch aus Protest dagegen, dass «die Verständigung der Verbündeten» unterblieben war. Berlin und Wien hatten allen Grund, gegenüber Italien misstrauisch zu sein, waren doch bereits während der Balkankriege 1912/13 geheime Informationen über Rom bis nach St. Petersburg gelangt. Am 29. Januar 1915 forderte der italienische Botschafter in Wien, Herzog Giuseppe von Avarna, offiziell eine «territoriale Konzession aus dem Besitz der Monarchie» für einen möglichen Eintritt in den Krieg an der Seite der Mittelmächte. Österreichs Außenminister Baron Stefan von Burián nannte das Trentino. Die Italiener waren mit diesem Angebot nicht zufrieden. Die Entente bot mehr: Für den Fall des Sieges das Trentino, Südtirol bis zum Brenner, Istrien (einschließlich von Triest) und Teile der dalmatinischen und albanischen Küste. Der entsprechende Geheimvertrag wurde am 26. April 1915 in London unterzeichnet. Italien erhielt zudem 50 Millionen Pfund Sterling und verpflichtete sich, nach spätestens vier Wochen in den Krieg gegen Österreich-Ungarn einzutreten. Am 23. Mai überreichte der Herzog von Avarna in Wien die Kriegserklärung. Mit entwaffnender Offenheit hieß es darin, es gehe um die «Erfüllung der nationalen Aspirationen» Italiens.

Im k.u.k. Reich kam das gar nicht gut an. Am 7. Juni schrieb Generalstabschef Conrad von Hötzendorf: «Alle möchten jetzt hinunter nach Italien. Ich begreife es; am liebsten ginge ich auch selbst, denn es erfasst mich eine ungezügelte Wut, wenn ich daran denke, dass diese Schufte in unsere herrlichen Alpenländer eindringen wollen.» Jetzt galt es, die 700 Kilometer lange Grenze zu Italien zu verteidigen. Die Italiener begannen bereits am 24. Mai mit Artilleriebeschuss im Kanal- und im Gailtal und legten Sexten in Trümmer. An der 450 Kilometer langen Dolomitenfront gingen sie in den folgenden Wochen aber nur sehr zögernd vor und rannten sich an allen Abschnitten fest. Bis österreichische Truppen von der Ostfront herangeführt werden konnten, lagen ihnen 20000 Tiroler Standschützen und das neu formierte 25000 Mann starke Deutsche Alpenkorps gegenüber. Es begann der legendär gewordene Kampf in Fels und Eis.

Die Kämpfe am Isonzo 1915 bis 1917

Der italienische Generalstab unter Führung von General Luigi Graf Cadorna entschied sich zunächst für einen Angriff am Isonzo mit dem Ziel, Görz und anschließend Triest zu erobern. 1915 fanden hier vier Schlachten statt. Die erste dauerte vom 13. Juni bis zum 7. Juli – und blieb erfolglos. Von der von den Italienern pathetisch verkündeten Befreiung Triests konnte anschließend nicht einmal im Ansatz die Rede sein. Vom 17. Juli bis zum 10. August lief die zweite Schlacht. Erneut scheiterten sämtliche Durchbruchsversuche der Italiener. Vom 18. Oktober bis zum 3. November versuchte es Cadorna ein drittes Mal – wieder ohne durchschlagenden Erfolg, genauso wie bei der vierten Schlacht vom 10. November bis zum 14. Dezember. Lediglich Görz wurde fast vollständig zerstört. Mit Wintereinbruch stellte Cadorna die Operationen vorläufig ein.

Hötzendorf sah jetzt die Zeit gekommen, mit einer überraschenden Offensive die Italiener von Südtirol aus im Rücken der Isonzofront anzugreifen. Doch mitten in die Vorbereitungen für diese Offensive begannen die Italiener am 11. März 1916 die fünfte Schlacht am Isonzo. Hoher Schnee und unaufhörlicher Regen behinderten allerdings deren Infanterie; alle Versuche, in die k. u. k. Stellungen einzudringen, scheiterten. Am 16. März stellten sie die Kämpfe wieder ein.

Schnee behinderte auch die k. u. k. Vorbereitungen an der Südtirolfront, die den Italienern nicht verborgen geblieben waren. Sie sprengten am 18. April den Gipfel des Col di Lana mit 5,5 Tonnen Dynamit. Es war die erste große Minensprengung dieser Art im Gebirgskrieg. Von den 280 Tiroler Kaiserjägern verloren über 100 ihr Leben.

Im Raum Rovereto-Trient wurden schließlich unter dem Oberbefehl des österreichischen Erzherzogs Friedrich 14 Divisionen, etwa 160 000 Mann, zusammengezogen. Ihnen standen 114 000 Italiener gegenüber. Der Sturmangriff sollte am 10. April beginnen, wurde wegen des hohen Schnees auf den 20. April und dann auf den 1. Mai verschoben und begann schließlich am 15. Mai. Der Überraschungseffekt war dadurch zwar verloren, dennoch gelang es den k. u. k. Truppen, die erste, die zweite und selbst die dritte italienische Linie zu durchbrechen. Das Armeeoberkommando sah seine «kühnsten Erwartungen» übertroffen. Am 23. Mai, zum Jahrestag der italienischen Kriegserklärung an Österreich-Ungarn, erließ Erzherzog Friedrich einen Aufruf an die Truppen der Südtirolfront: «Fast ein volles Jahr mussten wir uns gedulden, ehe die Stunde des Angriffs, der Vergeltung schlug. […] Befreit Eure Heimat von den Eindringlingen. Schafft der Monarchie auch im Südwesten die Grenzen, deren sie für ihre künftige Sicherheit bedarf!»

Zehn Tage nach Beginn der Offensive standen die Österreicher vor der italienischen Festungslinie zwischen Arserio und Asagio. Der Reichsratsabgeordnete Josef Redlich schrieb am 24. Mai in sein

Tagebuch: «Großartiges Fortschreiten unserer herrlichen Truppen in Südtirol: 24000 Gefangene, 250 Kanonen erobert, fast die ganze Linie von der Brenta bis zur Etsch auf italienischem Boden. Was das alte Österreich nach zweijährigem Krieg noch fertigbringt! Da werden auch die selbstbewussten Herren in Berlin ihren Hochmut ein wenig dämpfen.» Aber dann stockte der Angriff: Auf einer Länge von 300 Kilometern hatte am 4. Juni an der Ostfront die russische Brussilow-Offensive begonnen. An einigen Abschnitten der Südtirolfront wurden die Österreicher zurückgedrängt. Es kam keine Verstärkung mehr. Truppen mussten für die Ostfront abgezogen werden. Die «Strafexpedition» gegen Italien, wie die Südtiroloffensive genannt worden war, musste am 17. Juni abgebrochen werden.

Noch zweimal versuchten die Italiener im Jahr 1917, die Isonzofront zu durchbrechen – zweimal erfolglos. In der zehnten (12. Mai bis 5. Juni) und elften Isonzoschlacht (17. August bis 4. September) verloren sie 770000 Soldaten bei einem Geländegewinn von gerade einmal zwölf Kilometern. Für einen erneuten Angriff gegen Italien wurde im September 1917 die neue 14. Armee aus sieben gebirgserprobten deutschen und sechs österreichischen Divisionen – mit den berühmten Tiroler Kaiserjägern – aufgestellt. Am 24. Oktober 1917 begann der Angriff bei Tolmein (heute Tolmin in Slowenien) mit einem Tagesbefehl des k. u. k. Generals Alfred Krauß, der das I. Korps befehligte: «Soldaten des I. Korps! Zum zweitenmal in diesem Krieg geht es zum Angriff gegen Italien! Für Euch gilt der Satz: keine Ruhe und keine Rast, bis die Italiener zerschmettert sind. Mit Gott vorwärts!» Es folgte ein sechsstündiges Artilleriefeuer aus 3302 Geschützen, gleichzeitig wurden 800 Gasgranaten abgeschossen.

Am dritten Tag brach die italienische Front zusammen. Am 27. Oktober fiel Görz kampflos an die k. u. k. Truppen, am 28. Oktober wurde Udine von den Deutschen eingenommen. Die zwölfte und letzte Isonzoschlacht, die Schlacht von Caporetto (so der italienische Name für Karfreit, wo gekämpft wurde) entwickelte sich zu einer Katastrophe für die Italiener. Deren 2. Armee löste sich völlig auf, es gab 10 000 Tote, 30 000 Verwundete, fast 300 000 Gefangene, weitere 400 000 Soldaten irrten als Versprengte und Deserteure durch das Land. Die deutsch-österreichischen Truppen erreichten am 3. November den Piave, Venedig war nur noch 30 Kilometer entfernt. Hier stoppte die 14. Armee am 2. Dezember offiziell ihren Vormarsch, was Hindenburg später als Fehler bezeichnete. Nach 140 Kilometern Vormarsch war die Truppe allerdings erschöpft, Reserven und Munition fehlten.

Caporetto war einer der wenigen eindeutigen deutsch-österreichischen Siege des Ersten Weltkriegs und führte bei den Ententemächten zu der Einsicht, gemeinsam planen zu müssen. Das Ergebnis war die Einrichtung eines Obersten Kriegsrats (Supreme War Council), der dann 1918 erfolgreich agierte. Bis dahin gab es keine italienischen Angriffe mehr.

Die Stimmung in Tirol

Trotz dieses Sieges war 1917 die Stimmung in Tirol an einem Tiefpunkt angelangt. Mit dem Kriegseintritt Italiens im Mai 1915 war Südtirol zum engeren Kriegsgebiet erklärt worden. Damit wurde die Freizügigkeit zwischen den Landesteilen stark beeinträchtigt. Fahrten über den Brenner, den Reschen oder von Sillian nach Südtirol waren fortan genehmigungspflichtig. Hier schien sich bereits die künftige Zerreißung Tirols anzukündigen. Eine Militärdiktatur wurde errichtet. Die Befugnisse der politischen Verwaltung wurden dem militärischen Höchstkommando übertragen, das Zusammentreten des Landtags war schon vorher untersagt worden. Zeitungen wurden konfisziert und Pressezensur ausgeübt – alles auf der Basis von Ausnahmegesetzen, durch die die Grundrechte suspendiert wurden.

Je länger der Krieg dauerte, umso mehr wurde requiriert, umso schlimmer wurden die Schikanen. Unter die Militarisierung der Gesellschaft fiel auch die Strafgerichtsbarkeit. Geschworenengerichte wurden eingestellt und die politischen Vergehen der Militärgerichtsbarkeit unterstellt. Die meisten Urteile wurden gegen Wehrdienstverweigerer gesprochen, aber auch wegen mutwilligen Verlassens der Truppe oder des Arbeitsplatzes, dann auch wegen Hochverrats, Spionage und Majestätsbeleidigung.

Für weiteren Unmut sorgten die behördlich verordneten Einschränkungen religiösen Brauchtums. Zwar wurde die Kirche gebraucht, wenn es darum ging, die Bevölkerung zur Zeichnung von Kriegsanleihen zu bewegen, umgekehrt zögerte das Militärregime aber nicht, den Kirchenkalender willkürlich umzustellen. Viele der traditionellen Wallfahrten mussten wegen der Einschränkungen der Freizügigkeit ausfallen. Doch mit noch größerem Missfallen quittierte die Bevölkerung die Abnahme der Kirchenglocken für Kriegszwecke.

Ein Problem wurde immer gravierender: die Verknappung der Lebensmittel, die einherging mit der wachsenden Angst vor dem Verhungern. Das führte im Februar 1917 dazu, dass sich nicht nur die einzelnen Kronländer, sondern sogar einzelne Bezirkshauptmannschaften und Gemeinden hermetisch gegeneinander absperrten. Angesichts des Hungers hatte die eigene Armee schon lange keine gute Presse mehr. Die in Tirol massierten Truppenverbände verschlangen nämlich ein Gutteil der für die Zivilbevölkerung bestimmten Lebensmittel. Und mit Fortdauer des Krieges verschlechterte sich die Situation zusehends. In einem Bericht der Statthalterei an das Militärkommando Innsbruck hieß es dazu im Juni 1918: «Soldaten dieser Truppe nahmen den Leuten die von der Alpe gebrachte, zur Eigenverpflegung benötigte Milch, ja, vom Herd das Essen.»

Kriegsende und Besetzung Südtirols

Am 5. September 1918 teilte Außenminister Stephan Graf Burián seinem deutschen Kollegen Paul von Hintze mit: «Österreich-Ungarn kann den Krieg nicht mehr weiterführen. Bei uns ist absolut Schluss!» Die k. u. k. Monarchie war am Ende, der Vielvölkerstaat fiel auseinander. Am 26. September wurde ein selbständiger tschechoslowakischer Staat ausgerufen, Ende Oktober folgte in Zagreb die Proklamation des Königreichs der Serben, Kroaten und Slowenen.

In dieser Situation unternahm der seit 1916 regierende Kaiser Karl I. einen verzweifelten letzten Versuch, durch Zugeständnisse das völlige Auseinanderfallen des Vielvölkerstaats zu verhindern. Im sogenannten Völkermanifest vom 16. Oktober «An Meine getreuen österreichischen Völker!» erklärte er sich zur Umwandlung des Reiches in einen Bundesstaat bereit, in dem jede ethnische Gruppe ihr «eigenes staatliches Gemeinwesen» bilden könne, d. h. staatliche Autonomie erhalten solle. Die Schlusspassage klang aber schon damals wie ein frommer Wunsch: «So möge unser Vaterland, gefestigt durch die Eintracht der Nationen, die es umschließt, als Bund freier Völker aus den Stürmen des Krieges hervorgehen.» Dafür war es zu spät; das Reich fiel auseinander. Im Bericht der Wiener Polizeidirektion hieß es, das Manifest habe in den «breiten Massen der Bevölkerung» die ihm zukommende Bedeutung «nicht gefunden», da «die unteren Schichten nur den Ernährungsverhältnissen Interesse entgegenbringen». Zu diesem Zeitpunkt stand Wien vor einer Hungerkatastrophe. Die Nahrungsvorräte reichten nur noch bis Mitte November.

Am 21. Oktober 1918 erklärten sich die deutschsprachigen Abgeordneten des Reichsrats in Wien zur provisorischen Nationalversammlung des neuen Staates Deutschösterreich. Bei der Gelegenheit bat Josef Schraffl, Landeshauptmann von Tirol, die Abgeordneten: «Vergessen Sie die Deutschen im Süden nicht. Helfen Sie den Tirolern in der gegenwärtigen Reichs- und Volksnot!» Aber die Wiener hatten genug mit sich selbst zu tun. Die Bitten verhallten ungehört, und die Tiroler versuchten, sich selbst zu helfen.

Am 26. Oktober versammelten sich die deutschsprachigen Abgeordneten zum ehemaligen Tiroler Landtag und zum Reichsrat, erklärten sich zur Tiroler Nationalversammlung und setzten einen Vollzugsausschuss unter der Bezeichnung «Tiroler Nationalrat» ein. Dem Land Tirol standen schwere Zeiten bevor; die neue Landesregierung tagte in Permanenz; die Nachrichten überschlugen sich. Am 2. November meldeten die *Innsbrucker Nachrichten* in einer Sonderausgabe um 8:00 Uhr früh den bevorstehenden Waffenstillstand, der am nächsten Tag in der Villa Giusti bei Padua unterzeichnet wurde.

Wie im Waffenstillstand vereinbart, räumten die k. u. k. Truppen Südtirol, das anschließend von italienischen Truppen kampflos besetzt wurde. Die Italiener erreichten bereits am 4. November Salurn, den Mendelpass und Schluderns, während sich die k. u. k. Armee auflöste. Etwa 500 000 Soldaten der 10. und 11. Armee bewegten sich erschöpft und hungernd in Richtung Brenner; Raub und Plünderung waren an der Tagesordnung. Wie chaotisch die Situation damals war, wird in der Pfarrchronik von Kastelruth anschaulich beschrieben: «Allerseelenwoche. Zug um Zug fährt gegen den Brenner, vollgepfropft mit den Soldaten. Auf den Waggonstiegen, Perrons, Wagendächern – alles voll Soldaten. Manche werden abgestreift in den Tunnels, überfahren, niemand kümmert sich. Auf der Straße – alles voll Soldaten, endlose Reihen, Tag und Nacht. Die Züge hören auf zu fahren, aber auf dem Bahngleise dafür endlose Reihen von Soldaten, müde zum Umfallen, hungrig, verdrossen, verzweifelt ziehen sie einher. Ein Bild zum Weinen. Manche schießen wild umher. Es ist lebensgefährlich.»

Die italienischen Truppen drangen über das Stilfser Joch in den Vinschgau ein und besetzten am 5. November Meran. Von der Mendel kommend erreichte eine Kavalleriepatrouille am 6. November Bozen, am nächsten Tag besetzten Truppen der 7. Armee die Stadt. Von Bozen drangen die Truppen dann durch das Eisacktal Richtung Brennerpass vor, der am 10. November besetzt wurde. Der Artikel 4 des Waffenstillstandsvertrags von Villa Giusti bot den Italienern auch die Möglichkeit, Nordtirol zu besetzen. Das geschah am 23. November. In ganz Tirol standen 80 000 bis 100 000 italienische Besatzungssoldaten, die hier für Ruhe und Ordnung sorgen sollten, in Innsbruck sogar auf Bitten der Bürgerlichen.

Militärregierung in Südtirol

Die Südtiroler Bevölkerung reagierte auf die Okkupation im ersten Moment mit lähmendem Entsetzen, ungläubigem Staunen und Zurückhaltung. Auf das, was man jetzt erlebte, war man nicht vorbereitet. Man hatte ihnen vom Sieg erzählt, und jetzt war über Nacht die Welt mit der bewährten Ordnung, die sich in den Begriffen «Gott – Kaiser – Vaterland» ausgedrückt hatte, zusammengebrochen. Von Anfang November 1918 bis zum 31. Juli 1919 unterstand Südtirol einer Militärregierung. Der Regierung in Rom ging es zunächst darum, das im Geheimvertrag vom April 1915 von den Verbündeten zugesprochene Südtirol zu sichern. Entsprechend sahen denn auch die Maßnahmen der Militärregierung aus. Jeder Personen- und Warenverkehr mit Nordtirol und Österreich wurde unterbunden, telegrafische Apparaturen und Brieftauben mussten abgegeben werden. Bei Missachtung dieser Verordnungen drohten hohe Kerkerstrafen. Die deutschsprachigen Zeitungen waren der Willkür des italienischen Zensors ausgeliefert, der seine Aufgabe mit übertriebener Genauigkeit ausführte. In jeder Stadt, in der eine Zeitung erschien, sah ein Zensor die Artikel auf «gefährlichen Inhalt» durch; zu den inkriminierten Inhalten gehörten das Selbstbestimmungsrecht, die Friedenskonferenz in Saint Germain, die wirtschaftliche Notlage Südtirols und die Tätigkeit von Politikern in Südtirol.

Auch im Post- und Telegrafenbereich gab es harte Einschränkungen. Nach Österreich, Deutschland, Ungarn, Bulgarien und in die Türkei durften keine Briefe mehr geschickt werden, Briefe aus diesen Ländern wurden nicht zugestellt. Alle übrigen Briefsendungen waren der Zensur unterworfen. Die Einfuhr von österreichischem Geld wurde verboten. Die im Umlauf befindlichen Kronen galten allerdings noch als legales Zahlungsmittel.

Die Teilung des Landes verhindern

Seit Anfang November 1918 stand die italienische Armee in Südtirol und Teilen Nordtirols. Von nun an ging es den Tirolern fast nur noch darum, die Einheit des Landes zu erhalten. Weder in Innsbruck noch in Bozen konnte oder wollte man sich vorstellen, dass Südtirol an Italien verloren gehen würde, obwohl der Londoner Vertrag seit der Veröffentlichung durch die Bolschewiken 1917 bekannt war. In Südtirol weigerte man sich zunächst, den Realitäten ins Auge zu sehen. Man ignorierte die Italiener einfach und verweigerte auch jede Art der Zusammenarbeit mit ihnen. Der deutschnationale Bürgermeister von Bozen, Julius Perathoner, lehnte es z.B. kategorisch ab, die Bilder des Kaisers aus seinen Amtsräumen zu entfernen. Ende November 1918 glaubten einige noch daran, dass der Anschluss Deutschösterreichs an Deutschland die Einheit Tirols sichern werde. Als weitere Möglichkeiten wurden genannt: Anschluss ganz Tirols – von Kufstein bis Salurn – an die Schweiz, eine selbständige Republik Tirol, ein neutrales Südtirol als Freistaat. Die Rettung des Landes erhoffte man sich in Südtirol von Innsbruck und Wien, von der Friedenskonferenz in Saint Germain und vom US-Präsidenten Woodrow Wilson. Der hatte ja kurz zuvor das Selbstbestimmungsrecht der Völker verkündet. In einem Appell aller Südtiroler Bürgermeister an ihn hieß es im Februar 1919: «Es kann, es darf nicht sein, dass man den Namen Tirol nach einer tausendjährigen glänzenden Vergangenheit aus der Geschichte löscht, die freien Söhne dieses Berglandes unter fremdes Joch zwingt und ihnen ihre Sprache, ihre Art und Kultur raubt. Seien Sie unserem Volkstum, unserem Lande der gerechte Richter, und das Volk von Deutsch-Südtirol wird Ihren Namen von Geschlecht zu Geschlecht vererben als den des Retters unserer Heimat.»

Wilson entschied anders. Am 24. April 1919 bestätigte der amerikanische Präsident auf einer Pressekonferenz in Paris alle Befürchtungen: Südtirol werde an Italien gehen. In dieser Situation beschloss die Tiroler Landesversammlung – bei Stimmenthaltung der Sozialdemokraten – am 3. Mai 1919 in Innsbruck, Tirol als «neutralen Freistaat auszurufen, falls nur dadurch die Einheit dieses Gebietes erhalten bleibt». Am Tag zuvor war die Regierung in Wien von den in Paris tagenden Siegern aufgefordert worden, zehn Tage später eine mit den nötigen Vollmachten ausgestattete Delegation zur Entgegennahme und Prüfung der Friedensbedingungen nach Saint Germain zu entsenden.

Das Diktat von Saint Germain

Am 2. Juni übergab Frankreichs Ministerpräsident Georges Clemenceau als Vorsitzender der Friedenskonferenz den Entwurf des 300 Seiten umfassenden Friedensvertrags. Südtirol wurde Italien zugesprochen. Einer der drei Tiroler Vertreter in Saint Germain, der Christlichsoziale Dr. Franz Schumacher, vor dem Krieg Kreisgerichtspräsident in Trient, schrieb an die Landesregierung in Innsbruck: «Was die Gebietsbestimmungen betrifft, wurden wie bei den übrigen Ländern, so auch bei den Tirolern, die schlimmsten Befürchtungen noch übertroffen. Nicht nur das ganze Gebiet südlich der Waffenstillstandslinie [...] soll an Italien verloren gehen, sondern auch noch ein Teil des außerhalb dieser Linie gelegenen Pustertals: das altehrwürdige Innichen, das schwer geprüfte Sextental, die Gemeinden Vierschach und Winnebach sollen der imperialistischen Ländergier der Italiener zum Opfer fallen.»

Am 6. September nahm die Nationalversammlung in Wien den Friedensvertrag «unter feierlichem Protest vor aller Welt» mit 97 gegen 23 Stimmen an. Die Tiroler Abgeordneten artikulierten ihren Widerspruch, indem sie sich nicht an dieser Abstimmung beteiligten. Gegen mehrere Artikel wurde Einspruch eingelegt, vor allem gegen diejenigen, die die Abtrennung verschiedener Landesteile betrafen. Staatskanzler Karl Renner (1918–1920) meinte in dieser Sitzung: «Das, was uns aufgebürdet bleibt, ist ungeheuerlich, und es gibt wohl keinen einzigen Staatsbürger in Deutschösterreich, der nicht die Empfindung hätte: uns geschieht Unrecht. Die Delegation hat vom ersten bis zum letzten Tage das nationale Selbstbestimmungsrecht aller Deutschen Österreichs verteidigt, sie hat um jeden Landstrich, um jede Stadt, um jedes Dorf gerungen, und schmerzlich ist das Einbekenntnis, dass dieser Kampf in der Hauptsache ohne Erfolg geblieben ist. Wir standen einer Mauer gegenüber.»

Für die Südtiroler Abgeordneten hieß es in dieser Sitzung Abschied nehmen. Einer der bekanntesten von ihnen, Eduard Reut-Nicolussi, ergriff zum letzten Mal das Wort. Er ahnte, was kommen würde. Was er sagte, sollte zum Vermächtnis werden: «Gegenüber diesem Vertrage haben wir mit jeder Fiber unseres Herzens, in Zorn und Schmerz nur ein Nein! Ein ewiges, unwiderrufliches Nein! (Stürmischer Beifall im ganzen Haus, in den auch die dicht gefüllten Galerien einstimmen.) [...] Es wird jetzt in Südtirol ein Verzweiflungskampf beginnen, um jeden Bauernhof, um jedes Stadthaus, um jeden Weingarten. Es wird ein Kampf sein mit allen Waffen des Geistes und mit allen Mitteln der Politik. Es wird ein Verzweiflungskampf deshalb, weil wir – eine Viertelmillion Deutscher – gegen 40 Millionen Italiener stehen, wahrhaft ein ungleicher Kampf.»

Am 10. September 1919 um 11:00 Uhr unterzeichnete Renner in Saint Germain den Friedensvertrag zwischen den Siegermächten des Ersten Weltkriegs und Deutschösterreich. Die italienischen Nationalisten triumphierten mit Blick auf Südtirol. Noch 30 Jahre später schrieb Ettore Tolomei, der radikale Verfechter der Italianisierung Südtirols und Übersetzer zigtausender deutscher Ortsnamen ins Italienische – die so bis heute verwendet werden –, voller Genugtuung in seinen Memoiren: «Keine Zulassung einer Volksabstimmung, keine Garantie, die Grenze bei der Vetta! Der wunderbare Erfolg nach Jahrhunderten sollte durch keinen Augenblick der Schwäche in Paris getrübt werden. Finis Austriae, die Irredenta ist zu Ende, es gibt keine Südtirolfrage mehr, Österreich hat unterzeichnet.»

Von nun an gab es allerdings eine Südtirolfrage.

14. KAPITEL

Faschismus und Nationalsozialismus

Im Fall Südtirols war das Selbstbestimmungsrecht der Völker in besonders eklatanter Weise verletzt worden. Ein nahezu geschlossenes deutschsprachiges Gebiet war Italien zugeschlagen worden. An den neuen Realitäten konnten die Südtiroler allerdings nichts ändern, sondern nur das tun, was sie dann auch nach dem Zweiten Weltkrieg taten: Sie veranstalteten Protestkundgebungen, so am 9. Mai 1920 mit 15 000 Teilnehmern vor dem Andreas-Hofer-Denkmal in Meran. Sie verlangten die Selbstverwaltung für Südtirol und lehnten jede Gemeinschaft mit dem Trentino ausdrücklich ab, da sie fürchteten, in einer Einheitsprovinz von den Italienern majorisiert und vom wirtschaftlich schwächeren südlichen Nachbarn ausgenutzt zu werden. Zur Herz-Jesu-Nacht am 13. Juni 1920 wurde ein Flugblatt verbreitet, in dem das ganze Land aufgefordert wurde, auf den Bergketten Feuer zu entzünden. Der letzte Satz lautete: «Von Kufstein bis Salurn mögen die Flammenzeichen lodern, die Nacht unserer Knechtschaft erhellen.»

Es kursierten Gerüchte, 20 000 Bauern würden an diesem Sonntag nach Bozen marschieren. Generalkommissar Luigi Credaro befürchtete eine Erhebung der Südtiroler. Er verbot das Abschießen von Böllern und das Tragen von Waffen, die Carabinieri- und Militärstationen wurden in höchste Alarmbereitschaft versetzt. In Bozen besetzte das Militär die Talferbrücke und stellte vor der Pfarrkirche und im Hof des Postgebäudes Maschinengewehrposten auf. In mehreren Orten kam es zu Zwischenfällen, zahlreiche Tiroler wurden verhaftet. Zur schwersten Auseinandersetzung kam es in Tramin, wo Carabinieri zwei Männer verhafteten, weil diese ohne behördliche Erlaubnis Böller abgefeuert hatten. Die Traminer Bevölkerung reagierte mit der Belagerung der Carabinierikaserne.

Am nächsten Tag wurden 31 Traminer verhaftet und in Ketten nach Trient gebracht, wo einige von ihnen bis zu sieben Monate Kerkerstrafe erhielten. Das Misstrauen in der Bevölkerung wuchs, als der Regierungskommissar von Neumarkt den Eltern befahl, ihre Kinder nicht mehr wie bisher in die deutschen Schulen, sondern in italienische Schulen zu schicken.

Vier Monate später, am 10. Oktober 1920, wurde Südtirol per Gesetz von Italien offiziell annektiert. Ein Aufruf der deutschen Parteien, die sich im «Deutsche[n] Verband» zusammengeschlossen hatten, bezeichnete Südtirol unter Verweis auf die Verweigerung des Selbstbestimmungsrechts als «Opfer des Friedensvertrages» und artikulierte die Hoffnung auf «nationale Befreiung». Die Bevölkerung wurde allerdings aufgefordert, «jede Ungesetzlichkeit zu vermeiden und mit Ruhe und Würde das Schicksal zu tragen». Zu Zwischenfällen kam es denn auch nicht.

Entnationalisierung, Italianisierung, Majorisierung

Mit dem Sieg der Faschisten im Oktober 1922 änderte sich für die Südtiroler alles. Eine Ahnung dessen, was ihnen bevorstand, hatten sie bereits am 24. April 1921 bekommen, der als Bozner Blutsonntag in die Geschichte einging. An diesem Tag fand im österreichischen Teil Tirols eine Volksabstimmung über den Anschluss an das Deutsche Reich statt, und in Bozen wurde die Frühjahrsmesse eröffnet, wie es Brauch war, mit einem Trachtenumzug durch die Stadt. Faschistische Schlägertrupps aus ganz Italien versammelten sich in Bozen, griffen die Besucher des Festumzugs mit Knüppeln und Schusswaffen an, verletzten Dutzende zum Teil schwer und ermordeten den Marlinger Lehrer Franz Innerhofer.

Kaum an die Macht gekommen, führte der italienische Faschismus eine rücksichtslose Entnationalisierungs- und Italianisierungspolitik durch. Will man einer Minderheit ihre Identität nehmen, muss man ihr ihre Sprache nehmen. Das geschah ab 1923: Die deutsche Sprache wurde verboten, die deutschen Schulen wurden stufenweise abgeschafft und durch italienische Schulen ersetzt. Etwa 30 000 Schüler in 324 Schulen waren davon betroffen. Aufgelöst wurden auch die deutschen Kindergärten und die Höheren Schulen, deutsche Lehrkräfte wurden entlassen oder nach Süditalien zwangsversetzt, italienische Lehrkräfte aus dem Süden angeworben. Doch dagegen leisteten die Südtiroler Widerstand, angeführt von dem Südtiroler Kanonikus Michael Gamper, der zum Spiritus Rector einer Geheimschule wurde.

Als die Schließung der deutschen Schule anstand, schrieb er im *Volksboten*: «Was soll nun geschehen? Sollen wir mit dem Verlust der deutschen Sprache auch das deutsche Volkstum verlieren? Die heutigen Machthaber möchten es. [...] Möge es unser Volk zu verhindern wissen! Nun müssen wir es den ersten Christen nachmachen. Als diese vor den Verfolgern nicht mehr sicher waren, wenn sie in der Öffentlichkeit ihren Gottesdienst hielten, zogen sie sich an den häuslichen Herd zurück. [...] Als sie vor den Verfolgern auch da nicht mehr sicher waren, nahmen sie zu den Toten in den unterirdischen Grabkammern, in den Katakomben ihre Zuflucht.»

Das war die Geburtsstunde der sogenannten Katakombenschule, die nachgerade zum Symbol des Südtiroler Widerstands gegen den Faschismus wurde: Die Südtiroler entwickelten ein weitverzweigtes, geheimes Schulnetz, in dem Männer und Frauen auf Dachböden, in Kellern und Scheunen den Kindern Deutsch, Lesen und Schreiben beibrachten. Die Unterrichtenden mussten mit Geld- und Gefängnisstrafen rechnen, im äußersten Fall mit Verbannung in den Süden Italiens. Die katholische Kirche blieb damals der einzige Träger deutscher Sprache und Kultur: Auf Grund der Lateranverträge von 1929 konnte wenigstens der Religionsunterricht – allerdings außerhalb der Schule – in deutscher Sprache durchgeführt werden.

Italienisch wurde Amtssprache in der Verwaltung, 1925 auch vor Gericht. Deutsche Aufschriften wurden verboten, deutsche Familiennamen italianisiert, die deutschen Tageszeitungen mussten ihr Erscheinen einstellen. Das Vereinswesen wurde zerschlagen, der wichtige Südtiroler Alpenverein aufgelöst, sein Besitz, u.a.

77 Schutzhütten, dem Club Alpino Italiano übertragen. 1925 begann man auch damit, die Gemeindeautonomie abzuschaffen. Ein Jahr später wurden die frei gewählten Bürgermeister abgesetzt und staatliche Amtsbürgermeister – die Podestà – eingesetzt. Öffentliche Bauten wurden in italienischem Baustil errichtet, 1926 wurde der Grundstein zum – bis heute umstrittenen – Siegesdenkmal in Bozen gelegt. Ab 1927 mussten sogar alle Grabinschriften in italienischer Sprache abgefasst werden.

Zur faschistischen Politik gehörte auch die Zerstörung der Südtiroler Wirtschaft und des Bauerntums: Bauernbund, landwirtschaftliche Zentralkasse, Gewerkschaften und politische Verbände wurden zerschlagen, das Tiroler Höfegesetz, das die Teilung von Höfen verhindert und die geschlossene Erbfolge verordnet hatte, wurde außer Kraft gesetzt. Ziel dieser Maßnahmen war die «Eroberung des Bodens». Das Regime wollte die Grundstücke zerstückeln, um so das wirtschaftliche Leben der Südtiroler Bauern unmöglich zu machen und Höfe von Bauern zu übernehmen.

Trotz all dieser Zwangsmaßnahmen blieb der von Rom erhoffte Erfolg aus. Man hatte die Widerstandskraft der Südtiroler unterschätzt, mit der diese sich gegenüber dem Faschismus behaupteten. Die Südtiroler ließen sich nicht so einfach zu Italienern machen. Deshalb griffen die faschistischen Machthaber Mitte der dreißiger Jahre zu einer anderen Methode: Das neue Stichwort hieß Majorisierung. Durch massenweise Zuwanderung von Italienern sollten die Südtiroler in ihrer angestammten Heimat zur Minderheit werden. Damit war man relativ erfolgreich: Gab es 1910 rund 6950 und 1921 20300 Italiener in Südtirol, so waren es 1939 bereits 80800 (bei 234650 Südtirolern). Majorisierung und industrielle Erschließung und Durchdringung Südtirols gingen Hand in Hand. Das Vorzeigeprojekt dieser rücksichtslosen Politik war die «Industriezone Bozen». Unmittelbar vor der Ernte wurden im Herbst 1935 am Südrand der Stadt rund 50000 Obstbäume und Tausende Weinstöcke abgeholzt. Städtische Großwohnbauten wurden errichtet. Die Zahl der Italiener in Bozen stieg von 1600 im Jahr 1910 auf 48000 im Jahr 1939 (im Jahr 2000: ca. 80000 bei einer Einwohnerzahl von rund 100 000). Durch die Errichtung der Bozner Industriezone hinterließ der Faschismus ein Erbe, das sich weit über den Zweiten Weltkrieg hinaus auf fast alle Lebensbereiche der Stadt und ihrer Umgebung ausgewirkt hat.

Der «Anschluss» Österreichs

Während die Heimat unter den Faschisten mehr und mehr «unwirtlich» wurde, blickten viele Südtiroler in der Hoffnung auf Hilfe nach Deutschland, erst recht und immer mehr seit 1933, fasziniert von dem, was Hitler unter dem Motto «Ein Volk – ein Reich – ein Führer» scheinbar Großes vollbrachte: «Volksgemeinschaft», Beseitigung der Arbeitslosigkeit, Rückkehr der Saar («Heute die Saar – wir übers Jahr!») – und dann der «Anschluss» Österreichs. «Deutsche Männer am Brenner» – im März 1938 waren Jubel, Hochgefühle, Hoffnungen und Erwartungen grenzenlos in Südtirol.

Die Ereignisse um den «Anschluss» Österreichs im März 1938 hatten gravierende Auswirkungen auf Südtirol. Sie steigerten das verletzte Selbstwertgefühl der Südtiroler enorm. Ein neues Zeitalter schien angebrochen. Das Ausharren hatte sich offensichtlich gelohnt; es schien nur noch eine Frage der Zeit, bis der «Führer» auch Südtirol «Heim ins Reich» holen und die neue Grenze bei Salurn verlaufen würde. So wie die illegalen Nazis in Österreich triumphiert hatten, so würden bald auch die illegalen Nazis in Südtirol triumphieren – das glaubten und hofften viele. Begierig und fast schon als Bestätigung dieses Glaubens wurde das Gerücht aufgenommen, Mussolini würde Hitler Südtirol als Morgengabe für die neue Allianz schenken. Die wenigsten Südtiroler hatten bis zu diesem Zeitpunkt Hitlers schon seit den zwanziger Jahren mehrfach geäußerten und bestätigten – und öffentlich bekannten – Verzicht auf Südtirol so genommen, wie er von Hitler tatsächlich gemeint war, nämlich endgültig, sondern ihn einfach nicht zur Kenntnis genommen oder lediglich als taktisches Manöver zur Ablenkung Mussolinis interpretiert. Und offensichtlich hatte Mussolini das ähnlich gesehen; zumindest konnte man die faschistische Südtirolpolitik der dreißiger Jahre mit dem Ausbau der militärischen Sicherungsanlagen in Südtirol so interpretieren.

Am 11. März 1938 versprach Hitler dem Duce noch einmal feierlich, was auch immer die Folge der bevorstehenden Ereignisse sein werde, er habe eine klare Grenze gegenüber Frankreich gezogen und ziehe jetzt eine ebenso klare gegen Italien: «Es ist der Brenner. Diesen Entschluss habe ich nicht 1938 gefasst, sondern gleich nach Ende des großen Krieges, und ich habe nie ein Geheimnis daraus gemacht»– womit er ausnahmsweise die Wahrheit sagte. Doch Peter Hofer, der Landesführer der NS-Vereinigung in Südtirol, die sich Völkischer Kampfring Südtirol (VKS) nannte, beharrte darauf, das sei ein taktisches Manöver des «Führers», der jetzt mit der Größe und Macht des zusammengefassten deutschen Volkes am Brenner stehe und den Glauben und die Verpflichtung zum Kampf für Deutschlands südlichste Grenze ins Unendliche steigere. Es gebe nur mehr ein einziges, großes Deutsches Reich von den Alpen bis zur Ostsee, das in Kürze Mitteleuropa unangreifbar beherrschen werde. Demgegenüber spiele es «eine kleine Rolle, dass der Führer gezwungen war, um einen Eingriff aller europäischen Großmächte zu verhindern, Mussolini Zusicherungen wegen der Brennergrenze zu geben. So schmerzlich diese Tatsache für uns ist, kann sie uns die Freude an dem einen großen Ereignis, der Einheit Deutschlands, nicht rauben.»

Die Ernüchterung kam für etliche am 7. Mai 1938 mit Hitlers Rede in Rom, als dieser erneut klar machte, dass es sein «unerschütterlicher Wille und sein Vermächtnis an das deutsche Volk» sei, die «von der Natur aufgerichtete Alpengrenze für immer als eine unantastbare anzusehen». Die Reaktion eines führenden VKS-Mannes, Norbert Mumelter, der die Rede Hitlers in Rom miterlebte, zeigte aber schon, wohin die Reise des VKS gehen sollte. Das «Vermächtnis des Führers» schmetterte Mumelter zwar zunächst «geistig» zu Boden, aber dann fing er sich wieder, riss sich zusammen und formulierte, was für ihn der «Endsinn» dessen war, nämlich: «Für Deutschland muss man selbst seine Heimat opfern können.»

Die Option

Es gab allerdings immer noch Parteigenossen, die Südtirol auch nach dieser Rede Hitlers nicht abschreiben wollten. Und so sah sich der «Stellvertreter des Führers», Rudolf Heß, veranlasst, am 17. November 1938 folgende Klarstellung an alle «Parteigenossen und SA-Kameraden» herauszugeben: «Ich habe in mehreren Verfügungen jede propagandistische und sonstige Betätigung verboten, die den hinsichtlich Südtirols vom Führer abgegebenen Erklärungen widerspricht. Alle offenen und versteckten Erörterungen des für uns abgeschlossenen Themas Südtirol stören deshalb die Außenpolitik des Führers. Jeder Parteigenosse ist verpflichtet, ihm bekanntwerdende Störungsversuche unaufgefordert und sofort seiner vorgesetzten Dienststelle zu melden. Die Beteiligung an Schulungsvorhaben für Südtirol oder ihre indirekte Unterstützung wird mit schärfsten Mitteln geahndet. Rücksichtslose Entfernung aus der Partei und strafrechtliche Verfolgung werden den Beteiligten für die Zukunft jede Lust nehmen, sich über wohlbegründete Entscheidungen des Führers hinwegzusetzen.»

Hitler wollte jetzt den «Störfaktor» Südtirol beseitigen. Die Südtiroler wurden dem Bündnis der Diktatoren Hitler und Mussolini geopfert. Am 23. Juni 1939 wurde in Berlin das Hitler-Mussolini-Abkommen unterzeichnet, das der italienische Botschafter Bernardo Attolico zynisch als «einen Akt außergewöhnlicher Weisheit» bezeichnete: Für das Bündnis mit Italien sollte das Deutschtum in Südtirol preisgegeben, die Südtirolfrage durch Umsiedlung der Südtiroler radikal und endgültig gelöst werden. «Volkliche Flurbereinigung» hieß das im NS-Jargon, heute würde man es als «ethnische Säuberung» bezeichnen.

Die Südtiroler wurden vor die Wahl gestellt, entweder für die deutsche Staatsbürgerschaft zu optieren, was mit der Aussiedlung aus der angestammten Heimat verbunden war, oder sich für die Beibehaltung der italienischen Staatsbürgerschaft zu entscheiden, mit der Drohung, dass sie dann keinerlei Schutz mehr für ihr Volkstum in Anspruch nehmen konnten. Die bittere Alternative lautete: entweder durch Dableiben dem Volkstum oder durch Gehen der Heimat untreu zu werden, entweder in der zunehmend «welschen» Heimat zu bleiben – unter dem Damoklesschwert, «südlich des Po» angesiedelt zu werden, oder ins Deutsche Reich bzw. in von Deutschland erobertes Gebiet überzusiedeln. Die Heimat würden sie in jedem Fall verlieren.

Bis zum 23. Juni 1939 war das Thema Umsiedlung in erster Linie eine deutsch-italienische Angelegenheit – danach wurde es auch eine Südtiroler Angelegenheit und hier zuallererst eine Angelegenheit des VKS. Von nun an rollte eine gigantische Propagandawelle über das Land. Federführend bei der Aktion war bezeichnenderweise «Reichsführer SS» Heinrich Himmler, der im Oktober 1939 von Hitler zum «Reichskommissar für die Festigung des deutschen Volkstums» ernannt wurde. Himmlers Zusage an die VKS-Führung, die Südtiroler in einem Gebiet ihrer Wahl geschlossen anzusiedeln und die gleichzeitige Drohung mit der Zwangsumsiedlung in den Süden Italiens waren die Hauptargumente bei der Entscheidung für Deutschland. Von nun an gab es in Südtirol «Geher», d.h. Optanten, und «Dableiber».

«Deutsch oder walsch! Zusammenbleiben und gemeinsam eine neue Heimat aufbauen!» Das waren griffige und erfolgreiche Formeln. Dieser Propaganda konnten sich auch diejenigen nicht entziehen, die bis dahin der Politik gegenüber eine eher indifferente Haltung eingenommen hatten. Die Flut von Flugblättern, Hetzschriften und Kettenbriefen drang bis ins kleinste Bergbauerndorf und zielte vor allem auf die Verfemung und Denunziation von «Dableibern». Das las sich dann zum Beispiel so:

Wer sind die Dableiber?
Falsche Christen – Alte Weiber, Egoisten – Hurentreiber,
warme Brüder – schlechte Pfaffen,
Welschbastarden – ein paar Grafen, einige mit vielen Millionen,
die ihr Geld mit Betrug gewonnen.
Mancher, der vor Angst ums Geld fleißig zu den Welschen hält.

> Mancher wollte später starten
> und auf Otto Habsburg warten.
> Allesamt, wann's jemand wundert, sind jedoch nicht acht von hundert.

Umgekehrt hieß es:

> Wer sind die Abwanderer?
> Antichristen – Glaubensfeinde –
> Kommunisten – feige Schweine –
> arme Teufel – wenig Reiche,
> Landesverräter sondergleichen.
> Einige, die vor lauter Schulden
> die schlechten Zeiten nicht mehr dulden,
> mit leeren Taschen das Weite suchen
> und vor Hunger Hitler rufen.
> Bauern ohne Heimatstolz,
> die Wald besitzen, ohne Holz,
> Bauern, die in dummem Grolle feig verlassen Haus und Scholle,
> aufgehetzt von Lügenmäulern,
> stürzen sich ins Abenteuer.
> Doch sie alle starten froher Natur
> und bringen nach Polen die deutsche Kultur.

Vor allem ein Mann wandte sich entschieden gegen die Nationalsozialisten und gegen die Option: Kanonikus Michael Gamper. Er kämpfte – im wahrsten Sinne des Wortes unter Einsatz seines Lebens – fürs Dableiben. In zahlreichen Beiträgen erinnerte er die Südtiroler daran, wie stark sie und ihre Vorfahren mit dem Land, ihren Höfen und Häusern verbunden waren. Man kann sich heute überhaupt nicht mehr vorstellen, mit wieviel Hass sich die Menschen damals begegneten. Gamper hätte man am liebsten gesteinigt, sogar in seinem eigenen Dorf. Davon zeugen die Schmähbriefe, die er damals erhielt. Da gab es Briefe wie:

An Pfaff-Gamper, Michael, Verräter Deutsch-Südtirols.
Was willst Du mit Deinen geheimen Versammlungen erreichen?
Willst Du diese paar 100 Wähler, die noch sind,
in Verzweiflung treiben oder gar zum Selbstmord?
Kannst Du das verantworten, ist das Eure Lehre?

oder:

Der Teufel in der Wüste versuchte einst den Herrn,
der Herr Kanonikus die Südtiroler gern.
Wir lieben unsere Heimat über alles in der Welt,
verkaufen keine Seele um lumpig's Judasgeld.
Wir schänden nicht das Erbe, nicht das eigne Blut,
wie es der klerikale Agitator tut.

Wenn man heute liest, wie die VKS-Führung die Dinge damals beschrieb, dann bekommt man einen Eindruck davon, wohin politischer Fanatismus führen kann. Nicolussi sprach Anfang November 1939 in einem Brief an VKS-Führer Hofer von einer positiven «Abstimmungs-Psychose», von «Musterdörfern», wo man zur «geschlossenen Meldung» übergegangen sei: Die Stimmabgabe habe sich zu einer «Volkskundgebung» gestaltet; die Leute seien «freudig gestimmt» und hätten sich «z. B. in Gossensaß auch nicht durch den Pfarrer abhalten lassen, der sich dem Zug der Abstimmenden auf der Straße zwischen Gossensaß u. Sterzing entgegengestellt hat». Er beendete seinen Brief mit folgenden Sätzen: «Ich bin auf unser Volk noch nie so stolz gewesen wie an diesen letzten zwei Tagen, wo ich Gelegenheit hatte, seine höchsten nationalen Werte zu bewundern. Nach Jahren voll unzähliger Enttäuschungen [...] entschließt sich ein ganzes Volk, Hab und Gut, vor allem seine Heimat zu verlassen, nur im Glauben und Vertrauen an Deutschland und an den Führer; bei Gott, solche Deutsche hat der Führer noch nirgends gefunden. Was dabei aber unsere Bewegung getan hat, werden Außenstehende nie erfassen können.»

Die Mehrheit der Südtiroler war angesichts der Propagandalawine, die über sie hinwegrollte, zutiefst verunsichert, zumal auch die Kirche gespalten war. «Kirche und Option» ist ein besonderes Thema; auch hier blieben tiefe Wunden zurück. Der Name des Brixner Fürstbischofs Johannes Geisler (1930–1952) wird wohl für immer damit verbunden bleiben. Geisler kam aus Nordtirol, er war ein liebenswürdiger, sehr menschlicher, aber auch ein sehr schwacher Kirchenfürst, der im entscheidenden Moment versagte. Er schwankte anfangs zwischen Zustimmung zur Umsiedlung und ihrer Ablehnung, änderte dann aber seine Haltung, als er mehr und mehr unter den Einfluss seines Generalvikars Alois Pompanin geriet. Pompanin war Ladiner, ein fanatischer Befürworter der Umsiedlung ins Reich und glühender Bewunderer Hitlers.

Es kam schon bald zum Bruch zwischen dem Bischof und seinem Klerus, dem schon Ende Oktober 1939 ein Propagandaverbot auferlegt wurde. Der Klerus war gegen die Option für das Deutsche Reich; er wies auf die Kirchenverfolgung und die Euthanasie in Deutschland hin – und wurde in diesem Punkt von seinem Bischof der Zensur unterworfen. Als der Erzbischof von Trient Celestino Endrici (1920–1940) in seinem Diözesanblatt für den deutschen Teil seiner Diözese (das war der weitaus größere Teil Südtirols) gegen die Umsiedlung Stellung bezog, unterließ es Geisler mitzuunterzeichnen. Auch das Brixner Domkapitel stand gegen Geisler. Es ging so weit, die Absetzung des Bischofs durch Rom zu verlangen, was nicht geschah.

Am 25. Juni 1940 (für die Kirche war die Optionsfrist bis zum 30. Juni 1940 verlängert worden) optierte Geisler mit dem Argument: «Der gute Hirt folgt seiner Herde.» Auf die Idee, dass ein guter Hirte seiner Herde die Richtung angibt, war er nicht gekommen. Geislers Entscheidung war genau das, worauf die Nazis gewartet hatten, und wurde von ihnen propagandistisch entsprechend ausgeschlachtet (auch wenn dies auf das Optionsergebnis keinen Einfluss mehr hatte). Der Klerus entschloss sich dagegen mehrheitlich für den Verbleib in der Heimat; nur rund 20 Prozent entschieden sich dafür, dem Bischof zu folgen; im deutschen Teil der Diözese Trient waren es sogar nur zehn Prozent.

Hat die katholische Kirche also in dieser kritischen Zeit versagt? Katholische Kirche, darauf weist der Südtiroler Kirchenhistoriker Josef Gelmi zu Recht hin, bedeutet nicht nur Bischof und Generalvikar. Die Mehrheit der Seelsorger hatte damals mit ihrem Votum zum Ausdruck gebracht, dass sie, vor allem aus religiösen Gründen, eindeutig gegen das NS-Regime eingestellt war. So bemerkenswert und ganz und gar nicht brüderlich die Art und Weise war, wie die Auseinandersetzung zwischen Bischof und Klerus geführt wurde, so bemerkenswert war allerdings auch die Art und Weise, wie man 1945 zur Tagesordnung überging, als ob nichts geschehen wäre.

Die Umsiedlung

Von den etwa 230000 Südtirolern stimmten am Ende 86 Prozent für Deutschland, 75000 verließen tatsächlich ihre Heimat in Richtung Norden; die Hälfte von ihnen noch im Jahr 1940. Es waren jene, die am wenigsten zu verlieren hatten, d.h. Besitzlose und Arbeiter. Sie wurden in Österreich, in Böhmen, Westfalen und Luxemburg angesiedelt. Ab 1941 geriet die Umsiedlung ins Stocken. Ein Grund war das fehlende Siedlungsgebiet. Im Frühjahr 1940 waren Gerüchte über eine eventuelle Ansiedlung in Elsass-Lothringen aufgekommen; im Juni 1940, nach Beendigung des Frankreich-Feldzugs, wurde von Himmler Burgund als neues Siedlungsgebiet festgelegt. Die Städte sollten dort einfach in Bozen, Meran, Brixen, Bruneck etc. umgetauft werden. Die VKS-Führung stimmte zu, aber Hitler hatte andere Vorstellungen: Nach dem Waffenstillstand in Frankreich lag Burgund im Wirkungsbereich der Vichy-Regierung. Schließlich wurde eine Ansiedlung auf der Halbinsel Krim erwähnt. Die Südtiroler sollten dort einen neuen «Reichsgau Thaurien» bilden und damit einen, wie es hieß, «einzigartigen Beweis für die Rassentheorie» des Nationalsozialismus liefern. Bemerkenswert bei allen Diskussionen über das «geschlossene Siedlungsgebiet» ist, dass sich die Südtiroler Naziführer keine Gedanken darüber machten, dass, wo auch immer dieses Gebiet sein würde, dessen Bewohner zuerst einmal vertrieben werden mussten.

Das fehlende Siedlungsgebiet war jedoch nicht der einzige Grund für die Verzögerung der Umsiedlung. Die anfängliche Begeisterung war schnell Ernüchterung gewichen. Die ersten Umsiedler waren am obligaten ersten Aufnahme- und Durchgangsort Innsbruck noch mit Marschmusik und zündenden Reden empfangen worden. Das änderte sich dann sehr schnell, denn von den großen Versprechungen blieb nicht viel übrig. Die Umsiedler wurden in Notunterkünften untergebracht und mussten eine Arbeit annehmen, die oft ihren Gewohnheiten widerstrebte. Es kam hinzu, dass der seit Ende 1941 ranghöchste Vertreter der deutschen Umsiedlungsbehörde in Bozen, Ludwig Mayr-Falkenberg, alles andere als ein linientreuer Parteigenosse war und alles tat, um die Umsiedlung zu verzögern.

Die «Operationszone Alpenvorland»

Der Sturz Mussolinis, der Übertritt Italiens an die Seite der Alliierten und die Besetzung Südtirols und Norditaliens durch deutsche Truppen am 9. September 1943 wurden von der überwiegenden Mehrheit der Südtiroler als Befreiung vom italienischen Joch empfunden. Nach 20 Jahren faschistischer Herrschaft schien der langersehnte Tag gekommen, doch wieder blieb der erhoffte offizielle Anschluss Südtirols an das Deutsche Reich und damit die Wiedervereinigung Tirols aus. Es kam zwar zu einer Art De-facto-Annexion, staatsrechtlich blieb Südtirol aber ein Teil Italiens, und zwar der neuen Schein-«Repubblica Sociale di Salò» Mussolinis.

Mit Befehl vom 10. September 1943 ordnete Hitler die Errichtung zweier Operationszonen im nun von deutschen Truppen besetzten Italien an, und zwar der «Operationszone Adriatisches Küstenland» und der «Operationszone Alpenvorland»; letztere bestand aus den Provinzen Trient, Bozen und Belluno. Diese Gebiete wurden durch die dafür eingerichtete Zivilverwaltung vom Rest Italiens getrennt. In den Operationszonen wurden den militärischen Befehlshabern zivile Berater beigegeben, die den Titel «Oberster Kommissar» führten. Für die «Operationszone Alpenvorland» wurde dies der Gauleiter von Tirol-Vorarlberg, Franz Hofer, der in den folgenden zwei Jahren eine zentrale Rolle bei den Entscheidungen dort spielte. Hofer verfolgte eine Politik, die auf eine faktische Verschmelzung der Operationszone mit seinem Gau abzielte. Er wollte zumindest Südtirol in seinen Gau eingliedern, mit anderen Worten, die Wiedervereinigung Tirols erreichen. Von Anfang an drängte er Hitler und die oberste Reichsleitung zur Annexion dieses Gebiets, konnte sich jedoch nicht durchsetzen. Denn Hitler nahm auf Mussolini, der am 12. September von deutschen Fallschirmjägern befreit worden war, Rücksicht; er wollte seinen Verbündeten nicht bloßstellen. Die oberste Reichsleitung verbot daher alle Maßnahmen, die den Eindruck einer offiziellen Annexion erwecken konnten. Südtirol blieb also weiterhin offiziell Teil der Republik von Salò, auch wenn deren Einfluss gegen Null tendierte.

Mit Verordnung vom 6. November 1943 wurde die allgemeine Wehrpflicht im gesamten Gebiet der Operationszone eingeführt. Wer sich der Einberufung entzog, musste mit der Todesstrafe rechnen, und bei Flucht konnten Angehörige als Geiseln genommen werden. In Südtirol wurden 2000 Mann starke Polizeiregimenter aufgestellt («Bozen», «Brixen», «Schlanders», «Alpenvorland»). Bei der Einberufung wurde im Prinzip kein Unterschied zwischen Optanten und Dableibern gemacht (tatsächlich wurden zuerst die Dableiber an die Front geschickt). Angehörige beider Gruppen wurden zu deutschen Verbänden eingezogen, was dem Völkerrecht widersprach. Jüngere Männer wurden sogar in Einheiten der Waffen-SS gezwungen. Polizeiregimenter wurden in Südtirol, im Trentino oder in der Provinz Udine zur Objektsicherung und zur Partisanenbekämpfung eingesetzt; das Polizeiregiment Brixen wurde wegen Eidesverweigerung nach Schlesien strafversetzt.

Auch wenn im Operationsgebiet die italienische Gebietshoheit und die Staatsgrenze formell unangetastet blieben und die Lira weiter gesetzliches Zahlungsmittel war, hatten die deutschen Behörden praktisch die Macht übernommen und sorgten für entsprechende Erleichterungen für die Südtiroler. Hofer verfügte schon im September 1943 die Gleichstellung der deutschen mit der italienischen Sprache. Von nun an konnte überall in der Öffentlichkeit wieder legal deutsch gesprochen werden; beide Sprachen waren gleichberechtigte Amtssprachen. Auch die deutschen und ladinischen Ortsnamen wurden wieder eingeführt und neben den italienischen Ortsnamen angebracht. Die faschistischen Podestàs wurden durch örtliche Bürgermeister ersetzt; die Kinder der Dableiber konnten nun auch die deutsche Schule besuchen, die jetzt zu einer «normalen», alle Fächer umfassenden Schule wurde.

Die deutschen Behörden gingen gezielt gegen die Presse vor. Das Verlagshaus Athesia wurde geschlossen, die Tageszeitung *Dolomiten*, die bis 1943 NS-kritische Kommentare veröffentlicht hatte, die faschistische *Alpenzeitung* und die italienische *La Provincia di Bolzano* mussten ihr Erscheinen einstellen. Als einzige Tageszeitung erschien jetzt das neugegründete *Bozner Tagblatt*. Die Italiener in Südtirol hatten nun keine eigene Tageszeitung mehr; ihnen blieb nur mehr die Trentiner Tageszeitung *Il Trentino*.

Die deutsche Herrschaft brachte die nationalsozialistische Vernichtungsmaschinerie auch in Italien in Gang. Dies traf vor allem die Juden. Bis 1943 hatten sie im faschistischen Italien mehr schlecht als recht leben können, aber immerhin überleben. Das änderte sich sofort nach dem Einmarsch der Wehrmacht. In der Operationszone gab es nur in Meran eine organisierte jüdische Gemeinde, zum Zeitpunkt des deutschen Einmarsches lebten noch 60 Mitglieder dort. Die übrigen waren vorher schon weggezogen. Bereits am 16. September wurden 24 von ihnen von der Gestapo verhaftet und in das Lager Reichenau bei Innsbruck gebracht. 19 von ihnen wurden in Auschwitz ermordet, vier starben in Reichenau, eine Frau überlebte. Den wenigen Juden in Brixen erging es ähnlich. Darüber hinaus wurden 350 Geisteskranke ermordet, aus den Südtiroler Dörfern «verschwanden» auch andere geistig und körperlich Behinderte. Ort der Ermordung war in den meisten Fällen Schloss Hartheim in Oberösterreich. 1944 wurde vor den Toren Bozens ein sogenanntes Polizeidurchgangslager errichtet, das im Volksmund KZ Sigmundskron genannt wurde. Bis zum Mai 1945 wurden rund 11 000 Menschen auf dem Weg in die großen Konzentrationslager Mauthausen, Dachau und Auschwitz durch dieses Lager geschleust; im Lager selbst wurden auch Exekutionen durchgeführt; zeitweise wurden dort 4000 Menschen gefangen gehalten.

Die Kirche in Südtirol zeigte sich den neuen Herren gegenüber durchaus kompromissbereit, aber vorsichtig. Bischof Geisler bemühte sich, kirchenfeindliche Maßnahmen abzuschwächen und einen Modus Vivendi mit Gauleiter Hofer zu finden. Zwar wurden vereinzelt Priester verhaftet, die Kirchenverfolgung erreichte aber nie ein ähnliches Ausmaß wie in Nordtirol, wo jeder fünfte Priester mindestens einmal in Haft war.

Von den 75 000 Südtirolern, die das Land tatsächlich verlassen hatten, kehrten nach 1945 nur etwa 20 000 zurück. Ein weit größeres Problem war, dass jene Südtiroler, die für Deutschland gestimmt, aber das Land nicht verlassen hatten – etwa 130 000 –, ihre italienische Staatsbürgerschaft verloren, aber die deutsche noch nicht erhalten hatten. Sie waren damit staatenlose, rechtlose DPs geworden – *displaced persons*.

15. KAPITEL

Der schwierige Weg zur Autonomie

1945 war der Faschistenspuk vorbei, das Dritte Reich hatte bedingungslos kapituliert. Österreich erstand neu, Italien erhielt eine demokratische Regierung. In Südtirol aber blieb vieles beim Alten: In Bozen war eine Regierung im Amt, die ihre Tätigkeit im Namen Italiens ausübte und dann von der amerikanischen Militärregierung bestätigt wurde. In vielen Gemeinden wurden ehemals faschistische Funktionäre wieder als Bürgermeister eingesetzt. Es kam zu einer direkten Fortsetzung der faschistischen Politik. In dieser Situation wurde in Bozen die Südtiroler Volkspartei (SVP) gegründet, die das Selbstbestimmungsrecht für Südtirol forderte, was indirekt nichts anderes als die Forderung nach Rückkehr Südtirols zu Österreich bedeutete.

Mit dieser Forderung stießen die Südtiroler bei den Siegern allerdings auf wenig Sympathie. Österreich selbst konnte auch nicht helfen. Es war ein besetztes Land, das auf dem internationalen Parkett nichts mitzureden hatte, im Übrigen ein Land, das bis zum letzten Tag an der Seite Hitler-Deutschlands gekämpft hatte. Auf der anderen Seite stand ein Italien, das zwar für den Krieg zur Rechenschaft gezogen werden sollte, dem aber zugutegehalten wurde, dass es fast zwei Jahre an der Seite der Alliierten gestanden hatte. Dem Land wurde ein harter Friedensvertrag diktiert: Es verlor die Flotte, sämtliche Kolonien, im Westen kleinere Grenzgebiete und im Osten ganz Istrien einschließlich der Dalmatinischen Küste. Umso zäher verteidigte Rom die Brennergrenze, wo nur die Ansprüche Österreich und der Südtiroler abgewehrt werden mussten. Und in dieser Abwehr waren sich alle italienischen Parteien einig.

Keine Rückgabe Südtirols

Am 11. September 1945 begann im Lancaster House in London die erste Sitzung des auf der Potsdamer Konferenz beschlossenen Rates der Außenminister. Das Thema Südtirol stand *expressis verbis* nicht auf der Tagesordnung, dennoch wurde in dieser Frage de facto eine Entscheidung getroffen. Am 14. September wurde der britische Friedensvertragsentwurf für Italien, in dem Südtirol nicht vorkam, von den Außenministern als Verhandlungsgrundlage angenommen. Von keiner Seite wurde eine Änderung der Brennergrenze vorgeschlagen. Lediglich US-Außenminister James Byrnes legte eine Zusatzformel im Hinblick auf territoriale Regelungen vor, die ohne Diskussion angenommen wurde. Dies ist die Genesis jener Bestimmung, die für alle späteren Überlegungen zur Brennergrenze präjudizierend werden sollte; sie lautete: «Die Grenze mit Österreich wird unverändert bleiben, mit Ausnahme, jeden Fall zu hören, den Österreich für kleinere Grenzberichtigungen zu seinen Gunsten vorbringt.» Damit trafen die Alliierten eine Grundsatzentscheidung, an der in der Folgezeit nicht mehr gerüttelt wurde. Daran änderten auch die zahlreichen Demonstrationen und Manifestationen in Südtirol und in Österreich für eine Rückkehr Südtirols zu Österreich nichts.

Nach den Wahlen in Österreich, in denen die Kommunisten am 25. November 1945 eine vernichtende Niederlage erlitten hatten, dachte man aber sowohl in Washington als auch in London erneut über Südtirol nach. War die Gefahr einer von den Sowjets kontrollierten Regierung in Österreich möglicherweise doch nicht so groß, wie die Westalliierten angenommen hatten? Aber wie würde Italien reagieren, falls Südtirol doch an Österreich zurückgegeben würde?

Am 4. März 1946 beendete der britische Außenminister Ernest Bevin die interne Diskussion um Südtirol und entschied für Italien und gegen Österreich. Ausschlaggebend war die von ihm diagnostizierte «russische Gefahr». Unterm Strich, so Bevin, hätte Österreich zwar die besseren Argumente, doch wenn man ihm mit Südtirol auch die dortigen Kraftwerke überantworte, «könnte man damit tatsächlich den Russen einen bedeutenden Hebel in die Hände spielen, mit dem sie Italien unliebsam unter Druck setzen können»; man würde auf diese Weise die Ambitionen der Sowjets in Mitteleuropa unterstützen und gegen die eigenen Interessen in Italien handeln. Denn der Verlust Südtirols könnte die italienische Regierung destabilisieren und dort «den Weg für die Kommunisten freimachen». Denn obwohl Großbritannien die österreichische Regierung nach Kräften unterstütze, bestehe Grund zu der Sorge, dass «Österreich durch die Macht der Umstände sich langfristig nach Osten statt nach Westen ausrichten werde».

Vom Mittelmeer aus wollten die Briten ihren Einfluss auf Südeuropa ausüben. Ohne britische Präsenz dort werde man «wenig ausrichten können bei jenen Staaten – Frankreich, Italien, Jugoslawien, Griechenland, Türkei –, die dann wie Osteuropa unter das totalitäre Joch fallen werden», wie Bevin dem Ministerausschuss für Verteidigung mitteilte: «Falls wir aus dem Mittelmeerraum herausgehen, wird Russland nachstoßen, und das wird für die Mittelmeerländer aus der Sicht von Handel, Wirtschaft und Demokratie das Ende sein.» Deshalb sollte Italien auf keinen Fall durch die Wegnahme Südtirols geschwächt werden. Diese politischen Erwägungen Bevins besiegelten das Schicksal Südtirols. Am 1. Mai 1946 bestätigten die Außenminister ihre Entscheidung vom September 1945: Es gab keine Rückkehr nach Österreich. Südtirol war das erste Opfer im Kalten Krieg geworden.

Von der Pustertal-Lösung zum Gruber-De Gasperi-Abkommen

Dass sich die Sowjets ebenfalls gegen eine Rückgabe Südtirols an Österreich ausgesprochen hatten, weckte dann aber das Misstrauen der Briten, das in einem Strategiepapier für Bevin folgendermaßen zusammengefasst wurde: «Es sieht so aus, als ob die Sowjets mit ihrer ablehnenden Haltung gegenüber jeder Grenzkorrektur zum

Nachteil Italiens in Italien Kapital für sich herausschlagen und gleichzeitig Österreichs Willen zu Unabhängigkeit einen Schlag versetzen wollen, in der Hoffnung, dass das Land umso leichter dem Kommunismus zum Opfer fällt.» Deshalb kam in London die Idee auf, den Willen der Österreicher zur Unabhängigkeit durch die Rückgabe des Pustertals zu stärken. Dieser Plan wurde bekanntlich nicht realisiert: zum einen wegen der fehlenden Zustimmung Südtirols, zum anderen aber wegen der von Österreichs Außenminister Karl Gruber, einem Tiroler, gegenüber den Briten geäußerten Meinung, dies könne nur der Anfang sein. Gruber verfolgte offensichtlich die Idee, die Italiener, wenn er das Pustertal definitiv für Österreich zurückbekommen habe, in die Defensive zu drängen («he will get the Italians on the run») und in ein paar Jahren auch das restliche Südtirol – zumindest verwaltungsmäßig – für Österreich zurückzugewinnen. Italien befürchte genau dies, und tatsächlich hätte Österreich dann einen Hebel gegen Italien in der Hand. Auf der anderen Seite war man sich im britischen Außenministerium auch darüber im Klaren, dass das Unterhaus erhebliche Kritik an einer Beibehaltung der Brennergrenze üben werde, da die Regierung in anderen Fällen, etwa im Fall Venezia Giulia, auf Anwendung des ethnischen Prinzips bestanden, im Fall Südtirol dieses Prinzip aber strikt abgelehnt habe. «Wir befinden uns daher in einem echten Dilemma», bekannte der Foreign Office-Mitarbeiter Gladwyn Jebb und empfahl als Ausweg aus diesem Dilemma folgende Taktik: Die Briten sollten mit Nachdruck darauf bestehen, dass sie selbst ja für die Anerkennung des österreichischen Anspruchs auf das Pustertal gewesen seien, «die Haltung der Russen dies aber unmöglich gemacht hat». Jebb gestand ein, dies sei «natürlich etwas unehrlich» («slightly dishonest, of course»), hielt es jedoch für den einfachsten Ausweg aus diesem Dilemma. Als Unsicherheitsfaktor in diesem falschen Spiel machte er die Sowjetunion aus, könne man doch nicht sicher sein, dass sie Österreichs Forderung auf Rückgabe des Pustertals ebenfalls ablehnen werde, insbesondere nach dem Wahlsieg der Democrazia Cristiana in Italien. Doch die Sowjetunion spielte mit; so lehnten die vier Außenminister am 24. Juni 1946 auch die Rückgabe des Pustertals ab und bekräftigten ihren Beschluss vom September 1945: keine Rückkehr Südtirols nach Österreich. Die Entscheidung schlug in Wien wie eine Bombe ein. Karl Gruber fühlte sich von den Briten verraten, da sie es gewesen waren, die ihm empfohlen hatten, einen entsprechenden Antrag zu stellen. Nach dem Beschluss der Außenminister stehe man jetzt mit leeren Händen da, und die Italiener hätten keinen Grund mehr, Österreich entgegenzukommen.

In dieser Situation wurden die Briten erneut aktiv. Sie übten in den folgenden Wochen stärksten Druck sowohl auf Italien als auch auf Österreich aus. Denn der oberste Beamte im Foreign Office, Sir Orme Sargent, war davon überzeugt, dass, solange man Italiener und Österreicher sich selbst überlasse, «nichts geschehen wird. Die Österreicher sind zu schwach, um die Dinge voranzutreiben, und für die Italiener als *beati possidentes* besteht eigentlich keinerlei Veranlassung, sich in einem Abkommen eindeutig festzulegen, sosehr sie auch ihren guten Willen bekunden und vage Versprechungen hinsichtlich guter Absichten machen. Es ist wichtig, dass wir die Initiative ergreifen und diese beiden [...] Länder an einen Tisch bringen.» Den Italienern wurde klar gemacht, dass ein freundlich gesinntes Österreich auch in ihrem Interesse liegen müsse; Italien könne nichts dabei gewinnen, wenn Österreich «in die Arme der Russen getrieben wird».

Auf Grund dieser britischen Initiative kam es in den nächsten Wochen zu einer italienisch-österreichischen Übereinkunft. Am 5. September 1946 unterzeichneten Karl Gruber und der italienische Ministerpräsident Alcide De Gasperi in Paris jene in englischer Sprache – Englisch war Konferenzsprache – verfasste Vereinbarung, die als Gruber-De Gasperi-Abkommen (später auch Pariser Abkommen genannt) Bestandteil des italienischen Friedensvertrags und damit völkerrechtlich relevant wurde.

Das Abkommen besteht nur aus drei Paragraphen auf zwei DIN-A-4-Seiten und ist dennoch eines der interessantesten und lange Jahre umstrittensten Dokumente der Nachkriegszeit. Der erste Satz des ersten Paragraphen und der zweite Paragraph dieses

Abkommens sind für die weitere Entwicklung Südtirols am wichtigsten. In Paragraph 1 heißt es: «Den deutschsprachigen Einwohnern der Provinz Bozen und der benachbarten zweisprachigen Ortschaften der Provinz Trient wird volle Gleichberechtigung mit den italienischsprachigen Einwohnern im Rahmen besonderer Maßnahmen zum Schutze des Volkscharakters und der kulturellen und wirtschaftlichen Entwicklung des deutschsprachigen Bevölkerungsteils zugesichert.» Noch wichtiger ist Paragraph 2: «Der Bevölkerung der oben erwähnten Gebiete wird die Ausübung einer autonomen regionalen Gesetzgebungs- und Vollzugsgewalt gewährt werden. Der Rahmen (*«frame»*) für die Anwendung dieser Autonomiemaßnahmen wird in Beratung auch mit einheimischen deutschsprachigen Repräsentanten festgelegt werden.» In Paragraph 3 wird dann das Hitler-Mussolini-Abkommen aus dem Jahr 1939 für null und nichtig erklärt und den Südtirolern die Wiedererlangung der italienischen Staatsbürgerschaft zugesichert.

Dieses Abkommen war das Beste, was Gruber in Paris für Südtirol herausholen konnte: zum einen eine international abgesicherte Verpflichtung Italiens und damit die von Italien anerkannte Schutzmachtfunktion Österreichs für Südtirol und zum anderen eine akzeptable Regelung der Optantenfrage. Die circa 130 000 Optanten erhielten die italienische Staatsbürgerschaft zurück und waren nicht länger staatenlose *displaced persons.*

Ich habe das Abkommen 1987 auf der Basis bis dahin vertraulicher Akten untersucht und trotz all seiner Schwächen als *Magna Charta* Südtirols bezeichnet, wofür ich damals heftig kritisiert worden bin. Das Abkommen galt ja als ein «einmaliges Dokument österreichischer Schwäche», so Bruno Kreisky als Abgeordneter. Als Außenminister sah er das dann anders: «Die Schwäche und gleichzeitig auch die Stärke des Pariser Abkommens besteht darin, dass nirgends konkrete Angaben enthalten sind», sagte er 1961 in einer internen Sitzung in New York. Doch 1946 wurde Gruber als «Agent der Engländer» beschimpft, der Südtirol in Paris, dem «Ort der Untat», für ein «Linsengericht» verkauft und vor De Gasperi «kapituliert» habe. Aber damals kannte man noch nicht die Akten.

Inzwischen ist das Abkommen längst als *Magna Charta* akzeptiert und wird entsprechend gewürdigt. Denn erstens gäbe es ohne dieses Abkommen keine völkerrechtlich abgesicherte Autonomie für Südtirol; zweitens hätte es ohne dieses Abkommen im Oktober 1960 keine Südtirol-Resolution der UNO gegeben, das Thema wäre nicht einmal auf die Tagesordnung der UNO gelangt; und drittens ist dieses Abkommen – insbesondere mit Satz 1 von Artikel 2 – nach wie vor die einzige völkerrechtlich relevante Garantie für die Autonomie Südtirols.

Zum Grundsätzlichen: Die Autonomie war die «letzte Reserve», wie Bundeskanzler Leopold Figl (1945–1953) das im Ministerrat formuliert hatte. Österreich war nach der Entscheidung der Sieger in Figls Worten in eine Situation der «ohnmächtigen Schwäche» geraten, in der man akzeptieren musste, was Italien anbot – freiwillig anbot, auch wenn die Briten Druck ausübten. Der Trentiner De Gasperi unterschrieb, weil er an der Brennergrenze Ruhe haben und «seinen» Trentinern eine Autonomie bringen wollte, auch um damit separatistischen Tendenzen entgegenzuwirken. Und weil mit der Mehrheit der Italiener in der Region die Südtiroler kontrolliert werden konnten. De Gasperi war damals eindeutig in der stärkeren Position als Gruber, und gemessen an der in Österreich zunächst erhobenen Maximalforderung – Rückkehr Südtirols – war das Erreichte nur eine Minimallösung. Doch Gruber hatte mitnichten kapituliert. Er wusste, was De Gasperi aus Paris mitnehmen wollte, nutzte dies zu seinen Gunsten und erreichte sein Ziel: Die Südtirolfrage wurde durch das Abkommen «internationalisiert», Österreich «Schutzmacht» Südtirols. Anders als in der Ersten Republik war Südtirol damit keine rein inneritalienische Angelegenheit mehr. Das Pariser Abkommen konnte zum Mühlstein um den Hals jeder italienischen Regierung werden.

Von «Los von Trient!» zur UNO

Der italienische Botschafter in London, Niccolò Carandini, der an den Verhandlungen in Paris maßgeblich beteiligt gewesen war, meinte nach der Unterzeichnung, das Abkommen sei «kein normaler Vertrag, der beide Parteien in allen Punkten kategorisch verpflichtet», sondern ein «Abkommen, das im guten Glauben geschlossen wurde und das Beständigkeit und Wert nur dann haben wird, wenn es auch im guten Glauben angewandt wird». Und weiter: «Wenn der gute Wille auf der einen oder andern Seite fehlt, bedeutet das, wir sind gescheitert. Dies ist ein Risiko, das mit dieser kühnen Initiative und dem Mut, das Abkommen zu realisieren, verbunden ist.»

Man scheiterte zunächst, weil auf italienischer Seite der gute Wille fehlte, wie schon bald deutlich wurde. Italien zeigte nämlich in der Folgezeit wenig Interesse, Südtirol eine eigene Autonomie zu gewähren. Das demokratische Italien machte in vielen Bereichen da weiter, wo das faschistische aufgehört hatte. Im Juni 1947 wurde Südtirol – ohne Beratung mit den Südtirolern, wie im Abkommen vorgesehen – mit dem Trentino zur Region Trentino-Alto Adige zusammengelegt, in dieser Region stellten die Italiener die Mehrheit. Anfang 1948 erhielt Südtirol das erste Autonomiestatut. Doch es war den SVP-Unterhändlern nicht gelungen, De Gasperi das Zugeständnis abzuringen, Südtirol in offiziellen deutschsprachigen Dokumenten wieder «Südtirol» zu nennen – was ja seit 1923 verboten war. Es hieß jetzt «Tiroler Etschland».

Schon sehr bald wurde offensichtlich, dass sich die im Rahmen dieser Region zugesagte Autonomie zu einer Scheinautonomie entwickelte und das Misstrauen der Südtiroler gegenüber der italienischen Politik in fast allen Bereichen gerechtfertigt war. Zum eigentlichen Feind der Südtiroler wurden immer mehr die Trentiner – mehr noch als die Zentralregierung in Rom. Das betraf in erster Linie die Zuwanderung. In einem im italienischen Außenministerium in Rom gefundenen Dokument wurde diese Politik damals als die «51%»-Politik bezeichnet: soviel Zuwanderung nach Südtirol, bis es dort eine italienische Mehrheit gab. Im Oktober 1953 machte Kanonikus Gamper in einem aufsehenerregenden Artikel auf dieses Problem aufmerksam. In den *Dolomiten* warnte er: «Es ist ein Todesmarsch, auf dem wir Südtiroler seit 1945 uns befinden, wenn nicht noch in letzter Stunde Rettung kommt.»

Österreich konnte in jenen Jahren nicht helfen. Es rang damit, die Russen aus dem Land zu bekommen. Erst mit dem Staatsvertrag von 1955 erhielt es endlich seine Unabhängigkeit und damit auch seine außenpolitische Handlungsfreiheit zurück. Erstmals seit 1945/46 wurde Südtirol in den folgenden Jahren wieder zu einem zentralen Thema der österreichischen Außenpolitik – nach massivem Druck aus Innsbruck. Der Tiroler Franz Gschnitzer, einer der vehementesten Vertreter der Interessen Südtirols, wurde 1956 Staatssekretär im österreichischen Außenministerium. Er sorgte dafür, dass Wien die Gangart gegenüber Rom verschärfte. Im Juli 1956 beschuldigte Bundeskanzler Julius Raab (1953–1961) Italien, wesentliche Punkte des Pariser Abkommens nicht erfüllt zu haben.

Innenpolitisch zeichnete sich in Südtirol wenig später eine Wende ab: Im Mai 1957 kam es zur Wachablösung in der SVP; die Moderaten in der Parteiführung wurden in einer turbulenten Sitzung («Methoden wie 1939») entmachtet, die «Alten» hatten ausgedient, Silvius Magnago wurde Obmann der Partei (und blieb es bis 1991). Wenig später schlug seine große Stunde, als im November 1957 35 000 Südtiroler auf Schloss Sigmundskron bei Bozen gegen die italienische Südtirolpolitik protestierten. Damals begann Magnagos politischer Aufstieg. Den 35 000 rief er entgegen, dass er sein «deutsches Wort» gegeben habe, und bat sie, dieses «deutsche Wort» einzuhalten und verhinderte damit einen gewaltsamen Marsch der Massen auf Bozen. In Sigmundskron lautete die entscheidende Forderung: «Los von Trient!», Auflösung der Region, d. h. de jure eine unabhängige Autonomie nur für Südtirol.

Schon bald wurden die Forderungen lauter und drängender: Selbstbestimmung hieß das neue Wort, was damals Rückkehr zu

Österreich bedeutete – und nicht etwa Freistaat, was man heute öfter hört. Im Zuge der Andreas-Hofer-Feiern 1959 stieg bei einigen Aktivisten in Nord- und Südtirol die Gewaltbereitschaft. Vom Partisanenkrieg wie in Zypern war die Rede. Als der Pressezar Fritz Molden den Generalsekretär im Außenministerium in Wien über entsprechende Absichten informierte, schrieb der in sein Tagebuch: «Die Frage sei die, wie viele Menschenleben müsste man opfern, um etwas zu erreichen, was auf anderem Weg unter keinen Umständen zu erreichen wäre?» Und SVP-Vorstandsmitglied Peter Brugger stellte in einer vertraulichen Sitzung in Innsbruck Ende 1959 fest, «dass wir jetzt innerhalb unseres Gremiums langsam auf Selbstbestimmung umstecken». Der Tiroler Staatssekretär im Außenministerium, Franz Gschnitzer, hatte schon vorher die «unmittelbare Rückgliederung» Südtirols gefordert. Für diese Politik hätte man Unterstützung aus Wien benötigt. Die aber war nicht zu haben. Für die führenden Politiker dort ging es immer nur um Autonomie, zu keinem Zeitpunkt um Selbstbestimmung, die womöglich auch noch mit Attentaten herbeigebombt oder im Partisanenkrieg erkämpft werden sollte. Anfang 1960 machte Bundeskanzler Raab das in Innsbruck absolut klar, als er feststellte: «Wir sind auch nicht der Meinung, dass das irgendwie nach der Methode Zypern zu lösen ist, weil wir nicht verantworten, dass hier unnützes Blut bei jungen Leuten fließt, die hierin Hoffnungen setzen. Wir sind für die Verhandlungen.» Genau dies war und blieb auch in den folgenden Jahren die Position von Silvius Magnago.

Der Weg führte zunächst zur UNO, die Österreich und Italien im Herbst 1960 aufforderte, in Verhandlungen eine Lösung aller Differenzen hinsichtlich der Durchführung des Pariser Vertrags – auf der Basis dieses Vertrags – zu finden. Die Bedeutung des Gruber-De Gasperi-Abkommens wurde damit noch einmal deutlich. Es war eine Resolution, die Gschnitzer noch wenige Wochen zuvor in Innsbruck – sollte so etwas in New York beschlossen werden – als «unannehmbar» bezeichnet hatte. Daraus war in New York annehmbar geworden. Außenminister Kreisky war jedenfalls «sehr befriedigt», wie er dem deutschen Botschafter Anfang November mitteilte, «dass der Anschauungsunterricht, der gewissen Nord- und Südtiroler Kreisen in New York geboten worden sei, dazu geführt habe, dass man beginne, die Dinge in den richtigen Proportionen zu sehen, nachdem in den genannten Kreisen zunächst die Meinung geherrscht habe, als drehe sich sozusagen die ganze Welt um Südtirol».

Dazu passte, was Kreisky den drei Südtiroler Vertretern Alfons Benedikter, Luis Sand und Friedl Volgger, die in New York mit dabei gewesen waren, noch dort mit auf den Weg gab. Nachdem er ihnen zunächst dafür gedankt hatte, dass sie «naturgemäß wesentlichen Anteil an der Arbeit der Delegation» gehabt hätten, bat er sie, bei ihrer Berichterstattung in Südtirol auch die negativen Aspekte der New Yorker Debatte zu erwähnen, «vor allem, dass eine Forderung nach dem Selbstbestimmungsrecht hier zu einer wirklichen Katastrophe geführt hätte». Man hätte, so meinte er später, «eine grausame Niederlage erlitten, es hätte sich daraus kein Ausweg gefunden, und die besten Freunde Österreichs wären ernstlich verstimmt gewesen». Die UNO-Resolution hatte zwar keine Lösung des Problems gebracht, wie Kreisky im Ministerrat betonte, aber sie hatte vollständig neue Voraussetzungen für die Verhandlungen mit Italien geschaffen. Um diese Verhandlungen ging es in der ersten Hälfte des Jahres 1961.

Attentate, 19er-Kommission und das Nein der Tiroler

In Vorbereitung auf die nun anstehenden Verhandlungen bereitete man in Wien ein 32-Punkte-Programm vor – das entsprach genau jenen 32 Punkten des Italianisierungsprogramms, das Ettore Tolomei 1923 in Bozen für Südtirol verkündet hatte. Die Zustimmung Italiens zu den 32 Punkten wurde geradezu als selbstverständlich vorausgesetzt; Magnago meinte einmal: «Eine Rückgabe dessen, was uns der Faschismus genommen hat, kann von uns nicht als besonderes Geschenk empfunden werden.» Aber einige in

Nordtirol wollten dies gar nicht. So stellte die Leiterin des Referats «S» der Tiroler Landesregierung, Viktoria Stadlmayer, in einer internen Besprechung in Innsbruck am 7. Februar 1961 klar: «Das Programm interessiert uns gar nicht. Wir wollen noch weitergehen und dann das Selbstbestimmungsrecht verlangen.» Und Tirols ÖVP-Landesrat Aloys Oberhammer meinte an einer Stelle: «Am Ende geben uns die Italiener die Landesautonomie, und dann stehen wir da.»

Die Realisten und Moderaten in der SVP-Führung sahen das vollkommen anders. Selbst die de jure-Trennung der Region stand nicht im Vordergrund. Silvius Magnago machte Anfang 1961 seine grundsätzliche Position klar, nämlich: «Uns geht es nicht darum, ob die Provinz Bozen jetzt morgen Region heißt, sondern darum, dass diese Provinz Bozen auch innerhalb einer Region alle Zuständigkeiten hat, die sie braucht.» Und weiter: «Ich betone noch einmal: Wenn morgen noch eine Region bestünde, die nur eine Kompetenz hat, und wir aber alles Wesentliche haben, dann kommt es mir nicht auf den Namen an.» Das blieb auch in den folgenden Jahren seine Position. Aus ethischer, religiöser und demokratischer Überzeugung lehnte er den Einsatz von Gewalt vollkommen ab.

Doch in der Nacht des Herz-Jesu-Festes vom 11. auf den 12. Juni 1961 sprengten Aktivisten der Separatistengruppe Befreiungsausschuss Südtirol (BAS) 37 Hochspannungsmasten. Diese Nacht ist als die «Feuernacht» in die Geschichte Südtirols eingegangen und ihre Folgen für die weitere Geschichte Südtirols werden bis heute kontrovers diskutiert. Es war der Versuch, die Selbstbestimmung für Südtirol herbeizubomben. Eine Mehrheit war dafür allerdings nicht zu haben. Im Protokoll der SVP-Parteileitungssitzung am 12. Juni 1961, einen Tag nach der «Feuernacht», heißt es: «Dr. Magnago hält die Vermischung mit den Höhenfeuern am Herz-Jesu-Sonntag für geschmacklos.» Es war mehr als das. Gegenüber Kreisky stellte Magnago am 27. Juli 1961 fest, dass «die Attentatswelle auch den Südtirolern großen Schaden verursacht habe, und zwar sowohl wirtschaftlichen als auch politischen Schaden. Insofern nämlich, als die Existenz der Partei in Gefahr gebracht wurde.» Von den Attentaten hat er nachweislich nichts gewusst, anders als zwei oder drei Mitglieder im Parteivorstand.

Die Italiener boten nun die Einrichtung einer sogenannten 19er-Kommission an – 19 Italiener und Südtiroler –, die das Problem Südtirol diskutieren sollte. Doch es ging ihnen nicht um wirkliche Gespräche zur Lösung des Problems, die Kommission sollte lediglich für die Diskussion vor der UNO im Herbst 1961 dienen. Dort «schlachteten» die Italiener diese Kommission aus, wie Magnago das im November formulierte, und verhinderten, «weil die 19er-Kommission da war», eine neue UNO-Resolution. Er setzte dennoch weiter auf die Kommissionsarbeit, denn, so meinte er Ende 1961, wenn dort keine Einigung erzielt werde, «stehen wir vor dem Nichts». Die Aufgabe der 19er-Kommission bestand in der Folgezeit allerdings vor allem darin, Italien als Vorwand zu dienen, das Gespräch mit Österreich zu verweigern.

Die Dinge änderten sich erst ab Dezember 1963 mit der Bildung der Mitte-links-Regierung in Rom unter Aldo Moro und Giuseppe Saragat. Moro und Saragat hatten ein anderes Verständnis für Minderheiten im Land als die Hardliner in Rom; sie standen den Anliegen der Südtiroler positiv gegenüber – und das schon vor den Attentaten. Man hoffe, so Saragat zu Kreisky, eine «globale und vollständige Regelung der Südtirolfrage zu erzielen». Er stellte auch klar: «Keine andere italienische Regierung wird mehr als die derzeitige bereit sein, das Südtirolproblem durch entsprechend große Konzessionen, die bei weitem über das Pariser Abkommen für Südtirol hinausgehen, zu bereinigen.» Die 19er-Kommission wurde reaktiviert und arbeitete nun unter Hochdruck. Im Sommer 1964 lag das vor, was damals schon als Paket bezeichnet wurde. Anfang 1965 glaubte Außenminister Kreisky, er habe die Verhandlungen mit Saragat erfolgreich abgeschlossen. Die Tiroler machten ihm dann aber in einer ganztägigen Sitzung in Innsbruck einen Strich durch die Rechnung. Den Nordtirolern ging die internationale Absicherung nicht weit genug, den Südtirolern fehlte es an innerer Substanz. Kreisky hat dies den Tirolern nie verziehen und fortan das Interesse an der Südtirolfrage verloren.

Das Paket

Damals hielt Silvius Magnago unbeirrt Kurs. Mehrfach unternahm er in Rom die Mission «Bodenlockerung», wie er das nannte. Er war der Auffassung, «dass der Strick so lange gezogen werden sollte, dass er eben gerade nicht reißt». Der entgegenkommendste Gesprächspartner in Rom war Aldo Moro. Magnago war ein gewiefter Taktiker und Pragmatiker. Er kannte die Stimmung in der Bevölkerung und in der Partei genau, und von daher wusste er auch, dass es nicht einfach sein würde, seine Vorstellung von der Zukunft Südtirols, sprich Autonomie, durchzusetzen. Die einen Gegner einer solchen Lösung warfen Bomben und wurden so zu Terroristen, die anderen konzentrierten sich auf die internationale Verankerung dessen, was die Italiener bereit waren, im Paket zuzugestehen. Wie hoch die Emotionen kochten, macht eine Äußerung Hans Dietls von der SVP-Parteileitung gegenüber Österreichs Außenminister Lujo Tončić- Sorinj deutlich: «Wir hassen Sie, weil Sie das Südtiroler Volk in das Faulbett der Autonomie pressen wollen.»

So wie Dietl blieb auch der Vorstandskollege Peter Brugger ein Gegner der Autonomie. Er war nicht davon überzeugt, wie er Ende 1968 deutlich machte, «dass wir etwa, wenn wir das Paket bekommen, wie vorgesehen, gesichert sind. Mit dem Paket allein sind wir als Südtiroler nicht gesichert, auch wenn wir alles tun, um Südtiroler zu bleiben.» Und dann kam ein geradezu klassischer Vorschlag: «Wenn wir die Frage Südtirol so lösen, dass sie für alle Zeiten offen gehalten ist, dann wäre ich einverstanden.» Eine solche Lösung aber gab es nicht. Der neue österreichische Außenminister Kurt Waldheim machte 1968 klar, was der Abschluss mit Italien bedeuten werde: Er eröffne den Südtirolern neue Wege, das Pariser Abkommen zu verwirklichen, Südtirol werde ein Modellfall für alle vernünftigen Minderheitenlösungen, das Verhältnis zu Österreichs Nachbarn Italien werde entlastet und neue Grundlagen für Freundschaft und Zusammenarbeit geschaffen. Der Abschluss werde möglicherweise auch zu einem Ende des Terrorismus führen. Was den

Terror betraf – insgesamt fielen ihm 32 Menschen zum Opfer –, so war auch für Magnago klar, dass die Terroristen sich mit keiner vernünftigen Kompromisslösung abfinden würden, weshalb mit Terrorakten wenigstens für eine gewisse Zeit noch gerechnet werden müsse.

Am Ende einer der vielen Südtirolbesprechungen stellte Magnago die Frage, ob es zu verantworten sei, ein nicht voll befriedigendes, aber immerhin positives Paket «davonschwimmen» zu lassen, und gab selbst die Antwort: «Eines ist sicher, dass wir mit einer besseren Autonomie besser gesichert sind als mit einer schlechteren. Ob sie eine Garantie für unser Weiterleben ist, das hängt weitgehend von uns ab. Man kann natürlich auch sagen, wenn es uns zu gut geht, werden wir lax. Das sage ich auch meinen Wählern immer wieder. Ich möchte aber nicht, dass wir so lange diskutieren, bis wir eine Minderheit sind und keinen Einfluss mehr haben. Denn die Möglichkeit, Einfluss zu nehmen, ist eben gegeben durch verschiedene Paketpunkte. Ich möchte sagen, eine perfekte Lösung gibt es nicht. Es gibt nur Lösungen, die nach menschlichem Ermessen zum Ziel führen. Ich möchte nicht, dass wir in zehn Jahren noch einmal da sind und zehn Jahre für unsere Volksgruppe verloren haben. Ich bin der Meinung, dass wir den Weg jetzt weitergehen, und dass dann die Vertretung des Südtiroler Volkes entscheiden und alle Verantwortung übernehmen muss.» Das geschah im November 1969 in Meran, in jener «Nacht der Nächte», als die SVP-Landesversammlung mit der knappen Mehrheit von 53 Prozent die Autonomieregelung annahm.

Das Paket stellte letztlich nichts anderes dar als die Summe der Zugeständnisse Italiens zur Erweiterung der durch das Autonomiestatut von 1948 nicht ausreichend gewährten Autonomie für Südtirol. Es enthielt 137 «Maßnahmen» für die Bevölkerung Südtirols, die in ein neues Autonomiestatut einfließen und in vier Jahren realisiert werden sollten. 1972 trat dieses neue Statut in Kraft. Von nun an hieß Südtirol wieder Südtirol und nicht mehr Tiroler Etschland. Was binnen vier Jahren geplant war, dauerte dann aber bis 1992, als beide Seiten – Italien und Österreich – ihren Streit um Südtirol beilegten und UNO-Generalsekretär Boutros Boutros-Ghali entsprechend unterrichteten. Seit 1992 wurde die Autonomie unter Landeshauptmann Luis Durnwalder zur dynamischen Autonomie weiterentwickelt. Die SVP strebt unter Durnwalders Nachfolger Arno Kompatscher jetzt sogar die Vollautonomie an, also alle Kompetenzen außer Verteidigung und Außenpolitik, und sieht die Zukunft Südtirols eindeutig in der Autonomie, während einige im Land mehr wollen: Freistaat oder Rückkehr zu Österreich. Es bleibt spannend in und um Südtirol.

Gegenwart und Ausblick

Am 19. Juni 1992 übergaben die UNO-Botschafter Österreichs und Italiens UNO-Generalsekretär Boutros Boutros-Ghali die «Notifizierung der Streitbeendigung». Damit wurde der Streit zwischen Österreich und Italien um Südtirol formell beendet. Als Boutros-Ghali die Note entgegennahm, unterstrich er die Bedeutung dieses Schrittes und nannte die Art, wie der Minderheitenkonflikt zwischen diesen beiden Staaten gelöst wurde, vorbildlich. Auch der italienische Außenminister Vincenzo Scotti wies bei der KSZE-Nachfolgekonferenz in Helsinki im Juli 1992 voller Stolz auf die Lösung des Konflikts zwischen Österreich und Italien hin, eine Lösung, die auch für den Minderheitenschutz im Rahmen der KSZE Modell stehen könne.

Südtirol gilt heute, nach dem «Paket» von 1969, dem 2. Autonomiestatut von 1972 und der Streitbeendigung 1992, als Musterbeispiel für das gedeihliche Miteinander zweier (bzw. einschließlich der ladinischen Minderheit dreier) Volksgruppen. Doch unter der Oberfläche gären immer noch vielfach unbewältigte Konflikte, was sich gerade im Fall der zurzeit heftig debattierten Doppelstaatsbürgerschaft für vormals «österreichische» Südtiroler zeigt. Auf deutscher wie italienischer Seite gibt es heute noch nationalistische Gruppierungen, doch die «Einheitspartei» der Südtiroler, die Südtiroler Volkspartei, will und muss sich mit der mittlerweile in der Stadt Bozen längst die Mehrheit stellenden italienischen «Minderheit im eigenen Land» so arrangieren, dass die Rechte aller gewahrt werden. Wenn sich italienische Südtiroler bei hochalpinen Ausflügen darüber beschweren, dass hier nur Deutsch gesprochen wird und die Wegweiser nur deutsche Namen anführen, wenn italienische Kinder in deutschen Kindergärten nicht willkommen sind, werden diese Konflikte sichtbar, aber auch wenn gesamtitalienische «private» Firmen wie die Telecom sich nicht an die durch die Autonomie zugesicherte Doppelsprachigkeit halten. Es wird kaum noch Menschen in diesem Land geben, die des Italienischen nicht mächtig sind, aber noch die Generation der Zwischenkriegszeit war damit konfrontiert, dass sie die Hinweise für erforderliche Medikamente nur in einer ihr fremden Sprache lesen konnte. Auch heute sind – trotz der bisher gelungenen Bemühungen um die Anerkennung der Rechte beider bzw. aller drei Seiten – Sensibilität und Fingerspitzengefühl im alltäglichen und im politischen Umgang miteinander gefordert.

In der zweiten Hälfte des 20. Jahrhunderts hat sich die Zusammensetzung der Gesellschaft radikal verändert, wozu nicht nur die massive italienische Zuwanderung, sondern auch der in den sechziger Jahren einsetzende Wohlstand beigetragen hat. Ein über viele Jahrhunderte hindurch bäuerlich geprägtes Land, dessen (klein)städtisches Bürgertum vorwiegend aus Gewerbetreibenden, Handwerkern und Kaufleuten bestand – wobei eine dünne Schicht von Kaufleuten und Weinhändlern sich wohl selbst als städtische Patrizier verstand –, wandelte sich innerhalb von wenigen Generationen zu einem Tourismusgebiet ersten Ranges und damit zu einer vorwiegend im Dienstleistungssektor tätigen Bevölkerung. Bauerndörfer – als besonders eindrucksvolles Beispiel ist Barbian im Eisacktal zu nennen – wurden zu Tourismushochburgen, immer mehr vormalige Bauern bzw. Nebenerwerbsbauern boten und bieten Ferienunterkünfte an, eine Tourismus-Statistik preist für das Jahr 2014 nicht weniger als 10128 Beherbergungsbetriebe mit insgesamt 219000 Betten an. Damit weist Südtirol eine der höchsten Beherbergungsdichten europaweit auf – je Quadratkilometer finden sich hier 20,4 Gästebetten. Die Geschäfte der wirtschaftlich potentesten Gruppe der «Laubenkönige» sind vielfach in die Hände internationaler Ketten übergegangen, das Schlagwort vom «Ausverkauf der Heimat» setzte erst in den letzten Jahren ein langsames Umdenken in Gang.

Andererseits hat das nun bald hundertjährige Zusammenleben

von deutsch- und italienischsprachiger Bevölkerung zu verschiedenen Hybridformen geführt, die mittlerweile geradezu zum Kennzeichen Südtirols geworden sind: Hier gibt es den italienischen *Macchiato* und Schlutzkrapfen, die von den *Ravioli* kaum zu unterscheiden sind, das *Tiramisù* hat in die Südtiroler Küche ebenso Einlass gefunden wie die verschiedenen Formen von *Pasta*, während italienische Lokale auch *Canederli* und *Strudel di mele* anbieten. Autokennzeichen werden im Deutschen als *Targa* bezeichnet und an die Stelle von «Entweder-oder» ist die aus dem Italienischen eingedeutschte Form von «Oder-oder» getreten, um nur zwei Beispiele der zahlreichen sprachlichen Neuschöpfungen zu nennen. Die italienischen *Cantautori* haben die Jugend beiderlei Geschlechts und Zugehörigkeit in den 1970er und 1980er Jahren begeistert und die in den deutschsprachigen höheren Schulen vermittelte italienische Sprache und Geschichte weckte wachsendes Verständnis für die andere Kultur, eine Chance, die von italienischer Seite lange nicht genutzt wurde. Umgekehrt gibt es nach wie vor große Widerstände gegen «gemischtsprachige» Kindergärten von Seiten des deutschsprachigen Südtirol, dem die «Reinerhaltung» der deutschen Sprache ein Anliegen ist.

Eine neue Dimension für die österreichisch-italienischen Beziehungen ganz allgemein, aber im Besonderen auch für Südtirol-Trentino hat der österreichische EU-Beitritt im Jahr 1995 mit sich gebracht. Nun gehörte nicht nur das Gründungsmitglied Italien (und mit ihm Südtirol), sondern auch die langjährige «Schutzmacht» Österreich zu Europäischen Union; auf der Grundlage des Schengener Abkommens fiel 1998 sogar die so heiß umstrittene Brennergrenze, ein Ereignis, das neben der Erleichterung für Millionen von Reisenden auch von größter symbolischer Bedeutung war, und das mit bedeutungsvollen Worten von der politischen Prominenz diesseits und jenseits des Brenners gefeiert wurde. Damals wurden auch die ersten Schritte für die Schaffung einer gemeinsamen Europaregion gesetzt – mit dem Ziel einer die Staatsgrenzen überschreitenden Zusammenarbeit zwischen den seit 1918 getrennten Landesteilen Nord- und Osttirol einerseits und

Südtirol-Trentino andererseits. Von der Europaregion werden mittlerweile auch regionalhistorische Projekte gefördert, die der Bevölkerung die Jahrhunderte übergreifende Geschichte in all ihren Gemeinsamkeiten und Unterschieden, mit ihrer friedlichen Koexistenz und ihren Konflikten deutlicher ins Bewusstsein rufen.

Die hier vorgelegte Geschichte Südtirols kann vielleicht zu einem solcherart vertieften historischen Bewusstsein beitragen: Mit dieser Absicht wurde dieses Buch geschrieben. Eine der wichtigsten Einsichten daraus sollte sein, dass der «moderne» Nationalitätenhader – gemessen an den Jahrhunderten, ja Jahrtausenden zuvor – ein relativ junges Phänomen darstellt, das angesichts der gegenwärtigen globalen Krisen auch wieder an die Vergangenheit zurückgegeben werden könnte.

Bibliographie

(Auswahl)

ALBERTONI, Giuseppe: Die Herrschaft des Bischofs. Macht und Gesellschaft zwischen Etsch und Inn im Mittelalter (Veröffentlichungen des Südtiroler Landesarchivs – Pubblicazioni dell'Archivio Provinciale di Bolzano 14), Bozen 2003

BAUM, Wilhelm: Rudolf IV. der Stifter. Seine Welt und seine Zeit, Graz u. a. 1996

BAUM, Wilhelm: Margarethe Maultasch in Geschichte und Sage. Zur Kritik historischer Mythen und der Tradierung von Vorurteilen, Klagenfurt 1993

BELLABARBA, Marco/BUCHI, Ezio/CASTAGNETTI, Andrea/GARBARI, Maria/LANZINGER, Michele/LEONARDI, Andrea (Hrsg.): Storia del Trentino, 6 Bde., Bologna 2001–05

BELLABARBA, Marco/FORSTER, Ellinor/HEISS, Hans/ LEONARDI, Andrea/MAZOHL, Brigitte (Hrsg.): Eliten in Tirol zwischen Ancien Régime und Vormärz/Les élites in Tirolo tra Antico Regime e Vormärz, Innsbruck u. a. 2010

BENVENUTI, Sergio (Hrsg.), Storia del Trentino, 3 Bde., Trient 1994–95

BOZEN 1700–1800. Eine Stadt und ihre Kunst (Bozen, Stadtgalerie und Merkantilgebäude, 16. Oktober–16. Januar 2005), Mailand 2004

BRANDIS, Klemens Graf von: Vortrag Sr. Exzellenz des Herrn Gouverneurs und obersten Vorstandes des Ferdinandeums am Schlusse der Abendversammlungen des Ferdinandeums im Winter 1841–42 den 16. März 1842, in: Neue Zeitschrift des Ferdinandeums für Tirol und Vorarlberg 8 (1842), V–XXXII

BRUNET, Francesca/HUBER, Florian (Hrsg.): Vormärz. Eine geteilte Geschichte Trentino-Tirols/Una stroia condivisa Trentino-Tirolese, Innsbruck 2017

CLEMENTI, Siglinde (Hrsg.): Zwischen Teilnahme und Ausgrenzung. Tirol um 1800. Vier Frauenbiographien (Veröffentlichungen des Südtiroler Landesarchivs 32), Innsbruck 2010

DE FINIS, Lia (Hrsg.): La proclamazione imperiale di Massimiliano I d'Asburgo (4 febbraio 1508). Atti del convegno, Trento, 9 maggio 2008, Palazzo Geremia, Trient 2008 (=Studi trentini di scienze storiche 87 (2008), Sezione 1/4, Suppl.)

DOTTER, Marion/WEDRAC, Stefan: Der hohe Preis des Friedens. Die Geschichte der Teilung Tirols, Innsbruck 2018

EGGER, Joseph: Geschichte Tirols von den ältesten Zeiten bis zur Gegenwart, 3 Bde., Innsbruck 1872–80

FLACHENECKER, Helmut/HEISS, Hans/OBERMAIR, Hannes (Hrsg.): Stadt und Hochstift : Brixen, Bruneck und Klausen bis zur Säkularisation 1803 – Città e Principato : Bressanone, Brunico e Chiusa fino alla secolarizzazione 1803, Bozen

FONTANA, Josef/LEITNER, Walter/PALME, Rudolf/PARTELI, Othmar/RIEDMANN, Josef (Hrsg.): Geschichte des Landes Tirol, 4 Bde., Bozen/Innsbruck/Wien 1985–88

FORCHER, Michael/PETERLINI, Hans Karl: Südtirol in Geschichte und Gegenwart, Innsbruck 2010

FORCHER, Michael: Erzherzog Ferdinand II. Landesfürst von Tirol. Sein Leben, seine Herrschaft, sein Land, Innsbruck 2017

FORCHER, Michael: Kleine Geschichte Tirols, Innsbruck/Wien 2012

FORCHER, Michael: Um Freiheit und Gerechtigkeit. Michael Gaismair. Leben und Programm des Tiroler Bauernführers und Sozialrevolutionärs 1490–1532, Innsbruck 1982

FRIEDRICH, Margret: Zentrifugale Loyalität. Die Tiroler Stände und die «Röm. Kays. und Königl. Cathol. Mayestät», in: HAIDACHER (Hrsg.), Von Stadtstaaten und Imperien, Innsbruck 2006, S. 89–102

FRIEDRICH, Margret: Zwischen Länder-Eigen-Sinn und Gesamtstaatsidee. Eine begriffsgeschichtliche Untersuchung zum Tiroler Landtag 1790, in: Geschichte und Region/Storia e regione 13/1 (2004), S. 171–190

FUCHS, Barbara/MILESI, Carlo/PFEIFER, Gustav (Hrsg.): Brixen. Die Geschichte, Bozen-Lana 2004

GELMI, Josef: Geschichte der Kirche in Tirol. Nord-, Ost- und Südtirol, Innsbruck/Wien 2001

GENSLUCKNER, Lisa (Hrsg.): Tirol. Gegen den Strom (Gaismair-Jahrbuch 1), Innsbruck/Wien 2001

GÖTZ, Thomas/HEISS, Hans: Am Rand der Revolution. Tirol 1848/49, Wien/Bozen 1998

HAIDACHER, Christoph (Hrsg.): 1363–2013: 650 Jahre Tirol mit Österreich; dem Andenken an Klaus Brandstätter 23.8.2014 gewidmet (Veröffentlichungen des Tiroler Landesarchivs 20), Innsbruck 2015

HAIDACHER, Christoph (Hrsg.): Von Stadtstaaten und Imperien. Kleinterritorien und Großreiche im historischen Vergleich. Tagungsbericht des 24. Österreichischen Historikertages Innsbruck, 20.–23. September 2005 (Veröffentlichungen des Tiroler Landesarchivs 13), Innsbruck 2006

HEYDENREUTER, Richard: Tirol unter dem bayerischen Löwen. Geschichte einer wechselhaften Beziehung, Regensburg/Innsbruck 2008

HIRN, Ferdinand: Die Annahme der pragmatischen Sanktion durch die Stände Tirols, Dornbirn 1903

HOLZNER, Johann/WALDE, Elisabeth (Hrsg.): Brüche und Brücken. Kulturtransfer im Alpenraum von der Steinzeit bis zur Gegenwart, Wien/Bozen 2005

HUBER, Florian: Grenzkatholizismen. Religion, Raum und Nation in Tirol 1830–1848 (Schriften zur politischen Kommunikation 23), Göttingen 2016

KAUFMANN, Günther (Hrsg.): Archäologie des Überetsch = Archeologia dell'Oltradige (Schriften des Südtiroler Archäologiemuseums 5), Innsbruck 2015

KLEIN, Kurt (Bearb.): Historisches Ortslexikon. Statistische Dokumentation zur Bevölkerungs- und Siedlungsgeschichte. Tirol: https://www.oeaw.ac.at/fileadmin/subsites/Institute/VID/PDF/Publications/diverse_Publications/Historisches_Ortslexikon/Ortslexikon_Tirol.pdf [Stand: 6.8.2018]

KÖFLER, Gretl/FORCHER, Michael: Die Frau in der Geschichte Tirols, Innsbruck 1986

KÖFLER, Werner: Land, Landschaft, Landtag. Geschichte der Tiroler Landtage von den Anfängen bis zur Aufhebung der landständischen Verfassung 1808 (Veröffentlichungen des Tiroler Landesarchivs 3), Innsbruck 1985

KUSTATSCHER, Erika: Die Städte des Hochstifts Brixen im Spätmittelalter: Verfassungs- und Sozialgeschichte von Brixen, Bruneck und Klausen im Spiegel der Personengeschichte (1200–1550), Innsbruck u. a. 2007

LABANCA, Nicola/ÜBEREGGER, Oswald (Hrsg.): Krieg in den Alpen. Österreich-Ungarn und Italien im Ersten Weltkrieg (1914–1918), Wien u. a. 2005

LANDI, Walter/SÜDTIROLER KULTURINSTITUT (Hrsg.): Romanen & Germanen im Herzen der Alpen zwischen 5. und 8. Jahrhundert. Beiträge (Ausstellung Schloss Runkelstein bei Bozen, 19.4.2005–30.10.2005), Bozen 2005

LEVY, Miriam: Governance & Grievance. Habsburg Policy and Italian Tyrol in the Eighteenth Century, West Lafayette (Indiana) 1988

LILL, Rudolf: Südtirol in der Zeit des Nationalsozialismus, Konstanz 2002

LUNZ, Reimo: Archäologie Südtirols. Bd. 1.1. Von den Jägern des Mesolithikums (um 7000 v. Chr.) bis zum Ende des Weströmischen Reiches (476 n. Chr.) (Archäologisch-historische Forschungen in Tirol 7), Calliano (Trento) ²1998 [nur ein Band erschienen]

MAHLKNECHT, Bruno: Bozen durch die Jahrhunderte. 4 Bde., Bozen 2005–7

MAZOHL, Brigitte/MERTELSEDER, Bernhard: Abschied vom Freiheitskampf? Tirol und «1809» zwischen politischer Realität und Verklärung, Innsbruck 2009

MAZOHL, Brigitte/MERTELSEDER, Bernhard/WEBER, Johannes: 1809 – und danach? Über die Allgegenwart der Vergangenheit in Tirol, Innsbruck/Wien 2009

MAZOHL, Brigitte: Zeitenwende 1806. Das Heilige Römische Reich und die Geburt des modernen Europa, Wien u. a. 2005

METZGER, Ingrid R. (Hrsg.): Die Räter = I Reti (Schriftenreihe der Arbeitsgemeinschaft Alpenländer 5), Bozen 1992

NOFLATSCHER, Heinz: Bilanz einer Halbzeit. Bildung und Politik um 1500 in Österreich, in: KUPRIAN, Hermann J. W.: Ostarrichi – Österreich. 1000 Jahre – 1000 Welten. Innsbrucker Historikergespräche 1996, Innsbruck/Wien 1997, S. 117–145

NOFLATSCHER, Heinz: Heilig wie lang? Religion und Politik im vormodernen Tirol, in: Der Schlern 72 (1998), S. 358–375

NOFLATSCHER, Heinz (Hrsg.): Maximilian I. (1459–1519). Wahrnehmungen – Übersetzungen – Gender (Innsbrucker historische Studien 27), Innsbruck/Wien 2011

OBERMAIR, Hannes: A Land on the Treshold. South Tyrolean Transformations, 1915–2015, Oxford u. a. 2017 (mit Georg Grote)

PALME, Rudolf (Hrsg.): Klischees im Tiroler Geschichtsbewußtsein. Symposium anläßlich des zehnjährigen Bestehens des Tiroler Geschichtsvereines, 8. bis 10. Oktober 1992, Tiroler Landeskundliches Museum im Zeughaus Kaiser Maximilians I. in Innsbruck, Innsbruck 1996

PALLAVER, Günther/STEURER, Leopold (Hrsg.): Deutsche! Hitler verkauft euch! Das Erbe von Option und Weltkrieg in Südtirol, Bozen 2011

PALLAVER, Günther: Università e nazionalismi. Innsbruck 1904 e l'assalto alla Facoltà di giurisprudenza italiana (Quaderni di Archivio trentino 25 = Pubblicazioni del Museo Storico in Trento), Trient 2010

PFEIFER, Gustav (Hrsg.): Die Befestigungen im Alttiroler Raum/I forti militari nel Tirolo storico, Bozen 2016

PFEIFER, Gustav (Hrsg.): 1317 – Eine Stadt und ihr Recht – Meran im Mittelalter, Bozen 2018
RABANSER, Hansjörg: Hexenwahn: Schicksale und Hintergründe. Die Tiroler Hexenprozesse, Innsbruck 2006
RIEDMANN, Josef: Geschichte Tirols (Geschichte der österreichischen Bundesländer), Wien ³2001
SCHENNACH, Martin P./SCHOBER, Richard (Hrsg.): 1703 – der «Bayerische Rummel» in Tirol. Akten des Symposiums des Tiroler Landesarchivs Innsbruck, 28./29. November 2003 (Veröffentlichungen des Tiroler Landesarchivs 10), Innsbruck 2005
SCHENNACH, Martin P.: Gesetz und Herrschaft. Die Entstehung des Gesetzgebungsstaates am Beispiel Tirols, Köln 2010
SCHENNACH, Martin P.: Revolte in der Region. Zur Tiroler Erhebung von 1809 (Veröffentlichungen des Tiroler Landesarchivs 16), Innsbruck 2009
SCHLACHTA, Astrid von: Verbrannte Visionen? Erinnerungsorte der Täufer in Tirol (Die Geschichte der «Anderen» 1), Innsbruck 2007
SCHOBER, Richard: Geschichte des Tiroler Landtages im 19. und 20. Jahrhundert (Veröffentlichungen des Tiroler Landesarchivs 4), Innsbruck 1984
SCHREIBER, Georg (Hrsg.): Das Weltkonzil von Trient. Sein Werden und Wirken, 2 Bde., Freiburg 1951
SPINDLER, Konrad: Der Mann im Eis. Neue sensationelle Erkenntnisse über die Mumie aus den Ötztaler Alpen, erw. Ausgabe, München 2000
STEININGER, Rolf: Akten zur Südtirol-Politik 1959–1969, 7 Bde., Innsbruck u.a. 2005–13
STEININGER, Rolf: Autonomie oder Selbstbestimmung? Die Südtirolfrage 1945/46 und das Gruber-DeGasperi-Abkommen, Innsbruck/Wien/Bozen 2006 [unveränderte Neuauflage von «Los von Rom?», Innsbruck 1987]
STEININGER, Rolf: Die Feuernacht – und was dann? Südtirol und die Bomben 1959–1969, Bozen 2011
STEININGER, Rolf: Die Südtirolfrage. Ein Bildband, Innsbruck/Wien/Bozen 2009
STEININGER, Rolf (Hrsg.): Ein Leben für Südtirol. Kanonikus Michael Gamper und seine Zeit, Bozen 2017
STEININGER, Rolf: Südtirol. Vom Ersten Weltkrieg bis zur Gegenwart, Innsbruck/Wien ³2020
STEININGER, Rolf: Südtirol im 20. Jahrhundert. Dokumente, Innsbruck/Wien 1999

STEININGER, Rolf: Südtirol im 20. Jahrhundert. Vom Leben und Überleben einer Minderheit, Innsbruck/Wien [3]2004

STEININGER, Rolf: Südtirol zwischen Diplomatie und Terror 1947–1969, 3 Bde. (Veröffentlichungen des Südtiroler Landesarchivs – Pubblicazioni dell'Archivio della Provincia di Bolzano 6), Bozen 1999

STEININGER, Rolf: Toni Ebner 1918–1981. Südtiroler Politiker, Journalist, Unternehmer. Eine Politische Biografie, Bozen 2018

STOLZ, Otto: Geschichte des Landes Tirol, 2 Bde., Innsbruck 1955–98

STOLZ, Otto: Politisch-historische Landesbeschreibung von Tirol 2: Politisch-historische Landesbeschreibung von Südtirol, Bd. 2/1–Bd. 2/4, Innsbruck 1937–39

SÜDTIROLER LANDESMUSEUM SCHLOSS TIROL/TIROLER LANDESMUSEUM FERDINANDEUM (Hrsg.): Eines Fürsten Traum. Meinhard II. Das Werden Tirols. Tiroler Landesausstellung 1995 Schloss Tirol – Stift Stams, Meran [2]1995

ÜBEREGGER, Oswald: Im Schatten des Krieges. Geschichte Tirols 1918–1920, Paderborn 2019

ÜBEREGGER, Oswald/KUPRIAN, Hermann J. W. (Hrsg.): Katastrophenjahre. Tirol und der Erste Weltkrieg, Innsbruck 2014

WEISS, Sabine: Claudia de' Medici. Eine italienische Prinzessin als Landesfürstin von Tirol (1604–1648), Innsbruck/Wien 2004

WEISS, Sabine: Maximilian I. Habsburgs faszinierender Kaiser, Innsbruck 2018

WIESFLECKER, Hermann: Kaiser Maximilian I. Das Reich, Österreich und Europa an der Wende zur Neuzeit, 4 Bde., München u. a. 1971–1981

WIESFLECKER, Hermann: Meinhard der Zweite. Tirol, Kärnten und ihre Nachbarländer am Ende des 13. Jahrhunderts (Schlern-Schriften 124), Innsbruck 1955

WINCKLER, Katharina: Die Alpen im Frühmittelalter. Die Geschichte eines Raumes in den Jahren 500 bis 800, Wien 2012

WINKELBAUER, Thomas (Hrsg.): Geschichte Österreichs, Stuttgart [2]2016

WOLFRAM, Herwig: Das Römerreich und seine Germanen. Eine Erzählung von Herkunft und Ankunft, Wien/Köln/Weimar 2018

WOPFNER, Hermann: Der Innsbrucker Landtag vom 12. Juni bis zum 21. Juli 1525, aus: Ferdinandeums-Zeitschrift 3/44 (1900), S. 3–67

ZACHERL, Elisabeth (Hrsg.): Die Römer in den Alpen. Historikertagung in Salzburg, 13.–15. XI. 1986; Arge Alp = I Romani nelle Alpi (Schriftenreihe der Arbeitsgemeinschaft Alpenländer 2: Berichte der Historikertagungen; N. F., 2), Bozen 1989

Personenregister

Karten

1: An der Peripherie des Imperium Romanum – «Südtirol» als Teil von Raetia, Noricum und Regio X in nach-augustäischer Zeit

2: Die Grafschaft Tirol im Interessenskonflikt zwischen Luxemburgern, Wittelsbachern und Habsburgern im Hochmittelalter

3: Grafschaft Tirol, Hochstift Trient und Hochstift Brixen am Ende des 18. Jahrhunderts

4: Das Kronland Tirol im 19. Jahrhundert

5: Die Teilung Tirols nach dem Ersten Weltkrieg

6: Südtirol heute

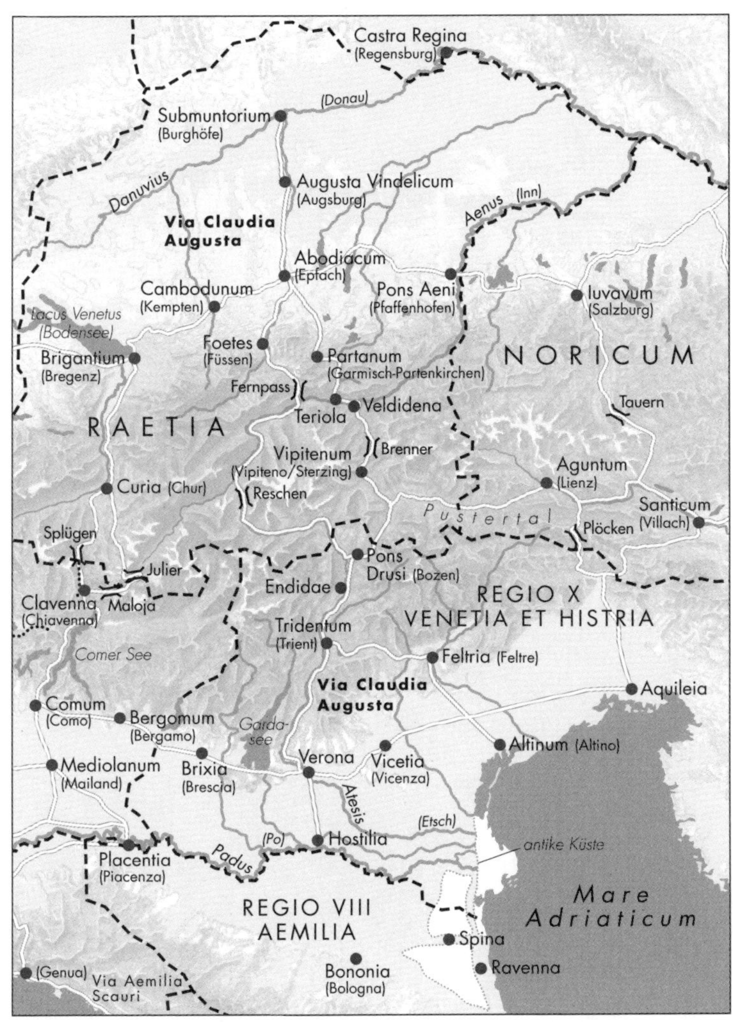

Karte 1: An der Peripherie des Imperium Romanum – «Südtirol» als Teil von Raetia, Noricum und Regio X in nach-augustäischer Zeit

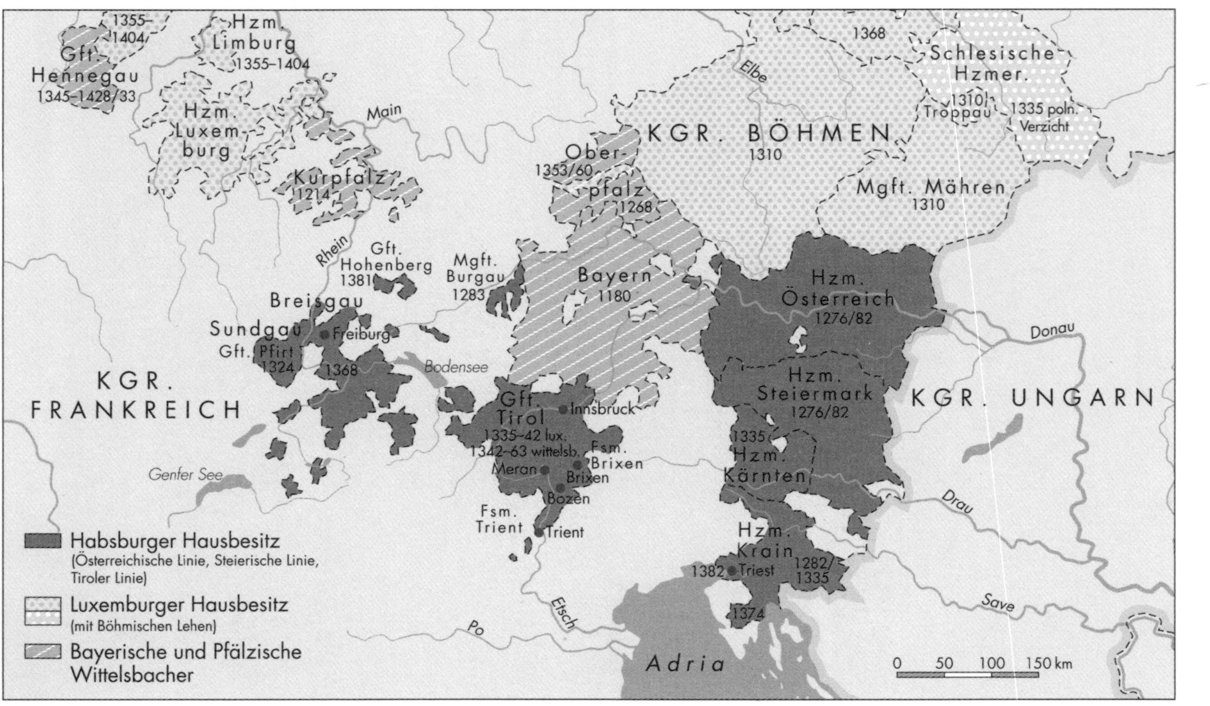

Karte 2: Die Grafschaft Tirol im Interessenskonflikt zwischen Luxemburgern, Wittelsbachern und Habsburgern im Hochmittelalter

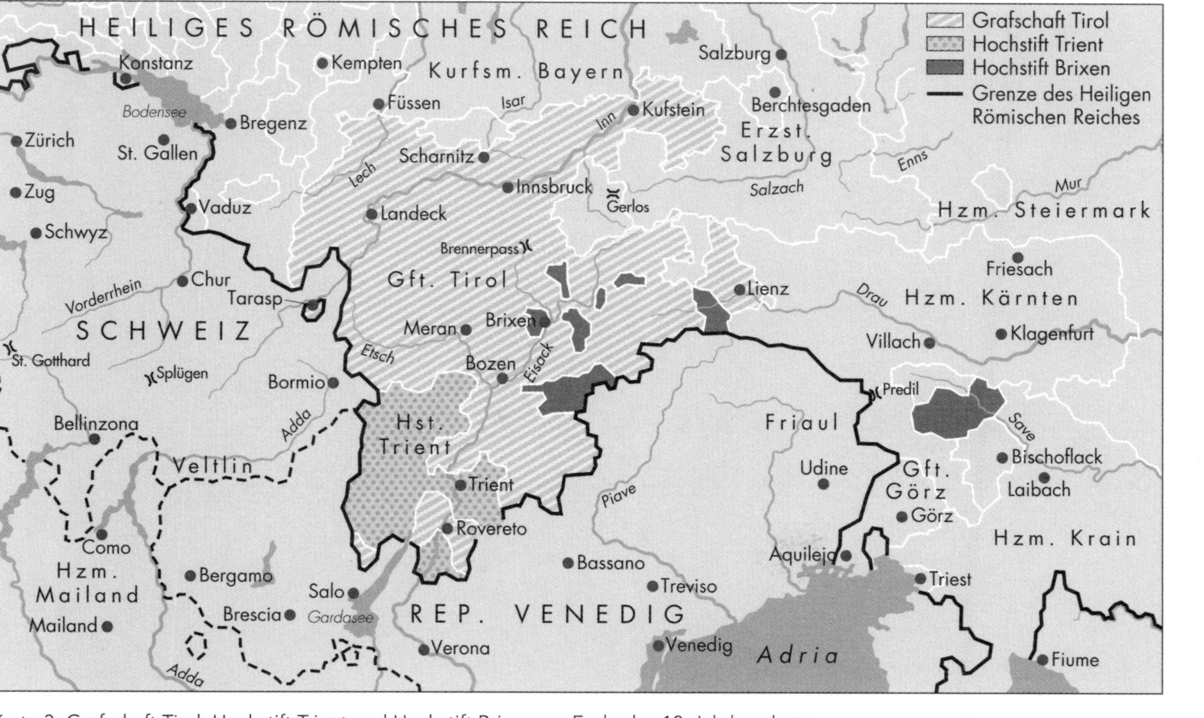

Karte 3: Grafschaft Tirol, Hochstift Trient und Hochstift Brixen am Ende des 18. Jahrhunderts

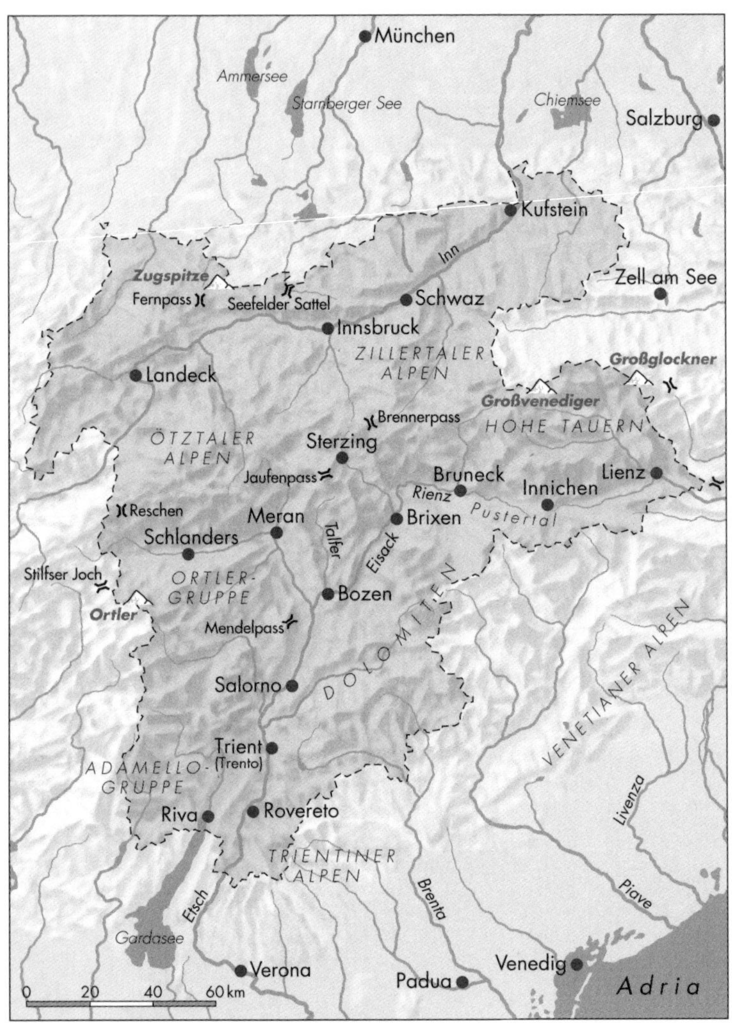

Karte 4: Das Kronland Tirol im 19. Jahrhundert

Karte 5: Die Teilung Tirols nach dem Ersten Weltkrieg

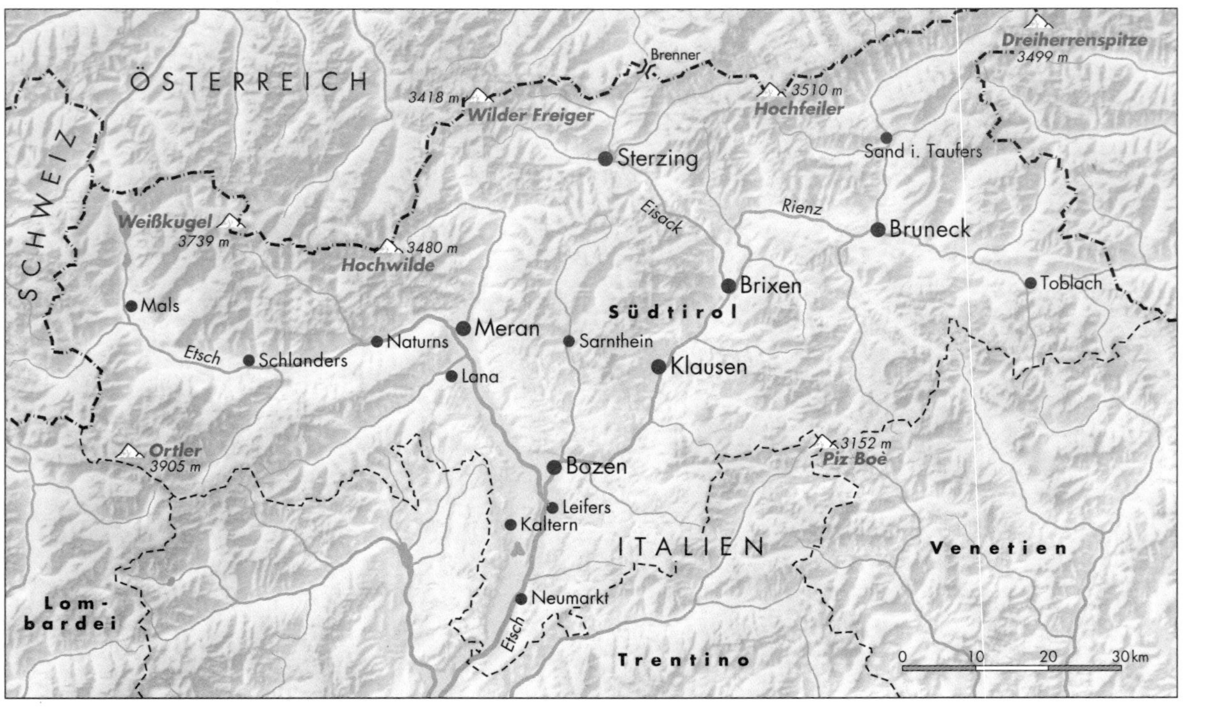

Karte 6: Südtirol heute